ジョン・コールマン博士

社会主義世界秩序の独裁者

OMNIA VERITAS®

ジョン・コールマン

ジョン・コールマンは、イギリスの作家で、元秘密情報局のメンバーである。コールマンは、ローマクラブ、ジョルジオ・シーニ財団、フォーブス・グローバル2000、宗教間平和コロキアム、タヴィストック研究所、黒人の貴族など、新世界秩序のテーマに近い組織についてさまざまな分析を行っています。

DR. JOHN COLEMAN

ONE WORLD ORDER

SOCIALIST DICTATORSHIP

社会主義世界秩序の独裁者

ONE WORLD ORDER
socialist dictatorship

オムニア・ヴェリタス・リミテッドが翻訳・発行しています

"ワシントンの敵はモスクワの敵より怖い"これは、私が何度も何度も申し上げていることです。共産主義は、ジョージ・ワシントン大統領が築いた関税の保護を破壊するものではなかった。共産主義が米国に所得税の累進課税を強制したわけではない。共産主義が連邦準備制度理事会を作ったのではありません。共産主義は、米国を第一次、第二次世界大戦に引きずり込むことはなかった。共産主義がアメリカに国連を押し付けたわけではありません。共産主義はパナマ運河をアメリカ国民から奪ったのではない。共産主義は、グローバル2000報告書の大量虐殺計画を作ったわけではない。米国にこれらの悪をもたらしたのは社会主義である。

共産主義が世界にエイズをもたらしたのではない!共産主義は、アメリカに悲惨なレベルの失業をもたらしたわけではない。共産主義は、米国憲法に執拗な攻撃を仕掛けたわけではない。

共産主義は、アメリカに「海外援助」、つまり強制的な隷属であるアメリカ人への忌まわしい税金を採用させたわけではない。

共産主義は、学校での祈りの廃止を強制したわけではない。共産主義は「政教分離」という嘘を広めるものではありませんでした。共産主義は、米国に、米国憲法を弱体化させることに固執する裁判官でいっぱいの最高裁判所を与えなかった。共産主義は、英国王室の利益を守るために、湾岸で違法な戦争をするために兵士を送り込んだのではない。

しかし、この数年間、私たちがモスクワの共産主義の悪に注目している間に、ワシントンの社会主義者たちはアメリカを盗むのに忙しくしていたのです"One World Order: Socialistic Dictatorship"
は、これがどのように実現されたのか、そして現在も実現されているのかを説明しています。

イントロダクション..**11**

第1章 **14**

フェビアン社会主義の起源とその歴史..... 14

第2章 **46**

社会主義とは何か、なぜ奴隷制になるのか.............................. 46

第3章 **114**

社会主義者が管理する教育：奴隷制度への道............... 114

第4章 **143**

女人禁制.............. 143

第5章 **173**

りっぽうさいへん...... 173

第6章 **180**

米社会党の明星.............. 180

第7章 **228**

社会主義による宗教の浸透・肥大化............... 228

第8章 **249**

自由貿易によるアメリカ合衆国の破壊計画............ 249
一部統計...... *261*

第9章 **279**

敗戦国.............. 279
銀行と経済政策:........ *280*
海外からの援助........... *287*
ちゅうかんそう........ *288*

エピローグ..**303**

社会主義の遺産；ケーススタディ......... *308*

典拠と注釈..**311**

既に公開済み..**321**

イントロダクション

「新世界秩序を、彼ら（アメリカ国民）の目の前で、ひとつひとつ築いていくのだ。「新世界秩序の家は、上から下へではなく、下から上へと築かなければならないだろう。主権を迂回させ、少しずつ侵食していけば、古き良き時代の正面攻撃よりもはるかに多くのことを成し遂げることができる。"リチャード・ガードナー（アメリカの代表的な社会主義者）、外交問題評議会（CFR）の機関誌『フォーリン・アフェアーズ』、1974年4月号。

本書（拙著『300人委員会の歴史』『嘘による外交』と合わせて）では、ガードナーの発言が、フェビアン社会主義者の米国におけるプログラムの概要を示していることを説明している。近代国家の致命的な政治的病巣である社会主義を確立するために、熱心に取り組んだ思想、思考、人物を詳細に解説しています。

Make Haste Slowly
"をモットーとする英国フェビアン協会が掲げた社会主義者の様々な目的についての説明もある。[1]共産主義の説明を求められたレーニンは、"共産主義は社会主義を急いだものだ"と答えた。社会主義には共産主義以外の道はない、これは私がよく言っていることです。本書は、今日の社会を苦しめる多くの病が、なぜ社会主義者の周到な計画と実行に端を発しているのかを説明している。

---

[1] "ゆっくり急ぐ".

社会主義は本質的に悪である。なぜなら、意図的にデザインされた、頼んでもいない、望んでもいない変化を人々に受け入れさせるからである。社会主義の力は、なだめるような言葉で偽装され、人道主義の仮面に隠されている。それはまた、宗教の根本的かつ広範囲な変化にも現れている。社会主義者は、長い間、受け入れられやすくするための強力な手段として、教会内で影響力を拡大し、すべての宗教に害を与えてきたのである。

社会主義の目的は、本当の資本主義である自由企業制度の清算である。科学的社会主義には様々な形態があり、その推進者はリベラルや穏健派を自称している。バッジもつけず、共産主義者を名乗ってもわからない。

アメリカ政府には30万人以上の社会主義者がおり、保守的な推計によれば、1994年には国会議員の87%が社会主義者であった。行政命令とは、憲法によって阻まれた社会主義者の望む変化をもたらすための直接的な方法が不可能な場合に、合衆国憲法を無効とするために立法を利用する違憲の社会主義者の策略である。

社会主義とは、あからさまな暴力的手段をとらないが、それにもかかわらず、国民の精神に最大の害を与える革命である。それは、ステルスに支配された運動である。1950年代までは、イギリスを起点としたアメリカへの歩み寄りは、ほとんど感じられなかった。フェビアン社会主義運動は、いわゆる社会党系とは一線を画しており、その前進は、大多数のアメリカ人にはほとんど感知されなかった。「共産主義者を傷つけると、社会主義者が血を流す」というのは、フェビアン社会主義の初期に遡る言葉である。

社会主義は、自分たちのために確保しようとする中央政府の権力の増殖を熱狂的に喜び、それが公共の利益のためであると常に主張する。アメリカやイギリスでは、新世界秩序を説く偽預言者があふれかえっている。これらの社会主義的宣教師は、平和、人道主義、共通善を説いている。共産主義に対するアメリカ国民の抵抗を直接的に克服できないことを十分

承知していた陰湿なフェビアン社会主義者たちは、静かにゆっくりと行動し、彼らの真の目的を国民に気づかせないようにしなければならないことを理解していた。こうして、アメリカを倒し、世界初の社会主義国とするための手段として「科学的社会主義」が採用されたのである。

本書は、フェビアン社会主義がいかに成功し、現在に至っているかを物語るものである。ウィルソン、ルーズベルト、アイゼンハワー、カーター、ケネディ、ジョンソンの各大統領は、フェビアン社会主義の熱狂的かつ自発的な奉仕者であった。そして、クリントン大統領にバトンタッチしたのである。民主主義と社会主義は両立する。ウィルソン以降のすべての米大統領は、米国が民主主義国家であると繰り返し宣言してきたが、実際には連合共和国である。フェビアン社会主義が世界の運命を支配し、それを認識できないように偽装しているのです。社会主義は、累進所得税、ナショナリズムの破壊者、いわゆる「自由貿易」の生みの親である。

本書は、社会主義の哲学を説明する退屈なものではなく、社会主義がいかにして世界中の自由人に対する大きな脅威となったか、特に、まだ正面から向き合っていないアメリカにおいて、ダイナミックで劇的な説明である。社会主義の淡白で滑らかな表面は、その真の意図を隠している。社会主義の支配下にある連邦世界政府、その中で私たち国民は、暗い新世界秩序の中で彼らの奴隷となるのだ。

第1章

フェビアン社会主義の起源とその歴史

"すべての社会主義者がそうであるように、社会主義社会は時間をかけて共産主義社会へと進化していくと信じています。"- ジョン・ストレイチー 労働党大臣

"アメリカの新聞の専門用語では、ジョン・ストレイシーは「マルクス主義者No.1」と呼ばれ、その称号は当然であろう。"*左翼新聞*』1938年3月号

フェビアン社会主義は、プロイセン生まれのユダヤ人で、生涯をロンドンのハイゲートで過ごしたカール・マルクスが書いた「1848年の共産党宣言に賛同する社会主義者からなる」フェビアン協会に始まる。フェビアン協会の基礎知識」では、次のように学んでいる。

「したがって、土地と産業資本を個人の所有から解放し、一般利益のために共同体に譲渡することによって、社会を再編成することを目的としています。そうしてこそ、この国の天賦の才と後天的な利点を、全国民が共有できるのだ......」。

これは、フェビアン社会主義がアメリカに輸出し、アメリカ国民にたゆまず押しつけ、国家に大きな損害を与えた原理である。

マルクスは、モーゼス・メンデルスゾーン（一般にメンデルスゾーンはヨーロッパ共産主義の父と呼ばれている）と共有

した構想を実現することなく、1883年10月に孤独に亡くなり、ロンドン北部のハイゲートの小さな壁に囲まれた墓地に葬られた。社会主義運動が始まってから1950年に亡くなるまで、その運動に最も深く関わったハロルド・ラスキー教授は、『共産党宣言』が社会主義に生命を与えたことを認めている。

しかし、実際には、ニューヨークに「倫理文化会」（旧「新生会」）が設立されて、社会主義が誕生したのである。ジョン・スチュアート・ミルの政治経済は、ヘンリー・ジョージの社会主義書『進歩と貧困』で表現されているが、社会主義の精神面を無視することはできない。ウェッブと妻のベアトリスは、フェビアン協会を設立当初から率いていた。文化倫理学会の前身である「新生フェローシップ」のメンバーのほとんどは、アニー・ベサントも購読していたブラヴァツキー女史のオカルト神智学に属するフリーメイソンであった。

ラスキーは決して「精神主義者」ではなく、後にイギリス首相となるラムジー・マクドナルドよりもマルクスに近い存在であった。ラスキは、イギリスの政治、経済、宗教の指導者たちに多大な影響を与え、フランクリン・デラノ・ルーズベルト大統領やジョン・F・ケネディ大統領にも抗し難い影響を与えたと言われています。社会主義者の編集者ビクター・ゴランツは、世界征服のためには社会主義が必要だと繰り返し言っていた。

> 「社会主義は権力を一元化し、その権力を支配する者に個人を完全に従属させる」と。

新生命の仲間から脱退したフェビアン社会主義は、共産主義者、バクーニスト、バブーニスト（無政府主義者）、カール・マルクスがすでに歩んでいた道をいくつか試みたが、これらの運動との関係を常に激しく否定していた。フェビアン社会主義は、知識人、公務員、ジャーナリスト、偉大なヴィクター・ゴランツのような出版社を中心に構成され、アナーキスト革命家の街頭戦に関与することには全く興味がなかった。フェビアニズムの創設者たちは、アダム・ヴァイスハウプ

トが最初に用いた手法、すなわちカトリック教会に入り込み、「空の殻だけが残るまで内側からかじる」手法を完成させた。これを「貫通・孕ませ」という。ヴァイスハウプトもゴランツも、キリスト教徒は何が起こっているのかを理解できるほど賢くはないだろうと思っていたらしい。

ゴランツなら言うだろう。

> "キリスト教徒はあまり頭が良くないので、兄弟愛と社会正義という理想を通して、社会主義が我々の道に導くのは簡単だろう。"

フェビアン社会主義は、キリスト教会に加えて、政治、経済、教育の各組織を対象としていた。その後、ゴランツの「左翼の本」は、社会主義思想に関心を持つキリスト教徒に特別割引をした。左翼読書会の選考委員は、ゴランツ自身とハロルド・ラスキー教授、労働党議員のジョン・ストレイシーで構成されていた。ゴランツ社は『クリスチャン・ブック・クラブ』も経営しており、ボルシェビキ・ロシアは社会主義の同盟国であると固く信じていた。ベアトリス・ウェッブの勧めで、フェビアン協会のベストセラーの一つ「我らがソ連の盟主」を出版した。

フェビアン社会主義は、その歴史の初期から、イギリスの労働党や自由党、後にはアメリカの民主党に浸透し、浸透させようとした。それは「フェミニスト」社会主義を作り上げるための熱意とエネルギーで容赦なく、それを成功させるのであった。社会主義は、労働者の地位を向上させるという名目で、教育委員会、市議会、労働組合を乗っ取ることに成功した。フェビアン社会主義が教育を引き継ごうとするのは、ジノヴィエフ夫人がボルシェビキ・ロシアで長い間助言してきたことを反映しているのだ。

1950年、ゴランツ社からマーク・スター著の「利益経済の腐敗」が出版され、広く読まれるようになった。スターは、フェビアン社会主義の産物であり、炭鉱労働者として人生をスタートしたため、少々粗削りではあったが、フェビアン協会がロンドンでの謙虚な出発点から順当に出世してきたハーバ

ードやエールのアイビーリーグの社会主義者たちから拒絶されることもなく、その地位を確立した。スター氏は、全国労働者大学協議会で社会主義者の資格を取得した後、1928年にアメリカに移住している。

フェビアン研究所の創設者であるマーガレット・コールに師事したスターは、ロンドンのフェビアン協会とアメリカの新興社会主義運動の橋渡し役となった。スターは、1925年から1928年までブロックウッド労働大学に在籍し、幼い頃から優れた社会主義者としての教育を受けていた。社会主義者ガーランド基金から、スター氏に74,227ドルという、当時としては相当な額の奨学金が支給された。その後、1935年から1962年まで国際婦人被服労働組合（ILGWU）の教育局長に就任した。労働組合の政治と教育における彼の働きは、社会主義の大義にとって目覚しいものであった。スター氏にとっての教育とは、「私利私欲はいけないことであり、廃止すべきものである」と教えることであった。

1941年、スターは、当時の社会主義的教員組織の代表格であったアメリカ教員連盟の副会長に就任した。米国籍を取得したスターは、ハリー・トルーマン大統領によって、「米国政府が外国に維持する情報センターや図書館の運営、学生や技術専門家の交流について国務省や議会に助言する」公法第402条によって認められた米国諮問委員会のメンバーに任命された。これは、まさにアメリカの社会主義に対する「クーデター」であった。

フェビアン社会主義は、イギリスやアメリカの社会的エリートの多くを魅了した。アメリカの社会主義者たちは、「イギリスの社会主義者たちを真似し、彼らの言語能力、素早い言い回し、そしておそらくグラハム・ウォラス教授、スタフォード・クリップス卿、ハートリー・ショークロス、リチャード・クロスマンに代表される洗練された品位に感心した」と言われている。

グラハム・ウォラス教授は、ニューヨークのNew School for Social Researchで講演を行った。このNew School for Social

Researchは、雑誌『*New Republic*』が設立した社会主義の「シンクタンク」で、アメリカには左翼の教授が多く、そのような教授を対象にしているのだ。ウォラスは、1879年に当時無名だったフェビアン協会に参加した最初の知識人の一人である。この協会は、非常に不確かな将来に直面しており、政府や教会に対する脅威とは見なされていなかった。ウォラスが早くから教育に関心を持っていたことは、教育委員会の郡学校管理委員会という最初の仕事の一つにも表れている。他の章で述べるように、フェビアン社会主義者の階層は、教育の支配を世界征服の戦略の要と見なしていたのである。

この理想は、シドニー・ウェッブが設立した、まだ若い社会主義教育機関であるロンドン・スクール・オブ・エコノミクスの教授にウォラスが就任したことにも反映されていた。ワラスは、クラスに4人しかいなかった。

ウォーラスは、国を社会化する方法は応用心理学にあると考えたのである。アメリカを社会主義化する方法は、子供のように（彼はアメリカの教育水準をあまり高く評価していなかった）大勢の国民の手を取って、子供のように社会主義への道を一歩一歩導くことであり、私はそれに究極の奴隷制を付け加える。ウォラスは、この社会主義を語る上で重要な人物である。なぜなら、彼が書いた本は、リンドン・ジョンソン大統領によって、そのまま民主党の公式方針として採用されたからである。

イギリスを覆い始めた社会主義の不気味な前進は、第一次世界大戦がなければ避けることができたかもしれない。この異質な概念の進撃に抵抗したであろう英国のキリスト教徒青年の花は、フランドルの野原に横たわり、その命は「愛国心」という漠然とした理想のために不必要に浪費された。息子たちの惨状にしびれを切らした上の世代は、社会主義が自分たちの国をどうしようと気にせず、「イギリスは必ずある」と信じていた。

社会心理学は、アメリカのフェビアン組織への攻撃をそらす

ために巧みに使われた武器である。アメリカン・フォー・デモクラティック・アクション（ADA）は、フェビアン協会の一部ではないとし、そのスポークスマンの*The Nation*新聞は、2つの組織を結びつける試みを激しく否定しようとした。

1902年、ワラスはフィラデルフィア大学サマースクールで筋金入りの社会主義を説いていた。1899年と1902年のオックスフォード・サマースクールに参加したアメリカの社会主義者の富裕層に招かれて渡米したのだ。1910年には、ハーバード大学でローウェル講義を行い、ウォルター・リップマンらアメリカの社会主義者の指導者となった。グラハム・ウォラスは、イギリスの四大社会主義知識人の一人として認められていたため、エドワード・マンデル・ハウス大佐がパリ講和会議に派遣した使者、レイ・スタナード・ベーカーに求められ、彼の代理として代表者たちの行動を取材することになった。

1905年から1910年にかけて、グラハム・ウォラスは、ジョンソン大統領の同名のプログラムの青写真となる「偉大なる社会」を執筆し、社会心理学の原理を取り入れました。ウォラスは，社会心理学の目的が人間の行動をコントロールすることであり，それによって大衆を最終的に奴隷制に導く来るべき社会主義国家に備えることであることを明らかにした--ただし，このことをあまり明確に説明しないように注意した。ウォラスは、アメリカでフェビアン社会主義者の思想の仲介者となり、その思想の多くは、社会主義者スチュアート・チェイスが書いたルーズベルトの「ニューディール」、社会主義者ヘンリー・ウォレスが書いたケネディの「新開拓」、グラハム・ウォラスが書いたジョンソンの「大社会」に取り入れられている。この事実だけでも、フェビアン社会主義がアメリカの政治に大きな影響を与えたことがわかる。

ラスキー教授と同様、ワラスもまた、アメリカの政治家や宗教家に大きな影響を与えることになる善良な人格と優しさを持っていたのである。二人は、フェビアン協会にとって、全米の大学への最も効果的な宣教師となった。言うまでもなく

、新たに台頭してきた積極的な「フェミニスト」運動の指導者たちにも影響を与えた。

このように、アメリカにおけるフェビアン社会主義の始まりから、この危険な過激運動は、聖書の言葉を借りれば、「選民」を欺くことができる善意の衣をまとっていたのである。革命という言葉から連想される暴力とは無縁でありながら、大西洋の両側で革命の隠れ蓑を提供したのである。フェビアン社会主義革命は、その範囲と規模において、暴力的なボルシェビキ革命をはるかに凌駕していたことが、いつの日か歴史に記録されるだろう。ボルシェビキ革命は50年以上前に終わったが、フェビアン社会主義革命は今も成長し、強化され続けている。この静かな運動は、文字通り「山を動かし」、歴史を劇的に変えた。

最後までフェビアン社会主義のマスターであり続けたのは、ジョージ・バーナード・ショーとシドニー・ウェッブの2人のビーコンであった。その後、グラハム・ウォラス、ジョン・メイナード・ケインズ、ハロルド・ラスキといった人々が加わり、イギリスとアメリカを社会主義が征服するという夢は、それぞれの国の金融システムを徐々に弱め、完全な福祉国家に崩壊させることによってしか実現できないことを、全員が理解していた。これは、イギリスが追い抜かれ、破綻した福祉国家となった今日の姿である。[2]

フェビアニズムの第二の路線は、合衆国憲法が義務付ける三権分立に反対するものであった。ラスキー教授たちは、フェビアン社会主義がこの障害を取り除くことができれば、合衆国憲法全体を解体する鍵を握っていると考えたのである。そのため、社会主義は、憲法の最も重要な条項であるこの条項を弱体化させることができる特別な変革の代理人を養成し、配置することが必須であったのだ。フェビアン協会はこの課題に取り組み、その成果は、議会が無謀というだけでなく、

---

[2] 今のフランスを語るには......？ンデ。

100%違憲としか言いようのない方法で、行政府に淡々と権限を委ねている衝撃的な様子に見ることができる。

その良い例が、憲法を無視してクリントン大統領に与えられた拒否権であろう。もう一つの好例は、通商交渉において、本来は下院に与えられている権限を放棄したことである。NAFTAとGATTの章で見るように、これはまさに議会が行ったことであり、それによって、この国の社会主義者の敵の手に乗ることを、喜んで、あるいは嫌々ながら-
それは問題ではない-行っている。

シドニー・ウェッブとジョージ・バーナード・ショーは、フェビアン社会主義の方針を打ち出した人物であり、無政府状態と暴力革命ではなく、浸透と普及を目指した。二人とも、社会主義が必ずしも左翼を意味しないこと、またマルクス主義でないことを国民に信じさせるべきであると考えていた。二人とも恐怖の真っ只中にボルシェビキ・ロシアを訪れ、公にされていた虐殺をコメントするのではなく、無視したのです。ウェッブは、ボルシェビキに感銘を受け、「ソビエト社会主義-
新しい文明は可能か」という本を書いた。".その後、ソ連外務省の職員の離反により、ウェッブはこの本を実際には書いていなかったらしいことが判明した。この本はソ連外務省の仕事であった。

ショーとウェッブは、社会主義が翼を広げ、ショーの言うように　　　　　　　　　　"バリケードから共産主義を救出する"前に、"悪魔払いを待つ社会主義の悪魔
"として知られるようになりました。ショーはFORMには関心がないと言いながらも、フェビアン社会主義が「憲法運動」になるとの信念を示した。トインビー、ケインズ、ハルデン、リンゼイ、Ｈ・Ｇ・ウェルズ、ハックスレーといった社会主義の「偉人」たちがこの運動に集まってきても、ショーとウェブはロンドンのフェビアン協会の支配権を維持し、何年も前に彼らが選んだ方向へと舵を切ったのです。

ショーのほとんど無一文の困窮は、相当裕福な女性であるシ

ャーロット・ペイン・タウンシェントとの結婚によって解消されたが、これは怒りっぽいショーが彼女と結婚した理由であると考える人もいる。それは、結婚の誓いを交わす前に、ショーが実質的な婚前契約という形で面倒を見ることを主張したことからも確認できる。

ショーは、もはや石鹸箱での演説や酒蔵での会合にふけることはなく、社会主義の上流社会との交わりを熱望していた。グレイ卿やアスキス卿のような人物が彼の良き友人となり、ショーはさらに1、2回モスクワに足を運んだが、共産主義からは冷め切ってしまった。無神論者であることを公言していたショウは、自分のキャリアアップのために利用できそうな人物、特にアスキース卿を引き合わせることを止めなかった。特に、後にイギリス首相となるヒュー・ゲイツケルのような「新参者」や、ロックフェラー一族の子分からは、誰からも指図を受けなかった。ショーは、自分がシドニーやベアトリス・ウェブと並ぶ「古参」であることを確信していた。この硬派な職業社会主義者たちは、多くの政治的嵐を切り抜け、しばしば外部からの大きな反対や「お家騒動」にも決して引き下がることはありませんでした。

フェビアン社会主義は、1883年にロンドンのオスナバーグ通り17番地の小部屋で開かれた討論会「ヌエバ・ビタ」（Nueva
Vita、新しい生活）として始まった。これは、後にヒトラーが取り上げたドイツの初期国家社会主義運動を彷彿とさせるものであった。ヌエバ・ヴィータ の目的の一つは、ヘーゲルと聖トマス・アクィナスの教えをアマルガムにまとめることであった。

しかし、「社会主義」という言葉は、1835年以来、「ヌエバ・ヴィータ」がその第一歩を踏み出した1883年、まさにマルクスの死の夜に存在していたのだから、新しいものではない。4人いたグループのリーダーはエドワード・ピースで、その目的は、大西洋両岸の教育や政治に大きな影響を与えることになる社会主義プロパガンダの手段として、教育を利用することであった。ヴィクトリア朝時代のイギリスをリードす

るために必要な公教育を受けていない彼らにとって、これは無理な注文に思えたが、フェビアン協会を調べてみると、まさにそれが実現されていたことがわかる。

ローマ帝国の名将、タイントゥス・ファビアンは、敵のミスを辛抱強く待って強襲する戦術をとった。アイルランド人のジョージ・バーナード・ショーは、1884年5月、フェビアン協会に入会した。ショーは、マルクス主義の読書サークル「ハムステッド歴史クラブ」の出身である。ショーとマルクスがともに社会主義に至ったのは、ハイゲートからハムステッド・ヒースまではそれほど遠くないという、近距離にあることが不思議である。(私はハムステッドとハイゲート地区に住み、大英博物館で長年勉強していたので、たまたまこの地区をよく知っているのだ)。だから、ある意味、フェビアン社会主義とは何かという認識は、このような状況下でより明確になったのだと思います。

娘エレノアに求愛したものの、マルクスを知っていることを認めたことはなかったが、ショーは週4回、最もよく演説した聴衆がどこにいても、社会主義をもたらすマルクスの「指導者」であったと疑われている。大英博物館で調べたところ、共産主義が征服のために最も好んだイギリスやアメリカでは、そうしなければ受け入れられなかった過激な思想を伝えるために、社会主義を発明したのだろうということがわかりました。

社会主義が「偽装された」共産主義であるように、ショウが「偽装された」マルクスであったことは、私の心の中ではほとんど疑いない。1864年にロンドンで開催された社会主義インターナショナルに、ショウはフェビアン派の代表として出席していることを知ると、私の説は重みを増すことになる。ご存知のように、マルクスは社会主義インターナショナルを創設し、そこでは彼の誤った理論が、明白な共産主義プロパガンダとともに延々と説かれたのである。カール・マルクスは、共産主義インターナショナルと彼自身の社会主義インターナショナルの間の不浄の同盟を隠そうとしなかったが、ショーとウェッブ、そして後にハロルド・ラスキは、マルクス

主義や共産主義との関係を激しく否定した。

フェビアンズは、「社会民主主義」と「民主的社会主義」のどちらを戦意とすべきかを延々と議論し続けた。結局、アメリカで成功したのは「民主的社会主義」であり、ショーもその一人であった社会主義的知識人が選挙時に主導権を握り、労働者が資金を提供するという考え方であった。この考えは、ADAによってうまく利用され、ハーバード大学と行き来する「専門家」が議会の委員会に殺到し、無学で経験の浅い上院議員や下院議員を混乱させ、社会主義者の反逆の道を歩ませることになった。

社会主義は、平等や自由とは全く関係がない。また、中産階級や労働者を助けるということでもない。それどころか、徐々に、そして微妙な方法で人々を奴隷にすることなのだ。この事実は、ショーがかつて一瞬の不注意で認めたものだ。グラハム・ウォラスの著書「偉大なる社会」とリンドン・バーンズ・ジョンソンの「偉大なる社会」は同じもので、一見、国民が政府の大盤振る舞いの恩恵を受けるように見えたが、実は社会主義者の蜜を餌にした奴隷の罠に過ぎなかったのである。社会主義が生きている限り、共産主義は死ぬことができない。そして、社会主義はこの国を共産主義という鉄の罠に導く。

私たちは、偉大なアンドリュー・ジャクソン大統領が、私たちの間に潜む敵について語った言葉を忘れてはなりません。

> "遅かれ早かれ敵は現れ、あなたは何をすべきかを知ることになる"
> あなたは苦労して手に入れた自由のために、多くの目に見えない敵と対峙することになるのです。しかし、彼らはやがて姿を現すだろう。"彼らを破壊するのに十分な時間だ"。

4人の大統領の偽りの社会主義政策によって盲目になったアメリカ国民が、手遅れになる前に目から鱗を落としてくれることを期待しよう。

もう一人のマルクス主義者はシドニー・ウェッブで、彼は後

年、バートランド・ラッセル卿から「植民地事務所の職員」と軽蔑されたほどである。ウェッブはマルクスに会ったことはないと猛烈に否定したが、ショウと同様に、ウェッブがマルクスとかなり定期的に会っていたことを示す状況証拠がある。晩婚のショーと違って、ウェッブは早くからベアトリス・ポッターと結婚していた。

ベアトリスはカナダの鉄道王の娘で、ジョセフ・チェンバレンと恋に落ちたが、階級の違いから彼に拒絶された。当時は、お金があるからといって、自動的に優良なサークルに入れるわけではありませんでした。そのためには、「正しい」バックグラウンドを持っていなければならず、それは通常、公立学校での教育を意味します（イギリスの「公立学校」はアメリカの公立学校と同じです）。ショウとウェッブ夫妻は、初対面から意気投合し、素晴らしいチームとなった。

フェビアン協会が提唱した社会主義革命は、イギリス、そしてアメリカにも長く暗い影を落とすことになった。その目的は、1848年の共産党のマニフェストとほとんど変わらない。

> 「したがって、土地と産業資本を個人の所有から解放し、一般利益のために共同体に譲渡することによって、社会を再編成することを目的としています。そのため、土地の私的所有権の消滅を目指す...。個人と社会の関係について、経済的、倫理的、政治的側面から知識を一般に普及させることによって、これらの目的を達成しようとするものである。"

宗教を糾弾するわけでもなく、長髪のアナキストが爆弾を持って走り回るわけでもない。そのようなことはありません。オズワルド・モーズリー卿とその妻、旧姓シンシア・カーゾンは、ファシズムの仲間に入る前は、ともに厳格な社会主義者だったことからもわかるように、ファシストも歓迎された。古参の社会主義者」であるショーは、第二次世界大戦までの数年間、ヒトラーを賞賛していた。イギリスの不文憲法とアメリカの文憲法を、「漸進主義」「浸透・浸透」と呼ばれるプロセスによって破壊し、国家社会主義体制に置き換えるというものである。

このあたりは、ヒトラーとフェビアン主義者の共通点である。最初は、誰も彼らに注意を払わなかった。しかし、ヒトラーとは異なり、ショーとウェッブにとってのビジョンは、暴力や無秩序に頼ることなく、誰もが幸せで満足できる新世界秩序へと発展していく世界だった。

フェビアンは翼を広げ始め、1891年には最初の『フェビアンニュース』を発行する準備が整っていた。この頃、ベアトリス・ウェッブは急進的なフェミニズムを教え始め、後にルイス・ブランディス判事が用いて大きな成功を収め、「ブランディス・ブリーフ」として知られるフェビアン研究プログラムを開発したのである。このプログラムは、反対派を圧倒するほどの大量の「調査」資料が、最も薄い法務報告書で覆われたものであった。ウェッブとショーは、自分たちの運動はエリートのためのものであり、金も影響力もない人々の大衆運動には興味がないと考えていた。

そこで彼らは、後にフェビアン協会のメッセージ（「改革」を適切に偽装したもの）を議会の中枢に伝えることになるエリートの息子たちが育っているオックスフォード大学やケンブリッジ大学に目を向けたのである。フェビアン協会の目的は、社会主義者を権力者に据え、彼らの影響力を利用して「改革」を実現させることであった。

この計画は、若干の修正を加えながら、アメリカでも実践され、ルーズベルト、ケネディ、ジョンソン、クリントンという社会主義者が誕生した。これらの変革の担い手は、社会学と政治学を組み合わせたフェビアン流の訓練を受け、扉を開いていった。シンプルな数字は、決して彼らのスタイルではありません。そのエリートメンバーの一人で、1929年にイギリスの外務大臣だったアーサー・ヘンダーソンは、怪物的なボルシェビキ政権を外交的に承認し、その数年後にアメリカもそれに続いたのである。

1895年、オックスフォードにフェビアン協会の最初の細胞ができ、1912年にはさらに3つの細胞ができ、会員の20%以上を学生が占めるようになった。

この時期は、フェビアン協会の発展にとって最も重要な時期であろう。学生たちは社会主義に触れ、その多くが世界の指導者になるのである。

1891年に誰も注目しなかった小さなムーブメントが到来したのだ。20世紀で最も危険な急進的・革命的運動の一つがイギリスで根を張り、すでにアメリカにも広がり始めていた。ラスキー、ガルブレイス、アトリー、ビーバーブルック、バートランド・ラッセル卿、H・G・ウェルズ、ウォラス、チェイス、ウォレスなど、米国の進路に大きな影響を与えることになるフェビアン社会主義者たちである。

特に、ラスキー教授がそうだった。ラスキーがアメリカで過ごした30年間、彼の教育や政府そのものへの浸透の深さを理解していた政府関係者はほとんどいなかった。社会主義の理念を日常的に実践している人だった。オレゴン、カリフォルニア、コロラド、コロンビア、エール、ハーバード、シカゴのルーズベルトの各大学で講演を行った。この間、彼は一貫して連邦政府の「社会保険」プログラムを採用するよう促したが、これは社会主義者の目標であるTOTAL福祉国家につながるものであることには触れなかった。

その後、ラスキー、ウォラス、ケインズ、そしてフェビアン協会の多くの政治指導者や経済学者が、タヴィストック人間関係研究所[3]
に行き、「内的条件付け」や「長期浸透」と呼ばれるジョン・ローリングス・リースの方法を学ぶことになる。ヘンリー・キッシンジャーもこの学校で教育を受けた。

フェビアニズムは次第に労働党や自由党にも浸透し、かつては独立志向が強かったイギリス人の社会化に大きな影響を及

---

[3] *タヴィストック人間関係研究所-*
アメリカ合衆国の道徳的、精神的、文化的、政治的、経済的衰退を形作る、ジョン・コールマン、オムニア・ベリタス社、 www.omnia-veritas.com *を参照。*

ぼし、政府の援助に消極的になった。しかし、1952年、I.M.
ボゴレポフ大佐は、この計画はすべてソ連外務省内でウェッブ家のために書かれたものであり、ウェッブ家が書いたとする多くの書物の内容の多くもそうであると述べ、この主張は無残にも打ち砕かれることになった。ボゴレポフ氏は、「ウェッブの本の内容の多くは、自分が書いたものだ」と言い切った。「あちこち少し変えただけで、あとは一字一句そのままコピーしたのです」と大佐は言った。

左翼や社会主義の英雄が論破されたときによくあることだが、マスコミは論破されたほうを、非難がほとんど忘れられるまで、無関係な言葉を大量に使って報道し、賞賛する。クリントン大統領のモラルと政治的無能さについては、ほとんど毎日のように報道されていることである。「彼は彼らのもので、誰が何と言おうと、泥は乾かない」と、情報部の同僚が言った。そして、クリントンを無罪にする。クリントンの疑わしい性格や政治的誤りに関する報道を分析すると、対象を「洗濯」し、攻撃者を問題とあまり関係のない言葉で窒息させるという、フェビアン社会主義者のダメージコントロールに感心せざるを得ない。

ロンドンの大英博物館でフェビアン協会の歴史を学んだとき、私はこの小さな見知らぬ集団が、やがて最も重要な政治家、作家、教師、経済学者、科学者、哲学者、宗教家、出版社などをフェビアン協会の軌道に乗せ、世間がその存在に気づかないように見えるなか、素晴らしい発展を遂げていることに驚かされたのです。そのためか、大きな変化が起きても憂慮することはなかった。改革」を「有益な」「正しい」「良い」ものとして提示するフェビアンの手法は、彼らの成功の鍵であった。

アメリカの社会主義者も同じです。ワシントンの社会主義者第五列がとる重要な措置はすべて、国民に利益をもたらす「改革」として偽装されているのである。この策略は昔からあるものだが、有権者は毎回それに引っかかる。ルーズベルトの「ニューディール」は、スチュアート・チェイスが書いた同名のフェビアン社会主義の本からそのまま出てきたものだ

ったが、正真正銘の「改革」として受け入れられたようである。ウッドロウ・ウィルソンがケレンスキー政府の裏切りを認めたのも、ロシアで進行中の「改革」が国民のためになるとアメリカ国民を意図的に欺くための言葉に彩られていたからである。ジョンソンの「偉大なる社会」も、グラハム・ウォラスが書いた「偉大なる社会」という本からそのまま引用した「アメリカ的」プログラムであった。

ロンドン・スクール・オブ・（社会主義）エコノミクスが設立されると、そのタイトルから想像されるほど気取った出自ではないが、フェビアン社会主義者は大西洋の両側で金融政策の決定にますます影響力を持つようになった。ロックフェラー財団から多額の助成金が提供されたことで、この機関は大きく発展した。富裕なエリートからの補助金によって社会主義的な機関の資金を調達する方法や、貧しい人々のための日常的なプログラムは、ロンドン大学経済学部の会議に出席した後に発動したショーのアイデアであろう。

基本的に、貧しい人々に「ローカル」プログラムの費用を負担させることは、労働者階級の間に組合を作り、その会費で社会主義プログラムを促進し資金を調達することと同じであった。フリーメイソンが、チャリティーに多額の寄付をしていることを公表するのと同じようなものです。しかし、その資金は通常、メイソンの金庫からではなく、一般の人々から提供される。アメリカでは、病院への寄付で有名なシュライナーズですが、そのお金はシュライナーズが企画する街頭募金を通じて、一般の人たちから集められるのです。自己資金が病院に行くことは一切ない。

第一次世界大戦後まもなくシドニー・ウェッブが書いた「社会主義の家の4本柱」は、イギリスだけでなくアメリカでも、将来の社会主義活動の青写真となった。この計画は、財やサービスの生産における競争ベースのシステムの破壊、無制限で押しつけがましい税制、大規模な福祉、私有財産権の廃止、単一世界の政府を要求した。これらの目的は、1848年にカール・マルクスが『共産党宣言』で打ち立てた理念とさほど変わりはない。その違いは、中身というより、その方法、

スタイルにある。

具体的には、国費で賄う福祉が第一義とされた。女性の選挙権も含まれ（女性の権利運動の誕生）、土地はすべて国有化され、私有財産権は一切認められないというものだった。鉄道、電気、電灯、電話など「人民のための」産業はすべて国有化され、保険分野からは「私的利益」が排除され、課税による富の没収が強化され、ついには、国際経済統制、国際裁判所、社会問題を管理する国際立法など「一つの世界政府」の構想が打ち出されたのである。

1848年の『共産党宣言』をざっと読んでみると、「四柱推命」の「研究」がどこで行われたかがわかる。四柱推命はもっぱらイギリスの社会主義化を扱ったものであるが、その思想の多くはウィルソン、ルーズベルト、ジョンソン、カーター、そして現在のクリントンによって実践された。労働党と新社会秩序は、ヒトラーが世界最大の脅威として提示されたにもかかわらず、その革命的な目的が認識されなかった米国で大流行しました。好むと好まざるとにかかわらず、ウィルソン、ルーズベルト、ケネディ、ジョンソン、カーター、レーガンが打ち出した政策やプログラムには、「フェビアン協会による英国製」の刻印がある。これは、これまでのどの大統領よりも、クリントンに真実味がある。

国のスパイ」としてアメリカに派遣されたラムジー・マクドナルドは、イギリス初の社会主義者フェビアン協会の首相となった。マクドナルドは、後の首相がフェビアン協会の社会主義者の顧問を囲むというパターンを作り、その伝統はマーガレット・サッチャーやジョン・メジャーに受け継がれることになった。大西洋の向こうでは、フェビアン社会主義者たちがウィルソン大統領を取り囲み、アメリカの社会主義化計画を提示した。世紀末の世界を変えようと、ピーズの指導のもと、「大統領顧問」を駆使して、少数の男たちが華々しく活躍したのである。

フェビアン協会の側近の新星に、ベアトリス・ウェッブの甥であるスタフォード・クリップス卿がいた。スタッフォード

卿は、アメリカを第二次世界大戦に参戦させる方法について、アメリカの社会主義者に助言する重要な役割を担っていた。1929年までにクリップスは、フェビアニズムと共産主義が端で曖昧になっていたにもかかわらず、上流社会のフェビアニズムへの参入を導く存在となっていた。当時の有力保守派の中には、フェビアン社会主義と共産主義の間には、フェビアン社会主義者に会員証がないこと以外、ほとんど選択の余地はないと警告している者もいた。

1929年には、イギリスを含む多くの国の経済・金融政策を揺るがすことになる、もう一人のスターが誕生した。ジョン・メイナード・ケインズに、巨大な左翼出版社と左翼ブッククラブを持つゴランツやハロルド・ジョセフ・ラスキ（1893-1950）といった人物を通じて、フェビアン協会の事実上のアイコンとなった。

大英博物館で見たフェビアン協会の貴重な資料には、「ラスキーの加護がなければケインズは大したことを成し遂げられなかっただろう」という意見がありました。ラスキーは、この新聞で「誰もが考える社会主義者」と評された。

かのH.G.ウェルズもラスキーを「英語圏で最も偉大な社会主義知識人」と呼んで膝を屈した。

ラスキは、ユダヤ人の質素な両親のもとに生まれ、ヒトラーの台頭をきっかけに、パレスチナにおけるユダヤ人の権利のための活動家になったと言われている。社会主義者のイギリス首相、アーネスト・ベヴィンとの衝突は頻繁に起こり、激しさを増していた。1945年5月1日[er]、ラスキーはイギリス労働党の議長として演説を行い、自分はマルクス主義者だからユダヤ教を信じない、と繰り返した。しかし、今ラスキーは、パレスチナでのユダヤ人国家の再生が極めて必要だと考えているという。これは、ベン・グリオン自身が確認したことである。

ラスキーの意見は、1945年4月20日、トルーマン大統領とスティーブン・ワイズ・ラビに伝えられました。トルーマンは、ルーズベルトのユダヤ人の願望を支持する強硬路線をラス

キの指示で受け継ぎ、パレスチナへのユダヤ人入植者許可問題で問題が起き始めると、多くの人がフェビアン-社会主義者と信じるヨーロッパの難民キャンプの状況に関する報告書のコピーを送り、当時のベビン外相に10万人のユダヤ人のキャンプからの移住とパレスチナへの入植を認めるように促したのである。

トルーマンのメッセージに、ベビンはラスキーやトルーマンと深い意見の相違を覚えた。ベヴィンのユダヤ人に対するイメージは、賛成でも反対でもなかった。しかし、当時イギリス首相だったクレメント・アトリーの意見に押され、彼の意見は大きく後退した。ベビンによれば、ユダヤ人は国家ではなく、アラブ人は国家であるという。「ユダヤ人は自分たちの国家を必要としない」とベビンは言った。彼はラスキーに、トルーマンの提案には少しも注意を払わないと告げ、「ニューヨークのユダヤ人票の圧力」のせいだと非難した。ベヴィンは、（ラスキーやトルーマンのような）物事の見方を拒否したため、果てしない口論に発展した。

という信念のもと、ベビンは自分の方針を貫いた。

> 「シオニストの国家は、外国からの破壊的な要素の侵入を意味し、地域の弱体化と共産主義への扉を開くことになるのです」。

ワイズマンが会いに行っても、ベビンは月1,500人以上のパレスチナ行き枠を提示することを拒否した。これは、毎月パレスチナに入るユダヤ人の不法移民の数から差し引かなければならない。これは、フェビアン社会主義とラスキーが大敗北を喫した数少ない機会であった。

アイン・ランドは、1943年に発表した小説「水源」のモデルにラスキーを起用したと言われており、ソール・ベローは、"私はハロルド・ラスキーに関するモスビーの観察を決して忘れないだろう：最高裁判所のパッケージについて、ロシアのパージ裁判について、ヒトラーについて"と記している。ラスキーの影響は、死後44年経った今でも米国に残っている。ルーズベルト、トルーマン、ケネディ、

ジョンソン、オリバー・ウェンデル・ホームズJr、ルイス・ブランディス、フェリックス・フランクフルター、エドワード・R・マロー、マックス・ラーナー、アヴリル・ハリマン、デビッド・ロックフェラーとの交流は、建国の父たちが設定したこの国の方向と針路を大きく変えることになったのでした。

ラスキーは、ロンドン・スクール・オブ・エコノミクスで政治学の教授として教鞭をとり、アニューラン・ベバン首相時代にはイギリス労働党の委員長を務めた。ラスキーは、ジョージ・バーナード・ショーのように、会いたい人には遠慮なく自己紹介をする人でした。社会主義を推進する上で最も重要な人たちと親交を深めた。側近のリチャード・クロスマンは、彼の人柄を「温厚で社交的、自分の力でトップに上り詰めた男、公的知識人」と表現している。ラスキーは寛大で親切で、人々は彼と一緒にいることを楽しんだと言われ、また、たゆまぬ社会主義者の運動家でもあった。

フェビアン社会主義の進展における重要なステップは、1940年代の「社会保障」という単純なタイトルの一連のエッセイに関するベヴァリッジ報告であった。1942年という年を選んだのは、まさに心理的な理由からである。イギリスは、第二次世界大戦の暗黒時代を迎えていた。社会主義が希望を与える時代だったのです。ラスキーは、この計画をセント・ジェームズ宮廷の米国大使ジョン・G・ワイナントに申し出た。ワシントンポスト紙のユージン・メイヤー記者は、ルーズベルトの注目度をこう語る。イギリスでは、パケナム卿のようなフェビアン協会の著名人が、欠乏と剥奪を廃止するという奇跡を支持し、何百回も注目される演説をしている。イギリス国民は恍惚の表情を浮かべている。

しかし、その5年後、イギリス政府は社会保障を運営するためにアメリカから多額の借金をするようになった。フェビアン社会主義者が崇拝するジョン・ストレイシーは、社会保障の額を規制し、必要に応じて増額したものの、それでも購買力を生み出すには十分でないことを発見し、マルクス主義者第1号で食糧供給担当大臣だったストラチーは、物資を配給

しなければならないことになった。社会主義者たちは、1947年の1年間で、社会主義プログラムに27億5000万ドルを費やし、この国をほとんど破産させてしまったのです。この「融資」は、ラスキーと米国財務省のハリー・デクスター・ホワイト、そしてソ連の情報提供者の手によるものだった。

アメリカ国民が期待された社会主義者の夢物語への資金提供のようなものを前にして、黙っているのは本当に驚くべきことである。なぜ、アメリカ国民が抗議しなかったのか、その理由はただ一つ、「真実が隠されていたから」である。連邦準備銀行は、1920年代にイギリスに30億ドルを「貸し付け」、「ドール」（福祉）制度を継続できるようにした。一方、国内では、戦争帰還兵の年金が一部負担として年間400万ドルも削減された。そんなことがまた起こるのだろうか。このような事態が再び起こる可能性があるだけでなく、アメリカ国民の反応は同じである。

しかし、ハリー・デクスター・ホワイトの非公式とはいえ揺るぎない援助があっても、社会主義だけではその壮大な計画を実現することはできない。ホワイトの社会主義イギリスへの資金援助の全容がついに議会で明らかになったとき、スタフォード・クリップス卿は白状して、社会保障は今後所得税でまかなわれなければならないとイギリス国民に言わざるを得なくなった。1947年から49年にかけて、税金は上がり、食料は不足し、所得は減少した。フェビアン委員会は、社会主義を機能させる解決策-米国から金を借りること以外-
を見つけるためにたゆまず努力したが、いつも同じ結論に達した。赤字支出かフェビアン社会主義プログラムを実行不可能として放棄するかである。

イギリスは、商品やサービスの有益な供給者であり、他国への仲介者であったのが、乞食国家に成り下がったのだ。つまり、社会主義プログラムは、何世紀にもわたって繁栄してきた日本の経済を破壊する原因となってしまったのだ。イギリスはバナナ共和国のような状態になり始めた。何にでもしがみつく労働党（その指導者はほとんどフェビアン社会主義者だった）は、国有化と配給制の強化によって事態を収拾しよ

うと考えたが、有権者はフェビアン協会にチャンスを与えず、1950年の総選挙で労働党を追い出したのである。

フェビアン協会が残したもの？国庫は空っぽ、金も枯渇し、生産量も少ない中、「フェビアン協会は政党ではない」と主張し、信用を失った労働党から距離を置こうとしたのである。下院で、注目すべき社会主義者アルバート・エドワーズはこう語っている。

> "私は何年もかけて資本主義システムの欠陥について議論してきました。その批判を撤回するつもりはない。しかし、私たちは2つのシステムを並べて見てきました。そして、資本主義の欠陥を取り除く方法として、いまだに社会主義を主張する人は、本当に盲目です。社会主義がうまくいかないだけです。

しかし、社会主義が理論ではなく、実践の場で完全かつ無残に失敗したにもかかわらず、アメリカには、失敗した社会主義政策をアメリカ国民の喉元に押しつけようと決意する人々がいたのである。ルーズベルト、トルーマン、ケネディ、ジョンソン、ニクソン、ブッシュ、カーターは、大西洋の反対側の社会主義の大失敗を無視することを決意したようで、社会主義の顧問に促されて、同じ古いフェビアン社会主義の失敗した理論と政策のアメリカ版に乗り出した。

社会主義者たちは、共通の言語と伝統によって英国と結びついていたが、大西洋同盟または大西洋連合を通じて、一つの世界政府という夢に米国を参加させることに成功した。ジョージ・ワシントン大統領の告別式の知恵を無視して、歴代のアメリカ政府は、基本的にフェビアン社会主義の世界政府プロジェクトを追求してきたが、その中でアメリカ民主行動協会（ADA）は重要な役割を担っていたのである。アメリカの外交問題評議会（CFR）の「母体」である、ロンドンのセント・ジェームズ・スクエアにあるチャタムハウスを拠点とする王立国際問題研究所（RUA）も、この厳格な社会主義の事業に深くかかわっていた。

海を渡る社会主義者の手」キャンペーンは、リーズ大学での

オーウェン・ラティモアの存在によって強化された。ラティモア氏はジョンズ・ホプキンス大学の教授で、米国の対日貿易政策を扇動したとされる太平洋関係研究所（IPR）の所長としての裏切り行為で最もよく知られている人物である。これが真珠湾攻撃につながり、アメリカが第二次世界大戦に参戦したのは、ドイツ軍がヨーロッパで敗北を目の前にしていたいわゆる「同盟国」を粉砕したときであった。

ある評論家が言うように、ハロルド・マクミランを「スカイボルトで」追い出した後、ケネディ政権は、ウィルソンが評したように「灰色のフランネルのオックスフォード社会主義者」に対する優しさと専門知識を発散させたからである。ウィルソンは、スローガンで当選する方法を求めてアメリカに行き、マディソン街の宣伝マンの中にそれを見出したのである。社会主義が、物事の進め方を知るために資本主義に頼らざるを得なかったのは、不思議なことです

しかし、ウィルソンは首相に就任するやいなや、下院で、産業の国有化、「社会正義」、そしてもちろん税制改革、企業所得への分配拡大、給与所得控除など、あらゆる社会主義的な政策をとることを宣言した。熱狂的なウィルソンは、フェビアン社会主義者の仲間たちに、「アメリカ政府が共感してくれているのだから、成功は間違いない」と語っている。

ウィルソンが本当に言いたかったのは、アメリカ政府は、労働党政権の贅沢な社会主義的支出のツケを払うことを、これまで以上に望んでいるように見えたということだ。ここでも「世界社会主義」への貢献が強調されている。

ウィルソン首相は、アメリカとのコネクションをうまく利用して、国際通貨基金（その主な後ろ盾は昔も今もアメリカ）から40億ドルを借り入れました。社会主義プログラムは自重できず、恐竜のように支えなければ崩壊することが改めて証明された。IMFはケインズ卿によって創設され、彼はそれを「本質的に社会主義の設計」と表現した。

しかし、ウィルソンに始まり、ルーズベルトで加速し、ケネディ政権でより大胆に、より率直になった社会主義の政府へ

の不穏な浸透に反対する声は、米国内にもあった。その一人が、ウィスコンシン州の上院議員ジョセフ・マッカーシーである。真の愛国者であるマッカーシーは、アメリカ国務省にはびこる社会主義者や共産主義者を根絶やしにしようと決意し、1948年にトルーマン政権からアイゼンハワー政権に至るまで、その闘いを続けてきた。

フェビアン協会は警戒を強めた。米国政府やその機関への浸透を、どのように世間から守るのか。そこで、「アメリカン・フォー・デモクラティック・アクション」が、ウィスコンシン州選出の上院議員に対する大規模な中傷キャンペーンを展開することになった。この力がなければ、マッカーシーが「共産主義」と誤認していたフェビアン社会主義に、アメリカ政府とその機関がいかに乗っ取られているかを暴露するという目的を達成できたことは間違いないだろう。

ADAは、マッカーシーを抑制するために数十万ドルを費やし、上院の規則に反して、上院議員の個人的な財務内容のコピーを数千部も配布し、それが上院小委員会に漏れたこともあった。社会主義者の出版社『ニュー・ステーツマン』は、突然、憲法と権利章典に目を向け、マッカーシーの公聴会がこれらの「神聖な権利」を危険にさらすと示唆しました。ADAが主催したマッカーシー非難決議は、当時も今も、民主党がフェビアン協会の国際社会主義者の手中にあることを証明するものだった。ADAは、「マッカーシーを止めた」ことを自分の手柄にすることにためらいはなかった。

マッカーシー上院議員の失脚で、フェビアン協会は安堵のため息をついた。ADAの攻撃を阻止できたかもしれない男が、上院の公聴会に姿を見せなかった。ウィスコンシン州選出の上院議員を敬愛するジョン・F・ケネディ氏は、投票時には病院のベッドで寝たきりの状態だったと伝えられている。欠席の理由は説明されなかった。ケネディは、マサチューセッツ州でケネディの対抗馬として出馬したヘンリー・キャボット・ロッジの選挙活動を拒否したマッカーシーに、権力を握らされたのである。

このあまり知られていない事実は、米国の独立とそれを守る共和国にとって悪い兆候である。将来、社会主義が根本的にチェックされ、そして根絶されない限り、「忠誠の誓い」はこうなるのかもしれない。

> "合衆国国旗とその象徴である社会主義政府に忠誠を誓い…"

遠まわしに考えるのはやめよう。ロンドンで運動を始めた取るに足らない小さな若者たち、その危険な毒を世界中に広めた運動が、当時は「変人」とも思われていたことを忘れないでください。フェビアン協会は、今、再活性化していた。マッカーシーの脅威が取り除かれ、ロンドン大学経済学校でハロルド・ラスキに学び、ジョン・ケネス・ガルブレイスの影響を受けた若い新大統領がホワイトハウスに就任し、社会主義者は米国政府の茨の髄と筋肉に飛び込む準備ができているように思えたのです。結局、ケネディの「ニューフロンティア」は、実は偉大な社会主義者ヘンリー・ウォレスが書いた本ではなかったか？

ウォレスは、社会主義の目的をためらわずに提唱していた。

> 「社会的に規律正しい人間は、人類の富を増大させるために協力し、その発明の力を社会そのものの変革に生かすだろう。彼らは、世の中に社会正義と社会的慈善（福祉）のはるかに広い可能性を実現するために、政府と政治機構と価格と価値体系を変える（改革する）だろう…人は、自分が福音のいかなる牧師と同様に高い機能を果たしていると当然感じることができるだろう。彼らは共産主義者でも社会主義者でもファシストでもなく、共産主義者、社会主義者、ファシストが公言する目的を民主的手法で達成しようとする単なる人間であろう……」と。

ケネディ政権が当初、ルーズベルト時代よりもさらに過激と思われるプログラムに着手したことは、議論の余地がない。ADAが内閣と顧問を一人以内に選んだという事実さえ、よく知られている。イギリスでは、フェビアン社会主義者たちが満面の笑みを浮かべていた。しかし、アメリカからケネデ

ィが社会主義者の期待に応えていないというニュースが届く
と、彼らの喜びはある種の遠慮に変わり始めた。

ADAの口車に乗った "New Republic "は、1963年6月1日^{er}
に掲載された社説で、"In general, Kennedy's performance is less
impressive than Kennedy's style.
"と述べている。英語圏に「新しいエルサレム」を建設し、
新しい社会主義社会を建設するというラスキーの構想は、少
なくともしばらくは保留されたようであった。ラスキーは、
アトリー、ダルトン、マクドナルド、ケネディ兄弟といった
労働党のリーダーを扱うことができたが、問題は、彼の後継
者が彼と同じように「アメリカ側」を扱うことができるかど
うかということであった。

アメリカにおけるフェビアニズムの隆盛は、1883年にシドニ
ー・ウェッブとフェビアン協会の歴史家R・R・ピースが訪
米した後に結成された「新生フェローシップ」、後に「ボス
トン・ベラミー・クラブ」にまで遡ることができる。彼はフ
ェビアン4人の原点の一人であった。ベラミー・クラブは、
アーサー・F・ジェネラルによって設立された。Devereuxと
Charles E. Bowers大尉、ジャーナリストのCyrus Field,
WillardとFrances E.
Willardのサポートを受けています。このクラブは、社会主
義を推進するためのものではありませんでした。デヴローの
最大の関心事は、無教育の移民が大量に流入し、それを受け
入れる準備ができていないと感じていたことである。

デヴロー将軍は、この事態が完全に収拾がつかなくなる前に
、その芽を摘んでおかなにればならないと考えていた。(彼
は、社会主義政策のおかげで1990年に米国で展開された、意
図的に仕組まれた恐ろしい移民状況を予見することはできな
かっただろう)。デヴローたちがボストン・ベラミー・クラ
ブ設立の準備をしていた1888年9月、イギリスからやってき
たウェッブは、クラブの創設者たちと連絡を取り合うことに
なった。これを機に、ウェッブとピースは、クラブの理念に
民間企業の国有化を盛り込み、名称も「ボストン民族主義ク
ラブ」に変更することに成功した。オープニング・ミーティ

ングには、ウェブとエドワード・ベラミーが参加した。1888年12月15日、後に大樹として芽吹くことになるフェビアン社会主義の種が、アメリカに蒔かれたのである。

芸術の分野では、1910年には、モスクワ芸術劇場から学んだ手法で、ハーバード社会主義クラブのケネス・マクガワン教授がニューヨークのシアターギルドでショーの劇を上演していた。産業民主化同盟や民主的行動のためのアメリカ人たちは、まだ遠い将来のことではあったが、その組織の基礎はすでに築かれていたのである。

ショーやH.G.ウェルズは、アメリカ中の、特に大学都市で文芸エージェントから求愛され、ノーマン・トーマスとヘンリー・レイドラーが編集した社会主義雑誌『ニュー・リパブリック』『ネイション』『ソーシャリズム・オブ・アワー・タイムズ』は軌道に乗りつつあった。

第一次世界大戦中はハーバード大学で教鞭をとり、『新共和国』にしばしば寄稿していた。こうして、彼はイギリスの戦争に参加する可能性を回避したと、冷淡な批評家は言う。ウッドロウ・ウィルソンは、米国をあの大火に巻き込んだだけでなく、その悲惨な経過の間中、『新共和国』から支持を受けていたのである。社会主義戦争」があるとすれば、これはそのことである。新共和国」は、ロシアのボルシェビズム化を口実に、ロシアで起こっている恐ろしい虐殺に対して、同じような関心を抱いていなかった。

ラスキーはフェリックス・フランクフルターを熱狂的に崇拝しており、フランクフルターを賞賛する彼の手紙には、フェビアン社会主義がアメリカの法制度にどれほど浸透していたかがうかがえるものがある。何度もアメリカを訪れたラスキーは、ADAをはじめとするアメリカの社会主義者たちに、増税法案を通すための積極的な行動を促した。不当な高所得者への課税をより高く、より新しくすることが、税の公平な分配を実現する方法だと、ラスキーは言ったのである。また、友人のフェリックス・フランクフルター判事と常に連絡を取り合い、合衆国憲法の「改革」、特に行政府、立法府、司

法府の間の三権分立の憲法を推進するように促していた。

ラスキーは、常にフランクフルターの側にいて、合衆国憲法を「資本主義の最強の安全装置、階級的文書」と揶揄して、常に攻撃していたのである。ラスキーは、ルーズベルトを「ファシズム的資本主義に対する唯一の防波堤」と呼んだ。ラスキーが合衆国憲法転覆を企てたとして、扇動罪で起訴されなかったのは大きな間違いであった。ルーズベルトのホワイトハウスを頻繁に訪れていた彼は、そのような訪問がマスコミに取り上げられることはなく、非常に秘密主義的な人物でもあった。

会議はいつもフェリックス・フランクフルターを通して手配されていた。ルーズベルトは、この訪問の際、「資本主義か民主主義のどちらかが勝たなければならない」と語り、「民主主義を救え」と大統領に迫ったと、彼の伝記作家は語っている。社会主義者が社会主義の旗手として「民主主義」を採用して久しいので、ラスキが「民主主義」を意味するのは明らかである。第二次世界大戦中、ラスキーはルーズベルトに対して、戦後の社会主義の基礎を築き、世界を安全にするよう頻繁に要求していた。ルーズベルトがラスキーから受けた社会主義教育は、ジョン・F・ケネディがロンドン・スクール・オブ・エコノミクスでラスキーの学生だった時に受けたものとほぼ同じだと言われている。

ある人は、何が起こっているのかを知っていた。ティンカム下院議員は、1941年1月14日、エイモス・ピンチョットの書いた手紙を下院の議会記録に掲載した。ピンチョーの手紙にはこう書かれている。

> *"多くの若い社会主義者は、一般にルーズベルト・プログラムと呼ばれているものは、本当は、ロンドンの経済学教授とその友人たちによってニューディール思想家、ひいては大統領に課せられたラスキー・プログラムであると断言している。"*

この大胆な発言で間違っているのは、ラスキーが経済学ではなく政治学の教授であったことだ。それ以外は、的を射た観

察でしたね

ラスキーはフランクフルターと長い間文通を続け、警戒を怠らず、フェビアン社会主義の「政治心理学」を押し進めるように促した。ラスキのフランクフルターへの助言が、最高裁がもたらした激変の基礎となったことは疑いない。この変化は、米国の進路と性格を完全に変えてしまった。ニューディールに父親がいるとすれば、その父親はルーズベルトではなく、フェビアン協会のハロルド・ラスキー教授である。

フェビアン協会のラスキー教授が、ルーズベルトに大きな影響を与えたことを知るアメリカ人は、今日でもほとんどいない。真珠湾攻撃でアメリカが予定通り第二次世界大戦に突入してから半年後、エレノア・ルーズベルトは、チャーチルがラスキの出席を拒否していた1942年9月に開催される国際学生会議の基調講演者にラスキを招いた。

ミシガン州のウッドラフ下院議員は、ラスキーを「ホワイトハウスの裏口の鍵を持っている」と糾弾し、非常に簡潔な表現で表現している。もし、愛国者たちが、ラスキー、フランクフルター、ルーズベルトの間の私信にアクセスすることを許されていたら、ラスキーを国外追放に追い込むだけの義憤を呼び起こすことができたかもしれない。

グラハム・ウォラスもまた偉大な社会主義者で、フランクフルターやオリバー・ウェンデル・ホームズ判事に影響を与え、アメリカの法律学を変えたと言われている。ラスキは、MI6の北米事務所長ウィリアム・ワイズメンを通じて、フランクフルターを最初の純社会主義的なワーキンググループの一つに任命したと言われている。労働争議調停委員会。

イギリスでは、フェビアニズムが市民と軍事の隅々まで浸透していた。社会のどの面も、その侵入から安全ではありませんでした。そして、それはアメリカへの侵略の際も同じ道をたどりました。実は、社会主義は、アメリカ独立戦争でジョージ・ワシントンとその軍隊が直面した敵よりも、もっと凶暴な敵なのだ。この進行中の戦争は決して止むことがなく、日夜、アメリカ国民の心、精神、魂の戦いが続いているので

す。

社会主義の浸透に対する防波堤のひとつが、キリスト教である。フェビアン社会主義者の代表格で、イギリス首相になったクレメント・アトリーは、フェビアン社会主義者の成功は、労働の世界への浸透にあると述べている。しかし、アイルランドのカトリック労働組合には、ウェッブやショーなど、フェビアン協会の指導者は決して入り込むことはなかった。北米大陸における社会主義の容赦ない行進を止める方法を模索する今日、私たちには多くの希望がある。この行進は、共産主義の奴隷収容所で終わるだろう。実際、社会主義は奴隷への道なのだから。

社会主義を広めるために採用された、滑りやすく、ぬるくて、裏切りやすい方法は、そのように認識されたことのない著名な社会主義者にどよく示されることはない。これらの有力者は、社会主義的な願望を公然と認めることなく、大きな権力の座に就いてきた。この点を説明するために、いくつかの名前を挙げてみましょう。

- ➢ L.S.エイメリー右大将重要な教育機関であるリビングストンホールで講演を行った。

- ➢ A.D.リンゼイ教授、主要教育機関であるキングストンホールの講師アニー・ベサント
神智学運動の指導者。

- ➢ オズワルド・モズレー、国会議員、イギリスにおけるファシストの指導者。

- ➢ マルコム・マッジェリッジ、作家、学者、講演者。

- ➢ バートランド・ラッセル、長老政治家、300人委員会、キングスウェイ・ホールの講師。

- ➢ ウィッカム・スティードは、おそらく英国放送協会（BBC）の最も有名なコメンテーターの一人で、その見解は何百万人ものBBCリスナーに影響を与えたと言われています。

- ➢ アーノルド・トインビー（キングスウェイ・ホール講師）。
- ➢ J.B.プリーストリー著
- ➢ キングスウェイ・ホール講師のレベッカ・ウェスト氏。
- ➢ アンソニー・ウェッジウッド・ベン、キングスウェイ・ホール講師。シドニー・シルバーマン（講師、議会議員）。

アメリカ側では、次のような人物が社会主義的信念をうまく隠している。

- ➢ アーチボルド・コックス
  ウォーターゲート事件の特別検察官。
- ➢ アーサー・ゴールドバーグ（労働長官、国連代表など
- ➢ ヘンリー・スティール・コメージャー、作家、編集者。
- ➢ ジョン・ガンサー（作家、『*LIFE*』誌記者）。
- ➢ ジョージ・F・ケナン
  ボルシェビキ・ロシアの専門家。
- ➢ ジョセフ・アルソップ、スチュワート・アルソップ
  作家、新聞コラムニスト、オピニオンメーカー。
- ➢ マーガレット・ミード博士（人類学者、作家
- ➢ マーティン・ルーサー・キング
  南部キリスト教指導者会議の公民権指導者。
- ➢ アヴリル・ハリマン
  実業家、旅行代理店、著名な民主党員。
- ➢ 米国上院議員 バーチ・ベイ氏
- ➢ ヘンリー・ファウラー 米国財務局次官

- ➢ G.メンネン・ウィリアムズ 国務省の実業家。
- ➢ アドレー・スティーブンス 政治家
- ➢ ポール・ボルカー（連邦準備制度理事会）。
- ➢ チェスター・ボウルズ
- ➢ ハリー・S・トルーマン（アメリカ合衆国大統領）。
- ➢ ローウェル・ウィッカー氏（米国上院議員
- ➢ ヒューバート・ハンフリー（アメリカ合衆国上院議員）。
- ➢ ウォルター・モンデール（アメリカ合衆国上院議員
- ➢ ビル・クリントン（米国大統領
- ➢ ウィリアム・スローン・コフィン、教会指導者。

他にも著名なもの、そうでないものなど数百の名前があるが、上記で十分である。この人たちの経歴は、アンドリュー・ジャクソン大統領が描いた敵のタイプに非常によく合致している。

英米の社会主義の普及に大きく貢献した人物に、かの有名なマルコム・マッジェリッジがいる。H.T.の息子。マッゲリッジ、マルコムは、モスクワに良いコネクションを持ち、「パンチ」誌で輝かしいキャリアを築いた。ベアトリス・ウェッブという大女優の甥であることも関係している。マッゲリッジは『ニュー・ステーツマン』や『フェビアン・ニュース』に寄稿し、協会の週末学校での講演にひっぱりだこでした。マルコム・マッジェリッジは、アメリカにおける社会主義の代表的な呼び物のひとつとなり、テレビのインタビューでもしばしば大きく取り上げられた。

第2章

社会主義とは何か、なぜ奴隷制になるのか

「社会主義と共産主義は、その目的からすれば、ほとんど同じようなものである。実際、レーニンの党は、1918年3月の第7回党大会まで、自らを「社会民主主義」と呼び続け、西側社会主義党の非革命的態度に抗議して、「ボルシェビキ」という言葉に置き換えていた..."...エズラ・タフト・ベンソン - *時間との闘い*、1963年12月10日。

"リストラを通じて、[4]
社会主義に第二の風を吹かせたいのです。そのために、ソ連共産党は、ボルシェビキ革命の原点と原則、新しい社会の構築に関するレーニン主義の考えに立ち返ろうとしています。"1989年7月、ミハイル・ゴルバチョフがクレムリンで行った演説。

これらの非常に明快なコメントと、後で引用する他のコメントは、社会主義を正しい視点で捉えています。社会主義というのは、庶民の生活水準を向上させるための半官半民の運動である。これ以上、真実から遠ざかることはない。社会主義の行き先はただ一つ、共産主義である。私たちはメディアに包囲され、共産主義は死んだと信じ込まされているが、少し

---

[4] ペレストロイカ、Ndt.

考えればそうではないと納得できるだろう。

フェビアン社会主義者たちは、1848年の『共産党宣言』に忠実に従ったが、よりエンガントで擦れっ枯らしのない方法だった。資本主義が社会主義に取って代わられ、社会主義者の独裁的なヒエラルキーに対して、すべての個人が生活のあらゆる事柄について責任を負うという、新しい世界秩序をもたらす世界革命である。

私有財産も立憲政府もなく、権威主義的な支配だけが存在することになる。各個人は、社会主義国家に生活の糧を求めることになる。しかし、イギリスでの社会主義的な実験を調べてみると、このシステムは完全に失敗していることがわかる。他で紹介したように、1994年のイギリスは、社会主義者とその福祉国家のために完全に崩壊したのである。

フェビアン社会主義者に、英米の指導者交代に過度の影響を与えることができる重要な地位に知識人を置くことで、その目的を達成しようとしたのだ。アメリカでは、ハロルド・ラスキ教授とジョン・ケネス・ガルブレイス教授の2人が、この点での主役であったことは間違いないだろう。その背景には、英国フェビアニズムの「古参」の一人、グラハム・ウォラスが宣伝部長を務めていたことがある。彼らは共に「社会主義者フェビアン協会の基本」を執筆した。

> 「フェビアン協会に、土地と産業資本を個人の所有から解放し、一般利益のために共同体に譲渡することによって、社会を再編成することを目的としている。そのため、当会は土地の私的所有権の消滅を目指し、活動しています...また、当会が管理しやすい産業資本の地域社会への移転にも取り組んでいます。これらの目的を達成するために、フェビアン協会は社会主義的な見解の普及と、それに伴う社会的・政治的な変化に依存している...経済的、倫理的、政治的側面における個人と社会との関係についての知識を一般に普及させることにより、これらの目的を達成しようとするものである。"

1938年、協会の目的と目標が多少変更され、「社会主義者フ

ェビアン協会」となった。

> 「したがって、共同体の経済的資源の集団的所有と民主的支配を通じて、個人と階級の経済的権力が廃止される社会の確立を目指す。この目的を政治的民主主義の手法で達成しようとするものです。フェビアン協会は労働党に所属している。その活動は、会合、会議、討論会、大会、サマースクールの開催、政治・経済・社会問題の研究の推進、定期刊行物の発行、その他適切な手段によって、社会主義の普及と社会主義の方向への啓蒙を目的としています。"

コミュニティ」という言葉が何度も出てくることと、個人の権利が最小限に抑えられていることに、すぐに気づかされます。このことから、フェビアン社会主義は、ロンドンでの最初の数人のメンバーの集まりから、キリスト教とセットになっていたと思われる。1848年の『共産党宣言』にあるような、国民のために産業事業を国有化しようという決意は、非常に明白であった。また、フェビアン社会主義の目的は、誰もが国家の経済的富に対して平等な権利を持つ、共同富裕の国民的協同社会の確立にあることも明らかであった。

1888年に開設されたボストン・ベラミー・クラブは、神智学の教えを持つ新生フェローシップを継承し、アメリカで最初のフェビアン社会主義企業となった。ベーシスはやや異なっていた。

> 「人類同胞の原則は、人間性と獣性を区別する線上で、世界の進歩を支配する永遠の真理の一つである。どんな真実も、実際に適用されない限り、広まることはないのです。したがって、人間の福祉を求める者は、粗雑な競争原理に基づく制度を廃止し、その代わりに、より高貴な連合原理に基づく別の制度を設けるよう努めなければならない......」。

> 「私たちは、突然の、あるいは軽率な変化を提唱するものではなく、また、現在のビジネスの基礎となっている誤った原則を実行することによって莫大な財産を蓄積してきた個人に対して戦争を仕掛けるものでもありません

。現在、人々が不満を抱いている結合、信託、組合は、我々の基本的な原則である結社の実践可能性を示しています。私たちは、この原理をもう少し進めて、産業を国家のために、つまり組織化された人々、全人類の有機的統一体のために働かせようとしているだけなのです」。

この散文は、1880年代にアメリカのフェビアン社会主義を立ち上げるために渡米したシドニー・ウェブとフェビアン協会の歴史家エドワード・ピースの作品である。その口調や言葉の選び方の柔らかさが、革命の目的の厳しさを覆い隠している。改革」という言葉を使ったのは、「フェビアンニュース」のようなフェビアン系の出版物と同様、批判者の武装解除を意図したもので、特に米国憲法にダメージを与えるような「改革」を提唱していた。これは、米国を南部連合共和国から社会主義福祉国家へと変貌させる進行中の革命への道を開いた（米国を南部連合共和国と表現したのは、ジョージ・ワシントンである）。

1895年の『アメリカン・フェビアン』では、（アメリカの上下院や司法にはびこり、大統領の顧問を務める偽装社会主義者とは対照的に）フェビアンのアメリカにおける社会主義的目標がかなり明確に述べられている。

私たちがこの新聞を『アメリカン・フェビアン』と呼ぶのには二つの理由がある。『フェビアン』と呼ぶのは、イギリスのフェビアン協会がよくやっているような教育社会主義の仕事を代表するものにしたいと思うからだわれわれの論文を「アメリカン・フェビアン」と呼ぶのは、われわれの政策がイギリスのフェビアンといくぶん異なっていなければならないからである。イギリスとアメリカは似ているところもあるが、まったく違うところもある。イングランドの憲法は、絶えず、しかし徐々に変化することを容易に認めている。アメリカの憲法は、そのような変更を容易に認めない。そのため、イギリスはほとんど気づかないうちに社会主義に移行することができます。私たちの個人主義的な憲法は、社会主義を認めるために変更されなければならないし、変更には政治的な危機が必要だ。

このように、アメリカにおける社会主義導入の最大の課題が憲法であることは当初から明らかであり、その日以来、憲法はアメリカ合衆国連合共和国を構成する諸制度に対する社会主義者の攻撃の的となったのである。後述するように、この目的のために、ウォルト・ホイットマン・ロストウのような硬直した冷酷な社会主義者が、国家の根幹を崩すために雇われたのである。鋭い観察者がすぐに気づいたように、フェビアン社会主義は、教養ある教授や婦人たちが主導し、丁寧なアクセントで話し、穏やかな理性の空気を漂わせるだけの友好的な討論会ではなかったのである。

フェビアン社会主義は、嘘をついているように見せずに、ごまかし、嘘をつく技術を発達させた。イギリスでは多くの人が騙され、その後アメリカでも騙され、今も大規模に騙されている。しかし、1936年の東部専門師範学校春季大会の時のように、社会主義者の指導者が自制できない場面もあった。ロジャー・ボールドウィンは、フェビアン社会主義者がよく使った言葉の二重の意味を説明している。「進歩的」とは「公的所有と支配を拡大することによって産業の民主化を目指す勢力」を意味し、「民主」とは「強い組合、政府の事業規制、公共のために役立つ産業の国民による所有」を意味している。

リーマン議員もまた、アメリカにフェビアン社会主義を持ち込もうとする熱意を抑えきれない社会主義者であった。アメリカ・フェビアン連盟の記念シンポジウム「自由と福祉国家」で、リーマンはこう語っている。

> "170年前、共和国の建国者たちによって、福祉国家の概念がこの国の基本法に翻訳された...」。建国者たちは、本当に福祉国家を作った人たちなんだ。"

リーマンは、上院の多くの社会主義者の同僚と同様に、憲法の概念がなかった。だから、彼が憲法を憲法前文と混同したのも無理はない。憲法前文は、建国の父たちが福祉国家の概念を拒否したために、憲法に組み込まれることはなかったのである。

憲法前文："より完全な連合を作り、一般の福祉を増進するために...
"である。リーマン議員は、自分の願望を現実と取り違えているようだ。この条項は合衆国憲法にはないのだから。また、言葉やその意味を捻じ曲げるという、社会主義者が好む手法にも取り組んでいるようだった。

米国憲法には一般福祉条項があり、議会に委ねられた権限のうち第1条第8節に記載されている。しかし、この文脈では、それはすべての市民の一般的な福祉、すなわち幸福の状態を意味し、一般的な配給、権利、すなわち国家によって提供される個々の福祉という社会主義の意味とはかけ離れたものである。

アメリカの社会主義者が、産業資本を攻撃する計画を最初に実行に移そうとしたのは、レックスフォード・ガイ・タグウェルの提案した狡猾な計画によるものであったと思われる。この計画は、「国家再建法」と呼ばれる法律に基づいて設立される27の産業審議会に消費者を任命するものであった。タグウェルは、実は利潤動機を取り除こうとしていた。消費者のために価格を下げるという一見慈悲深い意図を剥奪し、本当の意図は企業家の利益を減らし、それに応じて労働者の賃金を上げることだったのだが、この計画は最高裁の満場一致の判決で違憲とされたのである。1935年当時、裁判所はまだ「リベラル」（＝社会主義者）な裁判官で埋め尽くされてはいなかった。ルーズベルトは、この「アンバランス」を是正するためにいち早く動き出した。1920年代と1930年代の最高裁は、文字通り国を圧倒する目的で、政府、銀行、産業、議会のあらゆるレベルに進出してきたフェビアン社会主義者の締め付けから、実際に米国を救ったといってもよいだろう。

社会主義者たちは、違憲のブレイディ法案のようないわゆる「法律」で憲法を回避しようとしているが、合衆国憲法が
"慣習法の完璧なバランスあるいは平衡
"であることを知らない。憲法の書き方は、すべての条項が真ん中で出会って、互いに中和するようになっている。だから、社会党が憲法を分割できることを前提に通そうとする法

案は無効なのである。憲法は全体として読まれなければならない。クリントン大統領のような人物の奇妙な願望に合わせて、憲法を分離したり分割したりすることはできない。これが、ラムゼイ・マクドナルドが突き当たったものであり、ラスキー教授を完全にいらだたせたものであった。

ロンドンのフェビアン協会も、アメリカのフェビアン協会も、障害をものともしない。アメリカのフェビアン連盟は、憲法違反の提案をすべて国民投票にかけることを思いつき、憲法上のセーフガードを回避しようとした。明らかに、彼らの豊富な資源と、ほとんどすべての諜報機関紙をポケットに入れたフェビアンたちは、自分たちに有利なように世論を動かせると確信していたのである。ジョージ・ブッシュの完全に違法な湾岸戦争を支援するために、彼らが何をしたかを見てください。

社会主義の本質とその目的を認識することで、ボルシェビキ革命がなぜロンドン・シティとウォール街の銀行家に買収され、常にボルシェビキを助けるように見える政府の行動によって支えられていたかを理解することが容易になる。ゴルバチョフが愛したボルシェビキ革命は、ロシア人民の土着革命ではなかったのだ。むしろ、何百万人もの命を犠牲にして、ロシア国民に押し付けられた外国のイデオロギーであったのだ。ボルシェビズムは、ロシア国民が望んだものでも、要求したものでもなかった。彼らは、自分たちの国に侵入してきたこの怪しげな政治的、社会的、宗教的な力に対して、何も言えなかったし、自分たちを守ることもできなかったのである。

社会主義も同様である。社会主義は、意図的に設計され、広範囲に及ぶ、人間が望まない変化を受け入れ、その意思に反して実行されることを強いるものである。いわゆるパナマ運河条約を例にとってみよう。ボルシェビズムと社会主義の唯一の違いは、ボルシェビストが残忍な力と恐怖を用いるのに対し、社会主義者はゆっくりと忍び足で働き、意図する犠牲者は敵が誰であるか、最終的に何が起こるかを知ることがないことである。

世界革命』には、共産主義者とその社会主義者の双子の真の
目的が書かれています。

> 「世界革命の目的は、物質的な意味での文明の破壊では
> ない。支配者が望む革命は、道徳的、精神的な革命であ
> り、19世紀の間に確立されたすべての規範を覆し、すべ
> ての名誉ある伝統を足下に踏みつけ、とりわけ、キリス
> ト教の理想を確実に消滅させる思想の無政府状態である
> 」。

フランクリン・ルーズベルトの著書『On Our Way』を研究しても、ほぼ同じ結論になる。

社会主義者の輝ける星の一人、エマ・ゴールドマンは、マッ
キンリー大統領の暗殺を組織した。これは共産主義が好んだ
「直接的」な方法であったが、この20年間で、私たちは、恐
ろしいジョセフ・マッカーシー上院議員、ヒュー・ロング上
院議員、アグニュー副大統領を暴露しようとした下院、上院
、大統領の個々の議員に対する中傷、陰口、反逆、中傷、誹
謗に訴える社会主義のアナーキーの類を見てきた-
リストは延々と続くが、これらの名前を見れば、十分に要点
が分かるだろう。

フェビアン社会主義者の「高貴さ」は、事実とはかけ離れて
いる。彼らは、個人的にも集団的にも、意見が作られる前提
を偽って人々の心を変えることだけを目的として、教育や出
版を支配下に置こうとしているのです。フェビアン社会主義
者の小集団は、その目的を達成するために、捕らえたい大衆
に真の目的を悟られないように、静かに、こっそりと動き出
したのである。1994年の今日、この小さなグループが長い道
のりを歩み、英語圏の運命を事実上支配していると、ある程
度正確に言うことができるだろう。

ボルシェビキ革命は、イギリスとアメリカの主要な社会主義
者の全面的な支援と財源なしには、決して実現しなかっただ
ろう。ボルシェビズムの台頭と、それがいかにアルフレッド
・ミルナー卿とウォール街の銀行によって資金調達され、ミ
ルナーの使者である英国秘密情報部MI6のブルース・ロック

ハートとシドニー・ライリーが日々コントロールしていたか
は、「Diplomacy By Deception」に詳しく述べられている。[5]

アメリカでは、社会主義者の御用達が、政治的な窓の外に別
の看板を掲げている。少なくとも人前で社会主義者を名乗る
人はいない。彼らはバッジをつけず、自分たちを「リベラル
」「進歩的」「穏健派」と登録する。権力欲の強い運動は、
「平和」や「人道主義」という言葉でごまかされる。この点
で、アメリカの社会主義者は、イギリスの支配者たちに劣ら
ず狡猾である。彼らは、イギリスのフェビアン社会主義者の
ナショナリズムに対する態度を採用し、彼らが「社会的平等
」と呼ぶもの、すなわち社会主義の達成にはナショナリズム
は無関係であり不可欠であると宣言しているのである。アメ
リカの社会主義者は、イギリスの従兄弟たちとともに、ナシ
ョナリズムを打破し、社会主義の大義を推進する最善の方法
は、累進所得税プログラムであると宣言している。

フェビアン社会主義者は、出会う人々や支持するプログラム
によって識別することができる。この経験則は、彼らの秘蔵
っ子を見分けるのに非常に有効である。アメリカでは、イギ
リスの人たちよりもゆっくりとしたペースで仕事をし、決し
て進むべき方向を示しません。その中の一人、アーサー・J
．社会主義の指導者としてピューリッツァー賞を受賞したシ
ュレシンジャー・ジュニアは、こう書いている。

> "一連の「新協定」を通じて、米国で社会主義をGRADU
> AL（強調）に実施することは、社会主義への後退の過程
> であり、本質的な障害はないように思われる。"(パーテ
> ィザン・レヴュー1947)

私たちが当然と思っている伝統的な自由が、深遠で有害な変
化を徐々にもたらす社会主義によって、深刻に脅かされてい

---

[5]嘘による外交-
英米政府の裏切りに関する記述』ジョン・コールマン、オムニア・ヴ
ェリタス社、www.omnia-veritas.com を参照のこと。

ることを認識すべきである。一方、書籍業界、出版一般、報道機関に対する彼らの支配を通じて、私たちは、こうした社会主義の押しつける変化を不可避なものとして受け入れるよう、「心理政治」による条件付けのプロセスを継続的に受けることになるのです。ウィルソン大統領時代に始まった、米国に課せられた致命的で破壊的な社会主義プログラムは、常に有益で役に立つように思われたが、実際には破壊的で分裂的なものであった。

社会主義は、改革という隠れ蓑の下に隠された危険な陰謀と表現するのが正しいだろう。ほぼ例外なく、彼らのプログラムは「改革」と表現されてきたし、現在もそうである。社会主義者は教育を「改革」し、医療を「改革」している。彼らは銀行制度を「改革」し、その「改革」によって連邦準備銀行が誕生した。彼らは貿易法を「改革」し、1913年まで国の運営に必要な歳入のほとんどを提供していた保護関税を撤廃したのである。

教育においては、フェビアン社会党は、教育を受けているように見えるが、中身はない「平凡な多数派」を作ろうとしているのである。

フェビアン社会主義者たちは、1920年代に始まった教育支配のための秘密戦争を繰り広げ、1980年にカーター大統領が署名して成立した教育省によって勝利を収めたのである。この社会主義の大勝利により、高校を卒業するのは平凡な生徒ばかりになることが確実となった。これが、社会主義教育「改革」の総体であり、実体であった。海外では、「現代人は先祖より賢い」という誤解があります。しかし、1857年当時の学校教育課程を見ると、この考えは全く間違っていることがわかる。高校生が卒業するために十分な能力が必要とされる科目は、以下の通りである。

「トンプソンの算数」「ロビンソンの代数」「デイヴィーの代数」「デイヴィーの幾何」「コムストックの哲学」「ウィラードの歴史」「カッターの生理学」「ブラウンの文法」「ミッチェルの地理」「サンダーのシリーズ」。

1880年代後半の大学のカリキュラムを見ると、その複雑さと教える科目の多さに驚かされる。当時、学生は歴史を学び、ナポレオンやアレキサンダー大王のことを知り尽くしていた。謎解き、つまり多肢選択問題はなかった。学生は試験用紙に書かれた質問に答えても答えなくてもいい。もし知らなかったら、落第して学校に残って勉強しなければならない。

知らないことに対処するための選択科目がなかった。現在では、選択科目が次から次へと出てきて、学生は教養もなく、外の世界へ出る準備もできていない。凡庸さはその結果であり、これがフェビアン社会主義の教育「改革」の目標であり、凡庸な教育レベルの国民を生み出すことである。

アメリカの教育を崩壊させた社会主義の大悪党は、連邦最高裁の「ブラウン対カンザス州トピカ教育委員会」事件で登場した。この場合、社会主義者たちは、教育水準が最低公倍数、つまり階級の最も後進的な要素よりもわずかに上に設定されることを保証したのだ。これからは、すべての子どもたちがこのレベルで教わることになるのだ。明らかに、最も賢い生徒が低いレベルに留まっていた。

アメリカでは教育が後退し、私たちが選んだと思っている議員でさえ、合衆国憲法の言葉を理解しておらず、特に上院議員は年を追うごとに憲法について無能になってきているのである。

ボルシェビキ革命に話を戻そう。イギリスの社会主義者たちは、この革命がロシア国民の生活を向上させ、ロマノフ家の専制政治を終わらせるための「社会主義」革命であるという誤った印象を与えてしまったのだ。実際、ロマノフ家はヨーロッパで最も慈悲深い君主であり、国民を心から愛し、大切に思っていた。欺瞞は社会主義の特徴である。そのモットーは。「ゆっくり急げ」は欺瞞に満ちている。社会主義はゆっくりしていないし、労働者の友人でもない。社会主義とは、より慎重な共産主義であるが、目的は同じであり、手段は異なる場合もある。共産主義と社会主義の共通の目標は、真の資本主義的自由企業システムを清算し、財とサービスの生産

と流通のすべての側面を管理する強力な中央政府に置き換えることである。彼らの邪魔をする者は誰でもすぐに「反動主義者」「右翼過激派」「マッカーシー反動主義者」「ファシスト」「宗教的過激派」などの烙印を押されるのです。この言葉を聞くと、発言者が社会主義者であることがわかる。

共産主義と社会主義は、連邦政府、一つの世界政府、またはより一般的に知られているように「新世界秩序」の確立という目標を共有している。リーダーのコメントをご覧ください。

> "社会主義
> "は正しいと確信しています。私は社会主義の信奉者である…。もちろん、ソ連の権力を変えるつもりはないし、その基本原理を放棄するつもりもない。しかし、社会主義を強化するための変化の必要性は認識している」--ミハイル・ゴルバチョフ。

> "外交問題評議会（CFR）の最終目標は、単一の世界社会主義体制を構築し、米国をその公式な一部とすることである。"- ダン・スムート上院議員、『見えざる手』。

> しかし、リベラリズムの名の下に、社会主義的なプログラムのあらゆる断片を採用し、いつの日かアメリカは社会主義国家となり、それがどうしてそうなったかを知ることはないだろう…」と。アイゼンハワー大統領時代のアメリカは、フランクリン・D・ルーズベルト大統領時代よりも、社会主義導入に向けて大きく前進している。- ノーマン・トーマス 二つの世界。

フローレンス・ケリーのアメリカ社会主義「立法行動」の全体計画と目的を理解するためには、まず「フェビアン社会主義者の原理宣言」と「国際社会主義」を注意深く読まなければならない。

> 「その目的は、議会と各州議会で多数を占め、主要な行政・司法ポストを獲得し、支配政党となり、政権を握ったら、銀行、保険など公共性の高い産業を手始めに国民の所有に移行させることだ」。

米国では、社会主義者の大半は民主党に、一部の「進歩主義者」は共和党に所属している。その意味で、フェビアン社会主義は、イギリスにおける労働党の買収と同様、養子縁組によるものではあるが、政党である。ケリーは、最高裁の判決方法を変えた、非常に破壊的な偽の精神判例「ブランデイス・ブリーフ」の原動力であったことが記憶に新しい。ケリーはレズビアンの社会主義者エレノア・ルーズベルトの親友だった(The Brandeis Briefs method completely sabotaged our legal system and is another example of unwanted and undirable socialist-induced changes imposed on the people of the United States).

1924年5月31日の上院議会記録、9962-9977ページには、社会主義者と共産主義者の目的がさらに明確に説明されている。

> "要するに、アメリカの共産主義者自身が、州の権利が破壊されない限り、この国で革命を促進することは不可能であり、ヨーロッパと同様の凝り固まった官僚のカーストの指導の下で、中央集権的官僚機構が、共産主義者（と社会主義者）にとって、革命への基本条件であると認めています"とあります。

これは共産主義者の目的を指向しているが、方法と程度の差しかない社会主義者の目的でもあることを忘れてはならない。

ジョンソン、カーター、ブッシュ、クリントンの各大統領の下で、アメリカの社会主義的なアジェンダが本格的に動き出したことを付け加えておこう。クリントンは1期しか務めないが、ルーズベルト、アイゼンハワー、ジョンソンよりも社会主義的な計画を強力に推進し、実害を与えるだろう。

共産主義が死んでいないことは、真理を求める者にとっては明らかである。一時的に休んでいるだけで、現在は社会主義の追い上げを待っている状態です。今あるのは、カール・マルクスの言う「科学的社会主義」である。ハロルド・ラスキー教授は「サイコ・ポリティクス」とも呼んでいる。ケネディ大統領は「科学的社会主義」を受け入れている。彼の「ニ

ューフロンティア」計画は、イギリスのフェビアン協会の計画、ヘンリー・ウォレス著「ニューフロンティア」（ニューヨーク、レイナル＆ヒッチコック1934）から直接引用したものである。

サイコポリティクス」は、チャールズ・モーガンがその著書「心の自由」の中でまとめたものである。

> 「...私たちは皆、自由の制限を受け入れるように仕向けられている...」。無意識のうちに、この新しい感染を受け入れる準備ができていても......と心配です。多くの国民に免疫力がなく、危機意識がない...」。このような精神的な変化、個性やアイデンティティの喪失に対して、国民全体が条件付けや準備をする方法はたくさん考えられる。"

社会主義が内部から自壊していくことをこれほど明確に説明したものはないだろう。

社会主義者は、1848年の『共産党宣言』以来、イギリスやアメリカの人々に対して心理政治を実践してきた。だからこそ、1994年、わが国の上院議員たちは、「国民健康保険制度」を社会主義者の仕掛けと断じるのではなく、むしろその是非を議論しているのである。国民皆保険制度は社会主義のアーチであると言ったのはレーニンであった。同様に、上院はいわゆるブレイディ法案を、合衆国憲法を迂回する社会主義者の裏技として真っ向から否定するのではなく、その是非について議論した。このテーマだけでも一冊の本が書けそうです。

ケネディ政権には、36人のフェビアン社会主義者がいた。2人は閣僚、3人はホワイトハウス補佐官、2人は次官、1人は国務副長官であった。あとは、極めて重要な政策的立場にある人たちだ。ケネディ時代の多くの政策決定が、米国とその国民の最善の利益に反し、ケネディが主張することと奇妙に対立しているように見えるのは、このためである。

ケネディの死後、アメリカでは社会主義が深く根を張り、いわゆる「リベラル」「穏健派」によって常に水をかけられ、

「寛容」によって育まれてきたのである。マンデル・ハウス大佐と英国秘密情報部北米局長のサー・ウィリアム・ワイズマンは、ウィルソン大統領を「指導」し、ウィルソン大統領は、大統領執務室に座る最初の公然たる社会主義者の大統領となった。

フェビアン社会主義は、ウッドロウ・ウィルソンに始まる6人のアメリカ大統領を支配した。社会主義者の目標は決して変わることはなく、特に彼らが「克服すべき困難」と表現したものは、当時も、場合によっては現在も存在しているのである。

1. 宗教、特にキリスト教。

2. 国民国家のプライド

3. 愛国心。

4. 米国憲法と州憲法。

5. 所得税の累進課税に反対する。

6. 貿易障壁を打破する。

これらの目的は、彼らのマスタープランである「アメリカのフェビアン手法」に記述されており、曖昧さをベースにしている。

フェビアン社会主義運動は、クレメント・アトリー、スタフォード・クリップス卿、ハーバート・モリソン、エマニュエル・シンウェル、アーネスト・ベビン、グレイ卿、アスキス卿、ラムゼイ・マクドナルドといった英国社会のエリートたちを勧誘し、議会から英国に彼らの意志を押し付けて行くことにしか関心がなかった。アメリカの読者には馴染みのない名前かもしれないが、この人たちは、その後のアメリカの方向性に重要な役割を果たした人たちであり、特筆すべき人たちである。

フェビアン協会の面白いところは、その委員会が、社会主義のよき指導者になるに値するのは人口の5%以下と決めていたことだ。イギリスのフェビアン社会主義者の中には、アメ

リカの進路と方向性を変えることに貢献した人もおり、この点についてはまた触れることにする。フェビアン社会主義者のマクドナルドは、後にイギリスの首相になったが、1893年にスパイとしてアメリカに派遣された。1898年1月14日、帰国したマクドナルドは、委員会のメンバーにこう言った。

> "アメリカにおける社会主義的進歩の大きな障害は、連邦と州の憲法が書かれており、最終的な権力を法廷に与えていることである。"

また、マクドナルドは、アメリカのフェビアン社会主義者エドワード・ベラミの指示を実行するために、熱心に働くことが必要であると述べた。彼の師であるトーマス・ウェントワース大佐が書いた『アンクル・トムの小屋』の著者であることは、ほとんどの人が知っている。彼は悪名高い奴隷制度廃止論者で、これ以上ないほど熱心なフェビアン社会主義者だった。

ベラミーは、イギリスのフェビアン協会の信奉者であり、フェビアン協会アメリカ支部の初期メンバーであった。マクドナルドがアメリカ視察の調査報告書を提出する3年前の1895年2月、『アメリカン・フェビアン』に寄稿したベラミーは、次のように述べている。

> 「社会主義を認めるためには、個人主義的な憲法を変えなければならないが、そのためには政治的な危機が必要である。これは大きな問題提起を意味します。"

ウィルソンは「大きな疑問」を投げかけ、ルーズベルト、トルーマン、アイゼンハワー、ケネディ、ジョンソン、ブッシュも同じことをしたのではないだろうか。そして、クリントンが「大きな疑問」を投げかけ続けていることは注目に値するのではないだろうか。いわゆる「医療保険制度改革」のような「大きな問題」を提起し、その問題によって巻き起こる埃の背後に、米国憲法を弱体化させるという汚い、裏の仕事をする、これが社会主義の方法論である。

ここに、ウィルソン、ルーズベルト、トルーマン、アイゼンハワー、ケネディ、ジョンソン、ブッシュ、クリントン各大

統領がとった政策行動の根本的な説明があるのだ。

マクドナルドの提案は、ベラミーが作ったパターンに非常に近いものであった。マクドナルドは、フェビアン社会主義者の思考の中で、合衆国憲法を改正する必要性が際立っているはずだと強調した。フェビアン社会主義は、ヨーロッパの社会主義とはやや異なり、政党に属さないことを主張していることが最大の特徴であることを再度強調しておく。それは、「浸透と孕ませ」によって、イギリスの労働党と自由党を乗っ取り、現在アメリカでは民主党を乗っ取っている事実を無視すれば、そうだろう。

マクドナルドは、アメリカ憲法の基本原理は、憲法修正第5条で保障された権利、特にアイザック・ニュートンの自然法則の帰結である財産権にあると指摘したのである。そのため、憲法改正は間接的に、極秘に、何年もかけて行わなければならなかったとマクドナルドは言う。また、政府の三権分立が、社会主義者の浸透・浸透戦術の障害になっていることも指摘された。

マクドナルドの言葉は、1895年2月にベラミーが提案したことの反響であった。少なくともベラミーは、現代の大多数の裁判官や政治家よりも、憲法に関するリテラシーを持っていた。彼は、アメリカ憲法が柔軟性に欠けることをあっさり認めた。これは、社会主義者のクリントン大統領によって最近最高裁判事に任命されたルース・ギンズバーグ判事が、上院司法小委員会の公聴会で、憲法は不変であるのに「柔軟」だと述べたことの無知さを浮き彫りにしている。

1890年代のフェビアン社会主義の壮大なビジョンは、米国憲法の「改正」、つまり「改革」であった。このような仕事は、表面的にはその能力を超えているように思われたが、フェビアンの黙々とした活動能力は、残念ながら過小評価され、見過ごされていたのである。フランク・シナトラが歌った「野心的なアリとゴムの木」を思い出します。しかし、蟻は一度に倒せるはずもなく、葉から葉へ、ゴムの木が壊れるまで倒し続け、不可能を可能にしたのである。これは、フェビア

ン社会主義が1895年以来、合衆国憲法を少しずつ壊していく作業（現在も進行中）によく例えられると思う。

ベラミーやマクドナルドは「先見の明がある」と言われるかもしれないが、彼らはフェビアン社会主義の先見の明があり、どうすれば成功するかという具体的な考えを持っていたのだ。The American Socialist」が説明した方法は、米国に社会主義エリートを設立し、エリート幹部が社会主義の秘密の目的のためにあらゆる地方、国、州の危機を利用する方法を学び、よく組織された報道機関の浸透によってこれらの考えへの支持を得るというものであった。アメリカのフェビアン社会主義の結晶は、1905年に本格的に始まった。

また、『The American Socialist』は、フェビアン社会主義者の教授陣の結成を呼びかけ、彼らはその後、一連の大統領の顧問として、アメリカの社会化という偉大なプロジェクトの方向へと舵を切ることになる。マルクスやレーニンを研究する極左の教授たちは、主にハーバード・ロースクールの仲間から集められました。この「教育活動」は、エリート集団であるハーバード社会主義クラブによって行われた。このクラブは、イギリスのフェビアン協会と重ね合わせると、彼らが社会主義者の襟を見せる数少ない機会であり、密接な関係を示していることが分かる。

ハーバード社会主義クラブの創設メンバーには、マクドナルドとベラミーが米国に社会主義者のエリート集団を創設するために選んだ一人、ウォルター・リップマンがいた。リップマンは、何年もかけてビジネス界に浸透していった。

この国をフェビアン社会主義へと導いたリップマンの役割については、また別の機会に述べたいと思います。後述するように、権力の中枢にいる社会主義者は、共産主義よりも恐れられる敵であったが、アメリカ国民は決してそのように見ることを許されなかったのである。以前からよく言っているように、「ワシントンの敵は、モスクワの敵よりも怖い」。

一般的なアメリカ人は、社会主義という言葉を聞くと、反発を覚えた。1890年代、アメリカのフェビアン協会はまだ駆け出しの組織であり、特にゆっくりとした歩みで目的を不明瞭にする技術について指導を必要としていた。だから、社会主義が話題になると、奇妙な性行為（今日の社会主義者は文化的に受け入れられるように努力している）や、すべての人に手の届く福祉をどうするかといったことが思い起こされるのである。だから、彼をボルシェビズムよりも、少なくともアメリカにとっては危険な存在と見ていた一握りの学者を除いては、まともに相手にされなかった。

そして、社会主義者やマルクス主義者の欺瞞的行為のモデルであるエンゲルスが1886年に米国を訪れたとき、彼の激烈な著書『家族の起源』を宣伝したのが間違いだった。これは後に中絶者、同性愛者、モリー・ヤード、パトリシア・シュローダー、エレノア・スミールのいわゆる「ウーマンリブ」運動[6]
の聖書になったのである。エンゲルスの訪問の目的は、アメリカの新しいフェビアン社会主義クラブの基礎を築くことであったという証拠がある。

同様に、カール・マルクスの娘で、ジョージ・バーナード・ショーの愛人として知られるエレノア・マルクスが、今度はエドワード・アヴェリングという別の愛人とアメリカツアーを行った時も、世間の反応は非常に残念なものであった。自由恋愛」をめぐる騒動は、ヨーロッパの社会主義者にとっては驚きだった。当時のアメリカ社会には、キリスト教的価値観がどれほど深く根付いていたかを知らなかったからだ。彼らは「自由恋愛」（中絶の基本、つまり責任のない自由恋愛）を信奉していたのが誤算で、家族の価値観に対する攻撃は怒りの反応を引き起こすだけであった。

このことは、アメリカの社会主義者たちに大きな教訓を与え

[6] 女性解放、MLFの祖先。Ndt.

た。「もっと急げ」というのは、負ける哲学なのだ。ゆっくり急ぐ」ことが必要だったのだ。しかし、社会主義者たちは決してあきらめず、目標を見失わなかった。その結果、今日、社会主義の害悪がアメリカを四方八方から支配し、文化的、宗教的、社会的に力をつけており、エンゲルスやエレノア・マルクスやエドワード・アベリングがその美徳を賞賛していたときには決してなかったような状況になっている。アヴェリングは、マルクスの代表作である『資本論』のドイツ語から英語への公式翻訳者であることは、読者もご存知だろう。

社会主義への批判をかわすため、イギリスのフェビアン協会は、アメリカに「アメリカ経済協会」という団体を設立することを決め、1885年9月9日に会合を開いた。アメリカの社会主義を志すエリート幹部だけが招待された。(この会合の後、イギリスのフェビアン協会の社会主義者たちは、マック・ドナルドをアメリカに派遣し、社会主義を妨げている問題は何か、それをどう克服すべきかを判断することにした)。

1885年9月9日、アメリカ経済学会は、当時の社会主義の主要な指導者や社会主義を志す人々をニューヨークのサラトガに集めた。ニューヨークの新聞によると、「著名なゲスト」の多くは、後に公然と社会主義を掲げる最初の大統領となるウッドロウ・ウィルソンなど、社会主義を代表する教授陣であったという。

このほか、イーリー教授、H・R・アダムス教授、ジョン・R・コモンズ教授、E・ジェームズ教授、コロンビアのE・R・セリグマン博士、アルバート・ショウ博士、E・W・ベミス教授など、後にアメリカにおける社会主義の代表的弟子となった人々が参加しました。ジェームズ、コロンビアのE・R・セリグマン博士、アルバート・ショー博士、E・W・ベミスなど、後にアメリカにおける社会主義の代表的な弟子となった人たちである。また、社会主義がアメリカの生活様式に対する深刻な脅威であるとは考えられていなかった。それは、今後何度も繰り返されるであろう過ちであり、現在も繰り返されている過ちである。この小さな始まりから、アメリ

カでは社会主義という樫の木が育ち、その枝の広がりが、今日のアメリカ連合共和国を脅かしているのである。当時ブリンマー大学にいたウィルソンは、1902年にフィラデルフィア大学エクステンションで、政治学と偽って社会主義を教えるようになった。

そこで彼は、他の有力な社会主義者たちとともに、教育における社会主義思想の普及に没頭した。社会主義者の教師のリストには、イギリスのフェビアン協会のメンバーであるシドニー・ウェブ、R・W・オルデン、エドワード・R・ピース、アメリカの仲間であるイーリー、アダムスの二人が入っていることは、すでに述べたとおりである。ウィルソンに社会主義思想を与えたアメリカの著名な社会主義者には、他にモリス・ヒルキットとアプトン・シンクレアがいる。イギリスのフェビアン社会主義者たちとの交流は、1805年から1901年にかけてオックスフォードで開かれた会合にまで及んでいる。

コロンビア大学のセリグマン博士は、この会議のスポンサーであり、ウィルソンに会長職を与えた先見の明があったと評価されている。ウィルソンとクリントンの出世の類似性は極めて顕著である。両者とも社会主義者であり、多くの社会主義知識人に囲まれ、オックスフォード大学との接触を通じて社会主義思想を忘れがたいほど身につけたのである。

ウィルソンは、『新しい自由』などのフェビアン社会主義の出版物から大きな影響を受けていた。さらに、彼はアメリカ大統領として初めて大学教授を顧問に迎えたが、これは過去の伝統からの急な逸脱であり、純粋な社会主義的戦略、つまりアメリカ国民に望まれない、受け入れがたい変化を押し付けるための方法論であった。その理由は、誰も学者に悪意があると疑わないからである。

ウィルソンを票を割って当選させたアルバート・ショーは、セオドア・ルーズベルトを無所属で立候補させ、ブル・ムース党とした。当時、シーモア博士が言ったように、「ルーズベルトの離反によって、ウィルソンがホワイトハウスに入る

ことになった」のである。ハウスがルーズベルトを「野生の急進派」として「糾弾」するための裏技であり、それは成功した。ウィルソンがアメリカの大統領になり、ウィルソンがホワイトハウスに入ったとき、彼の友人アルバート・ショウが褒美として労働委員会のメンバーに任命されたのである。

ウィルソンは、社会主義的な問題に関心を持つ傾向があったことと、義兄のシドニー・メゼス博士が長く英国フェビアン協会の会員であり、ニューヨーク・シティカレッジの学長であったハウスの強い推薦により、公には慎重に隠されていたが、英国フェビアン社会主義者が選んだのであった。メゼスは、第一次世界大戦前後の社会主義計画で主導的な役割を果たした。

それに加えて、フェビアン協会の会員の多くがマルクス主義者であったという事実もある。ロンドン・フェビアン協会で最も注目されたのがハロルド・ラスキー教授で、彼は1952年に亡くなるまで、アメリカの社会化に大きな破壊的役割を果たすことになる。ホワイトハウス時代にウィルソンの絶対的な支配者となったバーナード・バルークもまたマルクス主義者であったことは議論の余地がない。

ウッドロウ・ウィルソン大統領の全プログラムは、国内と英国の社会主義者の顧問によって作成された。ウィルソンが社会主義者として最初に取り組んだことの一つは、連邦政府が禁じられている権限を連邦化し、各州に留保することであった。これには、米国憲法修正第10条で各州に保障されている保健、教育、労働、警察などの警察権も含まれていた。

その後、ハロルド・ラスキ教授は、ルーズベルト大統領に強い圧力をかけ、立法府、行政府、司法府の間の三権分立を行政命令によって壊し、破壊することになる。これが、憲法を壊して「無能」にするための裏口入学の鍵だった。1913年まで米国に十分な歳入をもたらし、国家債務を支払い、なおかつ黒字であった関税を廃止することが、ウィルソン計画の主要なポイントの一つであった。その隠された意図は、この収入源を破壊し、マルクス主義に影響された累進所得税に置き

換えることであった。他の結果は別として、マルクス主義の累進所得税は、中間層を永遠に圧倒するように設計されています。ラムゼイ・マクドナルドによると、克服すべき大きな障害の1つは、所得税の累進課税に対する抵抗であったことが思い出される。ウィルソン大統領のおかげで、イギリスのフェビアン協会は、アメリカ国民にこの負担を強いることができ、その最も重要な野望の1つを実現することができた。

共産主義が始めたとはいえ、米国に累進所得税が導入されたわけではありません。それは、あくまでもイギリスのフェビアン協会の仕事である。過去76年間、アメリカ国民は共産主義が自由な世界にとって最大の危険であると信じて騙されてきた。私たちは、この本のページが、社会主義の危険性が、まだ共産主義について見たことのないものを超越していることを示すのに十分な証拠を含んでいることを望みます。社会主義は、共産主義の1000倍もの損害を米国に与えている。

アメリカの最高裁で2度違憲とされた累進所得税は、イギリスのフェビアン協会がウィルソンに提案し、アメリカのフェビアン社会主義者の後押しで1916年にようやく採用され、第一次世界大戦の戦費調達に間に合わせた。アメリカ国民の関心がヨーロッパの出来事に集まっている間に、多くの社会主義者の議員に助けられながら、修正16条が議会を通過してしまったのである。

修正16条は全州で批准されなかったので、憲法の外に残ったが、それでも社会主義者の支持者がやりたい放題するのを止めることはできなかった。ウィルソンは、民主主義を民主党と同一視しようとしたが、実際にはそんな政党は存在し得ない。正しくは、民主党とすべきです。南部連合共和国や立憲共和国には「民主党」は存在できないのです。

ウィルソンの著書『新しい自由』（実際は社会主義者のウィリアム・B・ヘイルが書いた）は、資本主義を糾弾するものだった。"庶民の味方
"に反している」とウィルソン氏は語った。アメリカが空前の繁栄と産業の発展を遂げていた頃、ウィルソンは経済を「

停滞」と呼び、再び物事を動かすための革命を提案したので
す。ウィルソンが筋金入りの社会主義を説いていたことを忘
れれば、実におかしな理屈である。

> 「私たちは今、革命に直面している。血なまぐさい革命
> ではなく、アメリカは血を流すために作られた国ではな
> い。

演説の中で最も重要なことは、フェビアン英国社会主義の理
想と原則に基づいた、欺瞞の限りを尽くさないステルス革命
、SOCIALIST REVOLUTIONとすることであった。

ウィルソンは、予言的な予言をしている。少なくとも、一見
予言的だが、よく観察してみると、彼はアメリカの社会主義
者のプログラムを述べているに過ぎない。

> "...私たちは、国の組織的な生活があらゆる面で政府の活
> 動によって支えられ、あるいは少なくとも補われる時代
> の入り口にいるのです。そして今、それがどのような政
> 府の活動であるかを決定しなければならない。第一に、
> 政府自身によって指示されるのか、それともすでに形成
> され、政府の代わりとなる準備が整っている手段を通じ
> て間接的に行われるのか、である。

アメリカ国民は、自分たちや憲法とはまったく関係のない不
吉な力が働いていることにほとんど気づかないまま、ボルシ
ェビキ・ロシアやイギリスやアメリカにフェビアン社会主義
者を連れてきた権力者など、世界のどこでも見られるような
冷酷で権力欲の強い集団に完全に従順な指導者をホワイトハ
ウスに擁立して、いつのまにか権力者になりきってしまった
のだ。

この流れは現在も続いており、見るからにクリントン大統領
はその熱狂的な最高責任者となっている。ゴムの木を乗っ取
ろうとするアリの「高望み」は、少しずつ、そして確実に実
現しつつある。ある偉大な国家、アメリカ合衆国は、社会主
義の背後にある犯罪性に全く気付かず、その目的にも無知で
あるようだ。したがって、自国の政府内で起こっている犯罪
的堕落を阻止する準備もできていない。

ウィルソンは、累進所得税という憲法違反のもの、しかも19
13年までこの国にはなかったもの、そんなとんでもない問題
でどうしてアメリカ国民をだますことができたのだろう。こ
の疑問に答えるには、社会主義者たちが、自分たちが作って
いる毒のある料理が人民のためになるかのような言葉でごま
かしながら、ごまかしと嘘によって自分たちのプログラムを
こっそり実行する能力をもう一度見てみる必要があります。

ウィルソンが最初に乗り越えなければならなかった壁は、ア
メリカの貿易を保護し、世界を羨む生活水準を持つ豊かな国
家にした関税の撤廃であった。1789年7月4日、ジョージ・ワ
シントン大統領は、第1回合衆国議会で次のように述べた。

> "自由な国民は、必要な物資、特に軍事物資を他国から独
> 立させるような製造を促進しなければならない"

これは、いわゆる「自由貿易」の対極にあるもので、アダム
・スミスが考案した、イギリスがイギリス市場でアメリカ製
品との互恵関係なしに、自国製品を市場に投棄することを可
能にする裏技に過ぎない。米国は「自由貿易」を基盤に国民
の生活水準を向上させてきたという印象が、おそらく報道管
制を通じて醸成されたが、実際はその逆であった。

この欺瞞は、ペロー対ゴアの討論会で明らかになった。ゴア
は、アメリカ国民に対して悪意を持って、1929年のウォール
街の大暴落の原因は関税保護主義であると糾弾したのであっ
た。ペローは副大統領の嘘に対抗するために、スムート・ホ
ーリー法を知らなかったのだ。

自由貿易」は、1848年にマルクスが行った演説の中で、マル
クス主義の教義として定義されたものである。それは、新し
いものではなく、アダム・スミスが若いアメリカ国家の経済
を弱体化させるために最初に提案したアイデアであった。賢
明なワシントンは、アメリカの新興産業を保護する必要性を
理解していた。この賢明な保護政策は、リンカーン、ガーフ
ィールド、マッキンリーにも引き継がれた。125年間、アメ
リカ人はこの賢明な政策から大きな恩恵を受けていたが、ウ
ィルソンの社会主義的な破壊球がアメリカの様相を一変させ

ることになる。

第二次世界大戦までででさえ、アメリカ経済のうち外国貿易に依存していたのはわずか2％であった。しかし、今の彼の言葉を聞くと、賢明な関税障壁の最後の痕跡を取り除かなければ、米国は滅びるだろう。ウィルソンのやったことは反逆であり、議会はアメリカ国民の生活水準に対する彼の壊滅的な攻撃を受け入れて、扇動に走った。

ウィルソン政権は、ほとんどの場合、憲法を乱用した。ウィルソンは、フェビアン社会主義者によって選出されるやいなや、議会の合同会議を招集した。1900年までに、共和党の多数派政権は、アメリカの農民、産業、商品生産者を保護するために、既存の貿易障壁を維持し、新たな障壁を構築していったのである。関税障壁の保護に反対する運動は、ロンドンの王立国際問題研究所（RIIA）を統括する社会主義者フェビアン協会のメンバーから始まった。関税障壁を打破するアイデアは、扇動的なマンデルハウスを経由して、ロンドンから直接ウィルソンに伝えられました。

1897年から本格的に始まった、ロンドンからとめどなく流れ出る反関税のプロパガンダ、その一例である。

> 「アメリカの製造業者は、1897年に始まった顕著な減少の後、1907年に非効率の最高レベルに達し、いくつかの重要な分野で、自国市場において外国の競争相手に立ち向かえない。なぜなら、関税のために、アメリカ人は、貿易を妨げる関税障壁が取り除かれた場合よりも高い値段で商品を買っているからだ。この事実は、アメリカ人の注意を喚起する必要がある。特に保護主義政策に起因する生活コストの上昇に関連する場合、「すべての信頼の母」というフレーズは保護主義を説明するのに有効かもしれません。"

注）フェビアン協会の調査部門は、あたかもキリスト教布教と一体化したかのように「トラクト」と呼ばれる文書を作成し始めた。そして、これらの「トラクト」は、書籍やポジションペーパーとして集められることになった。上記の引用は

、1914年に出版されたトラクトからです。

この誤解を招くプロパガンダが言わなかったのは、関税は国内価格に影響を及ぼさないので、1897年から1902年の間の生活費の上昇には何の関連もないということである。しかし、外資系大手新聞社（特に*New York Times*）は、物価上昇の原因は関税保護であると一斉に糾弾した。このことは、ロンドン・エコノミスト誌をはじめ、ロンドン・シティの銀行家が所有する雑誌でも同じように語られていた。

扇動は民主党に限ったことではありません。いわゆる「進歩的」な共和党員（「進歩的」「穏健派」は常に社会主義者を意味する）の多くは、保護関税に対する攻撃に参加した。社会主義者たちはどうやって、世界から称賛される貿易を台無しにする計画に協力するよう議会を説得したのだろうか？社会学と政治を組み合わせることで、社会主義者を高位に押し上げ、重要な国家的課題に最大の不当な影響力を行使できるようにする手法である。

例えば、野蛮なボルシェビキ政権を外交的に承認する問題を考えてみよう。アーサー・ヘンダーソンの好意により、英国は1929年にボルシェビキの虐殺者をロシアの正当な政府として承認した。その後、彼らはアメリカに目を向け、上層部の社会主義者のおかげで、アメリカも同じようにするように仕向けました。英語圏の指導者たちのこうした行動は、ボルシェビキに明らかに資格のない威信と尊敬を与え、そうしなければ永遠にとは言わないまでも、何十年も固く閉ざされたままだったであろう外交、商業、経済関係の扉を開いたのである。

アメリカでもイギリスでも、フェビアン社会主義者はとても善良に見え、その高い教養と人間的な魅力から、この親しみやすい社会的エリートが、財産権の抑圧や合衆国憲法を少しずつ取り上げることを意図する破壊的な集団だと警告する人々を、とても信じることができなかったのだ。このエリートを革命家、無政府主義者と見ることは、実際には不可能だっ

たのだ。

エドワード・マンデル・ハウス大佐は、あらゆる意味で適当に型にはまっただけでなく、態度も話し方も保守的だった-少なくとも一般人の耳に入るところにいるときは-が、その好例だが、アナーキスト集団を想像するにはほど遠いサークルで動いていた。

ウッドロウ・ウィルソンを当選させたのは、この「愛想のいいアナーキスト」たちだったのである。ハウス氏によれば、アメリカ国民は見かけによらないカモに過ぎないということだ。有権者がウィルソンの指名を「メイド・イン・イングランド」候補として見ることはないと確信していたハウスは、1912年のボルチモア民主党大会でウィルソンが指名された日にヨーロッパへ出航した。ハウスは、前年にウィルソンを紹介したウォルター・ハインズ氏に、「私は、討論を追う必要はないと思っています」と言った。イギリス到着後、ハウスはRIIAのフェビアン社会主義者の集まりで、「私はアメリカ国民がウィルソンを問題なく受け入れると確信していた」と語った。そして、そうなった。

ウィルソンはその後大統領となり、ラムゼイ・マクドナルドが命じた憲法を、アメリカ国民に気づかれないように、まさにフェビアン社会主義者のスタイルで弱体化させることを主な任務としたのである。ハウスは、ウォール街の秘密の後援者たちとの私的な話し合いの中で、しばしば憲法を憎む気持ちを表明していた。米国憲法を「18世紀の頭脳が作り出したもので、時代遅れであるだけでなく、グロテスクだ」と呼び、「直ちに破棄すべきだ」とも述べた。ウィルソンが最も偉大な友人と呼んだ人物に話を戻そう。

ハウスが言うように、「ウィルソンは、国民を不安にさせることなく社会主義的なプログラムを遂行するために選ばれた」のである。その方法は、フェビアン社会主義者の長期目標マスタープランというフィクションの中で示されていた。"Philip Dru, Administrator"は、アメリカ国民に対して使われる社会主義者の計画と戦

73|

略の驚くべき告白であり、社会主義者がアメリカの大統領職がいかに破壊され、損なわれることを期待しているかを非常に明らかにするものであった。

フェビアン社会主義者のB.W.ヒューブッシュが編集したこの本は、アメリカ中に警鐘を鳴らすべきものだったが、残念ながらアメリカ国民にハウスが何を目指しているのかを理解させるには至らなかった。この本は、ウィルソン大統領時代の議題を、まるでハウス自身が議会に提出したかのように明確に示している。"フィリップ・ドルー"（実はハウス）は、一連の行政命令によってアメリカの指導者になることを提案した。ドルー」が自分に課した仕事の中には、経済学者のグループを設立して、最終的に「公共政策の問題としての保護論の廃止につながる」関税法の破壊に取り組むというものがあった。また、所得税の累進課税制度を整備し、新しい銀行法を制定することになった。理論」という言葉の狡猾な使い方に注目してください。保護関税は単なる理論ではなく、関税によってアメリカは世界から羨望される生活水準になったのだ。貿易保護は、ジョージ・ワシントンによって確立されたドクトリンであり、125年間試行錯誤されてきたもので、単なる理論にとどまらない。

ドルー」が関税保護を「理論」と呼ぶのはどうかと思う。明らかに、この概念を否定し、貶め、アメリカ国民の生活水準の低下を始める「自由貿易」という社会主義の理想に道を開こうとするものであった。また、ウィルソンが所得税の導入を思いついたのもここである。所得税が導入されれば、中産階級の生活水準はさらに低下することになる。

ウィルソンは、合衆国憲法を守るという宣誓を、少なくとも50回は破っている。ウィルソンに、300人委員会は、アメリカの社会主義化を始めるための理想的な人物を見つけたのである。第二に、ウィルソンとクリントンは、どのようなアドバイザーに囲まれていたかということである。

ウィルソンの側近には、著名な無政府主義者、社会主義者、共産主義者がいた。ルイス・D・ブランディス、フェリック

ス・フランクフルター、ウォルター・リップマン、バーナード・バルーク、シドニー・ヒルマン、フローレンス・ケリー、そしてもちろんエドワード・マンデル・ハウス。ハウスは、ルーズベルトの母親の親友で、ニューヨーク州知事のフランクリン・D・ルーズベルトの2ブロック先に住んでおり、頻繁に会っては、将来の社会主義計画の資金調達方法について助言していた。

憲法に対する最初の攻撃は、ラムゼイ・マクドナルドの「憲法を改正すべきだ」という宣言であった。2回目の攻撃は、南北戦争中にロスチャイルド家とウォーバーグ家のために働いて何百万ドルも儲けた父親を持つハウスが主導した。1911年にウォルター・ハインズの紹介でウィルソンと会ったハウスは、1898年1月14日にマクドナルドが依頼した合衆国憲法改正の仕事を遂行するのに適した人物を見つけたと確信していた。

ハウスはウィルソンを育て始める。ウィルソンは、ワシントンの誰もが知っているような男に注目されることに気を良くしていた。ハウスとパメラ・ハリマン夫人は、クリントンを、国民を不安にさせることなく、さまざまな社会主義的改革を実行する理想的な人物と見て、はっきりと並列している。ハリマンは、ワシントンの人たちとも顔見知りだった。

ハウスは、ウィルソンが熱心な社会主義者の助けを必要としていることを知っている。そこで彼は、ハーバード大学の法学部教授であったルイス・D・ブランデイスに会わせるように仕向けた。ブランデイスは、立法によって憲法を無効化することを約束したのである。ブランデイスは、憲法学ではなく、社会学的な前提に基づき、憲法を「解釈」して、憲法を機能しなくすることで、すでに自分の好みを法律に書き込んでいたのである。

米国憲法に対するフェビアン社会主義者の第三の攻撃は、1920年1月、フェビアン社会主義者のフィリップ・ラヴェットによるアメリカ自由人権協会（ACLU）の設立であった。フィリップ・ドゥル、アドミニストレーター」の編集者である

ヒューブッシュは、この社会主義組織の創立メンバーの一人で、フローレンス・ケリーの言う「立法ルート」による合衆国憲法改正を人生の主目標としていた。

否定していたが、調査の結果、ACLUの理事には4人の既知の共産主義者がいたことが判明している。1920年代、ケリーとその仲間たちは、全米女性有権者連盟（National League of Women's Voters）のような偽りの戦線を通じて、合衆国憲法を破壊するために奔走した（これについては後述）。これが、社会主義者による女性の「脱女性化」の始まりだった。

アメリカにおける最も重要な社会主義者（および共産主義者）の指導者の何人かは、ACLUと密接な関係にあり、その中には全国委員を務めている者もいた。その一人が、"Protestants and Other Americans United for Separation of Church and State"と同盟を組んでいたノーマン・トーマスやポール・ブランチャードと親交のあったディレクターのロバート・モス・ラヴェットである。

トーマスは、元聖職者から共産主義者に転向した人物だ。ラベットの魅力的な物腰は、その裏にある危険なアナキズムの過激派という事実を裏付けている。怒りのあまり、ラベットが爆発して本性を現したこともあった。

"私は米国が嫌いだ"
"米国を滅ぼすためなら、世界中が爆発しても構わない"

ラベットは、フェビアン社会主義者の非常に危険な面を体現していた。

共産主義者の対米発言を調べても、ACLUのロベット氏の発言ほど、その意図が毒々しく感じられるものはないだろう。ACLUの簡単な歴史は、この時点で役に立つかもしれない。

ACLUは、軍国主義に反対する1914-1918年の民放局から発展したものである。その最初のディレクターの1人が、兵役逃れの罪で服役していたロジャー・ボールドウィンである。ACLUのメンバー、関連団体、友人に

宛てた非常に明瞭な情報レターの中で、ボールドウィンはA
CLUの真の意図と目的を隠すために、フェビアン社会主義者
の伝統的な欺瞞的戦術を用いたのである。

> "社会派企業
> "という印象を与えないようにする。また、何をするにも
> 愛国心があるように見せたいものです。国旗をたくさん
> 掲げ、憲法や先人たちがこの国で何をしたかったのかを
> たくさん語り、私たちが本当に制度の精神を守る人々で
> あることを示したいのです。"

英国フェビアン協会の将来の象徴としてふさわしいものがあ
るとすれば、それはまさに「羊の皮をかぶった狼」であった
。

1923年、ボールドウィンは自らの忠告を忘れ、素顔をさらけ
出した。

> 「革命とは、必ずしも武力で権力を奪うことではなく、
> 資本家階級を収奪し、すべての社会財を支配することを
> 決意した階級運動が拡大していく過程であると、私は信
> じています。平和主義者である私は、非暴力的な手段が
> 長期的に最も良い結果をもたらすと信じているので、革
> 命的な暴力には反対である。しかし、私は、革命が起こ
> らないよりは、むしろ暴力的な革命が起こってほしいと
> 思っています。血なまぐさい革命の恐ろしい代償でさえ
> 、現体制のインストールされた暴力のもとで人間生活を
> 搾取し続け沈没させるよりは、人類に支払うべき安い代
> 償である。"とある。

1936年、ボールドウィンはフェビアン社会主義者が使う用語
のいくつかを説明した。

> 進歩的とは、公共の所有と支配を拡大することによって
> 産業の民主化を目指す勢力のことであり、それだけでは
> 、比較的少数の、富を所有している人々の権力を廃止す
> ることになる...」。真の民主主義とは、強力な労働組合
> 、政府による企業の規制、国民に奉仕する産業の国民に
> よる所有権を意味する。"

社会主義者が米国を奴隷にするためにどれほど進歩したかは、どこの工場に行ってもわかることだ。オフィスの壁には、さまざまな許可証が貼られている。OSHA、EPA、そして「機会均等」の検査官は、いつでも抜き打ちでやってきて、「許可」の条件に違反していないかどうか検査を行う間、業務を中断し、停止することさえできる「権利」を持っているのだ。

ボールドウィンが使った欺瞞的な言葉は、平均的なアメリカ人が思っているような意味ではなかった。ボールドウィンは、アメリカを奴隷制への道へと優しく導くエリート「後衛」集団に、フェビアン社会主義の手法を実践していたのである。これは最悪の社会主義である。今日でもその立場と方法を少しも変えていないACLUの会長ほど、社会主義の狙いと方法を説明できる人はいないでしょう。1920年から1930年にかけて、ACLUの会員数は5,000人を超えることはなかったが、それでもアメリカ生活のあらゆる側面に浸透し、それをひっくり返してしまった。

1920年代のACLUの主な仕事は、共産主義者や無政府主義者の大量の逮捕や強制送還を法的に阻止することだった。1920年代初頭、社会主義者たちは、外国人を使って説教をし、扇動行為を行うという裏口から、合衆国憲法を破壊する運動を始めた。ハーバード大学の社会学者フェリックス・フランクフルター教授は、ACLUの法律顧問を務めていた。ロジャー・ボールドウィンは、アナキスト、共産主義者、扇動家を「法の犠牲者、愛国心を装って活動する不謹慎な人間によって陰湿な攻撃を受ける労働運動や福祉運動の一員」と評した。

フランクフーターは、裏でハロルド・ラスキに助けられ、ウィルソン大統領が調停委員会を設置するのを助けた。この委員会は、フランクフーターの働きかけにより、憲法を利用して、扇動的で無政府主義者でアメリカの敵と公言している者を合衆国憲法の下での保護の対象にするよう認定し続けた。1920年以降、南部連合共和国を弱体化させようとするディック、トム、ハリーのすべてに「権利」と保護を与えるために、合衆国憲法が悪用され、ひどく憂慮すべき程度にまで拡大

したのである。

アーサー・M・シュレシンジャー・シニア教授やウィルソンの義理の息子であるハーバード大学のフランシス・B・セイヤー教授などは、「迫害された移民」や「法の犠牲者」という、左翼、放火魔、人種差別主義者などすべてを含むカテゴリーの後ろに重きを置いている。ウィルソンの義理の息子であるセイラは、「迫害された移民」と「法の犠牲者」という、左翼、放火魔、社会主義者の扇動者、殺人者、扇動者すべてを含むカテゴリーに体重をかけたのだ。これは、合衆国憲法の真の目的と意図を踏みにじる大キャンペーンの始まりであり、この国の社会主義を支える者たちの想像を超える成功を収めたのである。

当時、アメリカは共産主義化、社会主義化を目指して、扇動行為をしに来た共産主義者の洪水を排除しようとしていた時期である。社会主義者のアプトン・シンクレアは、筋金入りの扇動家を擁護する論文を書き、ハーバード・ロースクールでは、学部長のロスコー・パウンドを含む最高の社会主義者を戦場に送り出しました。The Nation』や『New Republic』などの雑誌を含む報道機関は、「赤い恐怖」に絶えず言及することで、法律の水を濁すことに全力を注いでいる。

1919年、米国上院のボルシェビズムに関するオーバーマン委員会は、徹底的な調査の結果、フェビアン社会主義が米国市民、特に女性と子供にとって深刻な脅威であるという結論を出した。

ACLUは、「女性の権利」を口実にした女性の「デフェミニン化」を率先して行ってきた。ACLUは社会主義の主要人物を守ることに成功しており、社会主義の真の指導者や目標が暴露されるのを恐れるたびに、彼らの弁護に駆けつけています。これがACLUの最大の目的である。社会主義者の知的指導者、「善意」を持った「改革者」、裏のハーバード大学法学部教授への攻撃をそらすため。

1920年以来、ACLUの手口は変わらず、それ自体で最もよく

表現される。

> "共産主義（社会主義の除外に注意）を目的としながら、すべてのアメリカ人の市民的自由を脅かす連邦、州、地方の無差別措置に反対し、効果的な市民権プログラムを国の法律とし、政府や民間の圧力団体による映画、書籍、演劇、新聞、雑誌、ラジオの検閲に反対し、裁判、議会公聴会、行政公聴会での公正手続きを推進する"...。

ACLUは、「立法によって」憲法を書き換えるつもりであることに疑いの余地はない。また、この重要な社会主義装置がアメリカの様相を変えたことは間違いない。　　　　Foreign Affairs誌のFareed Zakariaとのインタビューで、シンガポールのリー・クアンユー元首相がこう質問された。

> "アメリカのシステム "の何が問題になっていると思いますか？"

> "システムが悪い "と言うのは、私の仕事ではありません。私の役割は、自分たちのシステムを、それがうまくいかない社会に差別的に押し付けてはいけないと伝えることです」とユーさんは答えた。

そして、ザカリアは「米国を他の国のモデルとして見ていないのか」と問うた。"と、リーは答えた。

> "...しかし、グローバルなシステムとして、私はその一部（米国）を全く受け入れられないと思います。浮浪者、公衆の面前での見苦しい振る舞い、個人の好き勝手な行動権の拡大が、秩序ある社会を犠牲にしてきたのです。東洋では、誰もが自由を満喫できるような秩序ある社会を目指すことが主な目的です。この自由は秩序ある状態にのみ存在し、争いと無秩序の自然状態には存在しない。"

> "...個人の不可侵性という考え方が（米国では）ドグマ化されている。それなのに、軍隊が出かけていって他州の大統領を捕らえ、フロリダに連れてきて刑務所に入れる

ことには誰も反対しない（これは、ジョージ・ブッシュ
元大統領がパナマのノリエガ将軍を誘拐する賊軍的行動
をとったことに言及している）。"

続いてザカリアはこう尋ねた。

"25年前よりもアメリカに憧れている
"と言っていいのでしょうか？何が悪かったとお考えです
か？"

リーはこう答えた。

"そう、状況は変わったのです。それは、社会の道徳的基
盤が侵食され、個人の責任が低下していることと大いに
関係があると言えるでしょう。第二次世界大戦後に発展
したリベラルな知的伝統は、人間は、自分のことは自分
でやり、繁栄させれば誰もが幸せになれるという、完璧
な状態に到達したと主張した。うまくいかなかったし、
これからもそうだろう。人間には、変わらない基本的な
要素があります。人間には、善悪の判断ができる道徳心
が必要です。悪は存在し、それは社会の犠牲になった結
果ではありません…"

米国が事実上の無政府状態に陥るほど、ACLUが既存の「権
利」を引き伸ばし、憲法に存在しない権利を発明するという
重要な役割を担ってきたことは間違いないだろう。1994年6
月19日の父の日の日曜日にサンフランシスコで行われたゲイ
・プライドのパレードを例にとると。

日時の選択は偶然ではなく、キリスト教、結婚と家族の伝統
に対する意図的、研究的な侮辱であった。パレードの内容は
、全裸または半裸でバイクで疾走するレズビアン（「バイク
に乗ったレズ」と呼ばれる）、卑猥な女装衣装を着た男性、
性器を丸出しにして走り回る他の男性の大群などであった。
以前は許されなかったし、今も許されるべきではない、徹底
的に嫌な下品さを街中で見せつけられた。

しかし、誰かがこの忌まわしい「パレード」に言及し、将来
このような醜悪で全く無様なデモを制限するための適切な行
動を提案しようものなら、ACLUが国民の最も非道徳的なセ

クターの「市民権」を守っていることに気づくに違いないのです。この嘆かわしい「パレード」は、サンフランシスコ・クロニクル紙によって賞賛された。同紙は、2人のレズビアンが「恋に落ちる」様子を描いた映画についても、熱烈な批評を掲載している。同紙は、この嫌になるほどアンモラルな作品を「ノンケ向き」と評した。つまり、私たち社会は社会主義の掃き溜めの底に沈んでしまったのです。フェビアン社会主義者は、常にカール・マルクスの偉大な崇拝者であった。彼らは、自分たちが軽蔑する羊たちが警戒しないように、この「英雄崇拝」をなかなか認めようとしない。私は、ロンドンの大英博物館で5年間集中的に学び、マルクスの経済に関する著作を深く検討しました。カール・マルクスがその同じ大英博物館で30年間研究していたからです。私の恩師の中には、彼がどの本を一番好きで読んでいるかを知っていて、教えてくれた人がいました。

彼の著作を読んでわかったことは、独自の思想がほとんどないということだ。これは、偉大な社会主義者の「思想家」の多くに共通することである。マルクスの経済学理論は、それを取り巻く濃密な冗長性を取り除けば、私が中学2年生でできるような7つか8つの基本的な数式に還元することができます。

マルクスの理論は、企業に融資する資本家が、結局は労働者から多額の金を盗んでいるという前提に集約される。これでは、「リスクを取って事業を始めたのだから、投資家は利益を得る権利がある」という本当の前提が全く無視されている。それは要するに、マルクスの理論と彼の言葉の総体であり、実体である。

産業民主化連盟（LID）はACLUに次いでランクインしている。1905年、大学間社会主義協会の分派として設立された連盟は、教育、産業、労働の歪曲に重要な役割を果たすことになった。ILSは、エレノア・ルーズベルトが生涯を通じて支援し、フローレンス・ケリーやフランシス・パーキンスも支援した。エレノア・ルーズベルトは、夫のニューヨーク州労働委員であり、社会主義裁判官ハーラン・スティーブンスの

親友であったフランシス・パーキンスとともに、組織の内外で「社会民主主義」を推進したのである。

モリス・ヒルキットは1908年から1915年までLIDの会計係だった。長い間ACLUのリーダーであったロベットは、常に工業化民主主義連盟と密接な関係にあり、かつて社会主義者としてのこの時期を　　　　　　　　"私の人生で最も幸福な日々"と呼んでいた。モリス・ヒルキットは、社会主義者としての初期に、「産業社会主義」を提唱していた。

ヒルキットとユージンV. デブスは常にロンドン・フェビアン協会のモデルを踏襲し、プログラムやプラットフォームを持たず、むしろ教育機関を捕虜として、学生に社会主義の思想と哲学を鼓吹し、後に既存の政党に潜入できるようにしたのです。社会主義的なコースは、少なくとも1900年代初頭には静かに導入されていたが、1970年代に入ると、フェビアン社会主義の正統性により、多くの教育機関でその流れが大きく加速された。

産業民主化同盟は、1900年までに衰退していたアメリカの社会主義を活性化させたと言われている。その頃、アメリカ社会のエリートの中には、イギリスのフェビアン社会主義者を訪問した人が何人もいた。その中には、宗教家、教師、政治家も含まれていた。後に上院議員となるポール・ダグラス、息子がケネディ・ジョンソン政権で活躍したアーサー・M・シュレシンジャー、俳優のメルビン・ダグラスとその妻ヘレン・ダグラス、ニューヨークの第2バプティスト教会の元牧師ウォルター・ラウシェンブッシュ。ラウシェンブッシュは、ジュゼッペ・マッツィーニ、ジョン・ラスキン、エドワード・ベラミー、マルクスを熱心に信奉していた。マッツィーニは、メーソンの世界的リーダーだった。ラスキンは自他ともに認める「オールドスクール・コミュニスト」で、オックスフォードで教鞭をとっていた。ベラミーは、当時のアメリカを代表する社会主義者である。

ラウシェンブッシュは、キリスト教を説くことをやめて、社会主義政治を説き、それをできるだけ多くのバプテスト仲間

に教え込もうとしたのである。LIDはアメリカ陸軍情報部によって破壊組織としてリストアップされていたが、多くの同様の社会主義、共産主義組織と同様に、ウッドロウ・ウィルソンによって、その保有するリストの破棄が命じられ、この損失は決して修復されることはないだろう。ウィルソンには、憲法上、そのような命令を出す権限がないという事実は、ハーバード大学やウォール街のウィルソン政権の社会主義者たちによって、重要でないものとして扱われた。

しかし、それは第一次世界大戦中のドイツの工作員でも、冷戦時代のロシアの工作員でもなく、イギリスのフェビアン社会主義者たちが、政府、その機関、大統領職そのもののあらゆる面に浸透し、浸透させたのである。教育は社会主義を進めるための手段であると認識され、「学生市場」を獲得するために大きな努力が払われた。ラスク委員会がニューヨークのランド・スクールを調査した時、これに言及したのである。

> "フェビアン協会は非常に興味深い知識人集団であり、非常に見事な宣伝活動を行っている
> "と、すでに注目されているのです。

ラスク委員会は、LIDの出版物に漂う偽りの素直さにいくらか騙されたようで、会員名簿を汚すような暴力的な革命家も許されなかった。気が散って、共産主義を求めるラスク委員会は-
ちょうどアメリカが無限にそうしてきたように-、非常に破壊的で危険なLIDを完全に見逃しているのだ。社会主義者たちが、「赤い恐怖」に繰り返し言及し、国内の安全を確保するためのあらゆる努力を、存在しない「共産主義の脅威」に基づくものとして否定することによって、自分たちから注意をそらすことに成功していることに、観察者たちは驚きを禁じ得ない。1920年のラスク委員会と同じように、1994年の今も私たちは大きく騙されているのである。

第一次世界大戦後、LIDはACLU、Federated　Press、Garland Fundなど、米国の著名な社会主義組織と関わりを持つよう

になりました。ACLUのロバート・モス・ロベットは、「政教分離のためのプロテスタントとその他のアメリカ人連合」を含む上記のすべての組織の責任者であった。

LIDのメンバーは、公の場で社会主義を否定し、その母体であるシドニーとベアトリス・ウェッブが設立したフェビアン協会を否定するよう奨励された。これは社会主義者の常套手段であった。フェビアン協会の最も名誉ある会員の一人であるジョン・ケネス・ガルブレイスは、社会主義者かどうか尋ねられたとき、「もちろん違う」と答えた。第二次世界大戦中、ルーズベルトが米匡を対独戦争に巻き込むためには手段を選ばないことが明らかになると、LIDは立場を変え、1943年に「LIDの目的は戦争ではなく、教育を通じて民主主義への理解を深めることにある」という声明を発表したのである。

LIDが言わなかったのは、LIDが考えていた「民主主義」が、カール・マルクスの言う「科学的社会主義民主主義」であったということである。アメリカが民主主義ではなく共和制であることは、あっさりと脇に追いやられてしまった。こうして、LIDは、策略、ステルス、狡猾さによって、共和国の崩壊を目指す、アメリカを代表する社会主義者の組織となった。LIDの歴史を見ると、ウィルソン、ルーズベルト両政権を通じて社会主義的「改革」を推し進める上で重要な役割を担っていたことがわかる。

ルーズベルトは、ニューヨーク州知事時代に、フランシス・パーキンス氏を産業長官に任命した。(パーキンズの目覚しい業績については、女性社会主義者の章で紹介する)。パーキンスは、LIDの経済学者ポール・H・ダグラスに、ルーズベルト総裁が採用した失業対策プログラムを起草するよう依頼した。ルビンは、パーキンスと一緒にソ連を優遇するよう働きかけ、ルーズベルトはそれをすぐに受け入れた。

パーキンスとルービンは、米国を資本主義国家から福祉国家を経て社会主義国家に転換するという、イギリスのフェビアン社会主義者の戦略に基づく長いプロセスを開始したのであ

る。これには、ソ連直系の「国民健康保険制度」も含まれていた。医療改革」「国民老齢年金」「失業保険」などは、「社会保障」を筆頭に、アメリカの構造を変える計画の一部であったことは、特筆すべきことである。

1994年には、もう一人の女性社会主義者、ヒラリー・クリントンが登場し、「医療改革」という言葉を自分の発明として取り上げた。しかし、実際には、アメリカの舞台で最も熱心な女性社会主義者の一人、プレストニア・マーティン・マンが使った言葉であり、彼女自身もイギリスのフェビアン社会主義のリーダー、シドニー・ウェブからこの言葉を借用していたのだ。この言葉は、イギリスで発明され、ライアン神父によってこの国に持ち込まれた「社会保障法」という、人を欺くためのもう一つの応用心理学の傑作であった。このフェビアン社会主義のプランは、後にプレストニア・マーティンによってアメリカの状況に適応され、エレノア・ルーズベルトによって支持された彼女の著書「貧困の禁止」に見られるようになった。

LIDは、パーキンスとマーティンの裏方としての関わりについて、フェリックス・フランクフルターを自分たちの仲間だと主張したことがないのと同じように、自分の手柄だと主張したことがない。LIDが米国で与えたダメージの大きさは、その規模の小ささからもうかがい知れる。これはまさにフェビアン社会主義のやり方である。背景に溶け込み、すべての重要な政府と意思決定機関に潜入し、そして（再び背景から）新進の政治的スターを登用して社会主義の設計したプログラムを立ち上げるのである。

1920年代に社会主義がどのように機能したか、そして現在も米国でそのように機能しているか、そして1920年代と1930年代初期に社会主義者とそのマルクス主義／共産主義の同盟者が米国を支配する危険なところまで行ったのはこのためである。ウィルソン、ルーズベルト、ジョンソン、ブッシュ、そして現在のクリントン大統領とその妻ヒラリー・クリントンは、台頭する政治家を通じて社会主義が機能しているほぼ完璧な例である。クリントンはイギリスのフェビアン協会に選

ばれたが、「彼を焚きつける」任務は社会主義者のパメラ・ハリマンに密かに任された。

一期しかないクリントン大統領は、破壊的で広範囲な結果をもたらす社会主義的なプログラムを押し通す使命を負っている。1994年半ばの彼の成功は、世界最大の所得税増税、ワンワールド政府貿易協定、そしておそらく「国民健康保険改革」であろう。すでに3回、イギリスのフェビアン社会主義は、社会主義の目標を達成するために、指導者グループや大統領の「顧問」を利用し、裁判所を介して、アメリカの様相を変えている。パーキンスやルーズベルトがニューディールを実施するために必要な人材を提供したのがLIDであった。興味深いのは、ニューディールがイギリスの社会主義者フェイビアンの本を丸写ししたものであったことだ。アメリカの社会主義化の第4の動きは、クリントン大統領時代に起こった。

LIDの「大物」の一人にウォルター・ロイターがいた。しかし、社会主義者らしく、ロイターは自分が社会主義者であることを否定することにした。1953年、『フェイス・ザ・ネイション』のインタビューで、ロイターは社会主義者としての経歴を問われたことがある。彼は、社会主義者のお決まりの言い訳を言い出した。

> 「...私はとても若く、とても愚かな時だったので、すぐにそこから抜け出すことができ、とても感謝している」。

しかし、これは真実とはかけ離れていた。ロイターは、実は1940年代初頭から所属していたLID委員会の委員を務めていたのだ。1949年、ロンドンで開かれたフェビアン社会党の晩餐会に主賓として出席した。

LIDのメンバーは、上院で社会主義的な議題を推進する上で主導的な役割を果たし、学校への影響も計り知れないものがあった。ケネディ政権の中心人物となったテッド・ソレンソン氏は、生涯社会主義者で、LID上院議員のポール・ダグラス氏の紹介で任を得た。LIDで社会主義者と認定された他の

上院議員は、リーマン、ハンフリー、ニューバーガー、モース（「保守的なオレゴン」の議員）、ジェイコブ・ジャビッツ上院議員、フィリップ・ハート上院議員もリストに加えられる。しかし、1950年、元司法長官フランシス・ビドル（LIDの後継団体ADAの元会長）が、LIDとその後継団体であるADAのメンバーとして彼らを指名し、その名が知られるようになった。

ジャビットの上院での投票記録を見ると、彼が投票した87の社会主義的施策のうち82でLIDとADAを支持していることがわかる。東欧系の両親を持ち、ニューヨークのローワーイーストサイドの衣料品街に住み着いたジャビットは、成人後LIDに参加し、LIDの人気講演者の一人となった。しかし、個人の信念やLIDなどの社会主義団体との関係では、社会主義とのつながりをきっぱりと否定している。いずれにせよ、ジャビットは1952年のLID主催のセミナーで「Needed, A Moral Awakening In America」と題して基調講演をしている。このイベントには、「非社会主義者」であるウォルター・ロイターも参加し、職場の腐敗についての議論は慎重に避けて、雇用主の企業やビジネス一般を激しく攻撃した。

1962年10月の議会記録上院には、政府、医療、教育、女性の権利運動、宗教、労働の分野で著名な社会主義者の長いリストが掲載されていた。そのリストには、全米の名門大学の教授や教育者100人以上の名前が記されていた。そのリストには、政府機関、法律、教育、外交政策顧問、教会、いわゆる女性の権利団体などあらゆる部門に広がり、浸透している300人以上の現・元LIDメンバーの名前が含まれていたのです。LIDがADA（American For Democratic Action）に社名変更したとき、LIDの元メンバーの多くがADAのメンバーになっていることがわかった。

LIDに先行する大学間社会主義協会（ISS）は、大学の門戸を開き、多感な学生たちに社会主義プログラムを普及させる機会を提供したのである。これは、アメリカの教育のあり方を変える社会主義の隠された意図であった。

このフェビアン社会主義企業の誕生には、このようなことは一切なかった。ISSの最初の会合は、1905年9月12日、ニューヨークのペック・レストランで開かれた。その中には、トーマス・ウェントワース大佐、クラレンス・ダロー、モリス・ヒルキット、アプトン・シンクレアとジャック・ロンドンという若い社会主義者の作家も含まれていた。二人の著者は熱心な社会主義者で、大学や社会主義クラブでフェビアン社会主義の福音を説いて全国を回った。

また、ペック・レストランの晩餐会には、後にアメリカ共産党で指導的役割を果たすウィリアム・Z・フォスターも参加し、やや荒っぽい性格の人物であったことが知られている。フォスターは、その後、アメリカ共産党で中心的な役割を果たすことになる。フォスターのマルクス好きは、数年前から十分に証明されていた。この晩餐会の本当の目的は、25年後まで明らかにされなかった。それは、実はアメリカ・フェビアン協会の最初の会合だったのだ。

ヒルキットは、1902年に結成されたアメリカ社会党の原動力として、最もよく記憶されている。そのほとんどが、1890年代初頭にロシアからアメリカに渡り、革命家や無政府主義者たちを引き連れてやってきた衣料品業界の労働者たちであった。しかし、アメリカ社会党は、その地味な革命の顔にもかかわらず、ニューヨークの社会的エリートを驚くほど多く引きつけていた。しかし、イギリスのフェビアン（Fabian）社会主義者たちは、「あまりに急ぐと大変なことになる」と注意を促し、「党」は静かに解散した。

ロンドンのフェビアン協会のエドワード・R・ピースは、こう言っている。

> "大資本を持つヨーロッパ諸国は、国家的な頭脳を発達させてきた。アメリカは下等生物と同じように、その巨大な骨格のさまざまな部分に、さまざまな目的の神経節がある"。

ピースはフェビアン協会のエリートで、ジョージ3世の軍隊に大敗した植民地主義者を許せず、アメリカに我慢ならない

人たちだった。このような侮辱を受けたにもかかわらず、多くの著名なアメリカ人がロンドンに行き、フェビアン社会主義者と契約したのである。

英国フェビアン協会の米国に対する長期的な目標は、まだ定義され、発展させる必要があった。社会主義的な思想に寛容な大統領もまだ見つかっておらず、社会主義的な権力をこっそり獲得するテクニックが隠されていたのだ。ラムゼイ・マクドナルドが言っていたように、アメリカは社会化するのが非常に難しい国である。

その大きな障害となったのは、やはり憲法であった。それに加えて、広大な国土と、非常に多様な宗教観を持つ6つの人種が存在していた。また、教育や高収入の仕事も、乗り越えなければならない2つの障害であると感じた。ウェッブが言ったように、「母性とアップルパイ」は、社会主義の野心的な推進者にとって障害となるものであった。ロンドンは、社会党を解散して消え去り、その方法が成功を保証する時期に別の名前で再集結するように命じたのである。

社会党の結成は、社会主義者の課題ではなかった。ISSの「リーグ」や「ソサエティ」をお手本にしなければならなかったのです。彼らは、既存の政党を利用することはあっても、自分たちの政党を作ることは二度としないつもりだった。こうして1921年、産業民主連盟（LID）とISSが設立され、英国フェビアン協会の米国における社会主義本部となったのである。

アメリカの社会主義者がその意図と足跡を隠す最も巧妙な方法の一つは、社会主義者の教授を大統領の政策決定者に任命することであった。この手法はウィルソンに始まり、それ以降も続いている。意思決定者は、自分たちのプログラムをほとんど発表せず、ポジションペーパーを書いて署名していた。これらの新聞は、発行部数が厳しく制限されており、一般大衆を寄せ付けないようになっていた。

教授陣の外にも、ウィルソンの大統領就任に大きな役割を果たした著名人がいた。その中で、ウォルター・リップマンは

頭一つ抜けていた。英国で学んだこのフェビアン社会主義者
は、マンデル・ハウスとともに、「新世界秩序」を形成する
ための米国大統領による最初の試みである「14ポイント」を
形成し、米国における彼らの第一の使徒と見なされていた。
1917年4月6日、ウィルソンが米国議会で行った戦争演説は、
古い秩序に幕を下ろし、米国が奴隷制への長い社会主義の道
のりの第一歩を踏み出させることになったと一般には受け止
められている。

ウィルソンは、アメリカの社会主義が築かれることになる嘘
の土台を築いたのだ。アメリカ人は地球上で最も嘘つきな国
民です。ウィルソンが政治の舞台に出てきて以来、そしても
ちろんそれ以前から、社会主義の構造全体が、嘘に嘘を重ね
、さらに別の嘘を織り交ぜて構成されていたのだ。最大の嘘
の一つは、私たちは国連に属しているということです。その
他の嘘としては、中絶が合法であること、スクールバスやい
わゆる「銃規制」が合法であること、GATT、NAFTA、湾岸
戦争、ウェイコ、FEMA、「キング」ジョージ・ブッシュの
パナマ襲撃と国家元首の誘拐、マンデラの南アフリカ統治な
どは、何重もの社会主義の嘘から成る大きな氷山の一角に過
ぎません。

おそらく、その大きな嘘の中で最も独特なものの一つが、社
会主義は普通の人々の生活を改善しようと努力し、資本主義
とは異なり、社会主義者は個人の富には興味がないというも
のだ。社会主義者はいつも資本主義の弊害を説いている。し
かし、有力な社会主義者を調べてみると、その指導者は社会
の最もエリート的な要素から選ばれており、社会主義の大義
を利用して私腹を肥やす人たちであることがすぐにわかる。

フランクリン・D・ルーズベルトとその一家にとって、金儲
けのために低すぎるもの、深すぎる掃き溜めはなかった。デ
ラノ家（ルーズベルトはサラ・デラノと結婚）は、アヘン貿
易で財を成した。ルーズベルトの最も親しい「アドバイザー
」の一人であるバーナード・バルークとそのパートナーは、
銅産業を独占していた。そのおかげで、バルークは第一次世
界大戦で何百万ドルも稼ぐことができた。一方、「一般人」

はフランスの塹壕で泥と血にまみれて何百万人も死んでいたのである。

ルーズベルトは、ニューヨーク州知事に就任するまで、国際銀行協会の役員を務めていた。その頃、アメリカの労働者は住宅ローンの支払いや、後の恐慌の時代には就職難に悩まされていた。ルーズベルトは完璧な社会主義者の嘘つきであり、彼らの中でも最高の人物だった。彼は、前任者のウィルソンが関税障壁を撤廃したおかげで、その資金は、アメリカ市場で販売する商品を生産する工場のある銀行家に流れることをアメリカ国民には伝えなかった。アメリカの雇用を守るために作られた貿易障壁に対するウィルソン-ルーズベルトの攻撃のおかげで、推定1200万人の人々が職を失いました。

ルーズベルトの何千もの大嘘の顕著な例は、1935年5月25日の上院の議会記録9832-9840ページに見ることができる。

> "・・・そして、彼は大会で100%民主党の綱領に賛成すると表明していたので、1200万人が失業している状況で、彼と彼の従順な議会が直ちに関税（輸入農産物および補助製造品への関税）を引き下げたら、国民が理解するとは到底考えられなかった。そこで、彼と銀行家の友人と大企業（つまり300社委員会）は、すぐにN.R.A.-いわゆる国家再生法、今日では「国家破滅法」としてよく知られている-
> を立ち上げるというアイデアを思いついたのである。

> "バーナード・バルークとその友人たちは外国に1800の工場を設立し、共和党の関税が少し高すぎたので、彼らの大金の考えを満足させるために安い外国の労働力で我々の市場を作っていると報道されています。そこで、不況に対する戦争という名目で、全米ラケット協会を民衆に渡し、バーニー・バルークのパートナーである'クラカップ'ジョンソン准将を、1911年から1914年の間に農業の価格を固定しながら、物価が1928年の水準まで引き上げられるように監督させたらどうか……。"と。

> "農民は格差に気づかないし、気づいても-

この状況なら新聞、ラジオ、映画など国民への情報伝達手段を税金でコントロールし、好きなプロパガンダで国民の耳を満たすことができるのだから..."

アメリカの社会主義指導者ルーズベルトとその国際銀行家の友人たちは、連邦準備制度が行った扇動に助けられて、国民の生命を賭けた賭けを行い、1922年の不況、1929年のウォール街大暴落、第二次世界大戦とその先を意図的に招いたのである。ルーズベルトは、大統領として権力に貪欲な前任者ウィルソン以上の権力を求めていた。

アメリカ国民は知らないが（今でも何百万人も知らない）、ウィルソンはアメリカを第一次世界大戦に引きずり込み、彼の選挙で選ばれたわけでもない顧問のマンデルハウスは、第二次世界大戦の舞台を用意した。ルーズベルトは、国際銀行が戦争を始めるためにヨーロッパの列強に何十億ドルも融資するプロセスを確実に継続させた。大英博物館で入手した資料によると、イギリスの偉大なフェビアン社会主義者であるビーバーブルック卿は、事実上ホワイトハウスをワシントン事務所として使い、ルーズベルトに、ヒトラーが権力を握るための資金としてドイツに何十億ドルもの金を注ぎ込む方法を教えていたという。

ウィルソンは、発言力のある社会主義者を政権の要職に就かせ、そこからアメリカにおける社会主義の大義を推進するために最大限の努力をすることに、何のためらいも感じなかった。ウィルソンが社会主義者に任命した一人であるフレッド・C・ハウが、ニューヨークの移民局長に任命された。彼の好きなことは、ニューヨーク港に拘留されていた反体制派や無政府主義者を国外追放のために解放することであった。

下院のもう一つの「職権」による任命は、ウォルター・リップマンが、もっともらしい戦争の目的と米国が第一次世界大戦に参加すべき理由を考案するために設置された「ブレインストーミング」グループの幹事に就任したことである。朝鮮戦争やベトナム戦争の基礎となった「勝利なき平和」というスローガンを作ったのもリップマンである。ヴェルサイユ条

約交渉の際、スキャンダラスなレイ・スタナード・ベーカーをウィルソンの秘密特派員に任命したのも、こうした「重要な人事」の一つであった。

ベーカーは、ウィルソンが英国フェビアン協会に依存するようになった主な原因と言われており、パリ講和会議では、まずフェビアン協会の創設者シドニー・ウェブ、グラハム・ウォラス、バートランド・ラッセル、ジョージ・ランズベリーに相談しなければ自分では何も決定できなかったほどである。ウィルソン政権を「民主的」と言い続けているのは、このグループである。ベーカーがワシントンのウィルソンに送った文書では、「あなたの民主的な政権」とわざわざ書いている。

パリ講和会議は憲法で失敗した。賢明な59名の上院議員は、社会主義者の意図を十分に理解し、国際連盟条約を合衆国憲法よりも上位に位置づけようとする一国政府文書であると認識して、その採択を拒否したのである。当時、ハウスはシドニー・ウェッブに対して、米国憲法を回避する唯一の方法は、将来のすべての米国政権に「重要な問題に対して超党派的アプローチ」をとる重要な社会主義者を送り込むことだ、と語ったという。この言葉が発せられて以来、「超党派的アプローチ」は、アメリカ国民にとって極めて重要な問題に対する社会主義的アプローチの婉曲表現となった。

新しい「超党派」の考えを実現するために、ハウスは1919年5月19日にパリのマジェスティックホテルで、アメリカのフェビアニストと社会主義者を集めて晩餐会を開いた。ゲストの中には、ジェームズ・ショットウェル教授、ロジャー・ランシング（ウィルソン国務長官）、ジョン・フォスター、アレン・ダレス、タスカー・ブリス、後に中国で毛沢東を政権に就かせることになるクリスチャン・ヘルターらが含まれていた。イギリス側からは、ジョン・メイナード・ケインズ、アーノルド・トインビー、R・W・トーニーというフェビアン社会主義の偉大な実践者とその旗手たちが出席していた。

米国憲法を回避するためには、米国内に王立国際問題研究所

（RIIA）の主導で組織を作る必要があるとしている。アメリカ支部は「Institute of International Affairs（国際問題研究所）」と呼ばれることになった。ロンドンの親会社から与えられた任務は、「国際問題の科学的研究を促進する」ことであった。フェビアン国際局は、RIIAと、1921年に外交問題評議会（CFR）と改称したアメリカの同類組織の顧問として活動することになった。

この3つの制度は、主に4つの目的を持って作られました。

1. 米国憲法をめぐる混乱を引き起こす。

2. これらの組織を利用して、米国議会と国民に影響を与え、欺く。

3. 超党派の研究委員会」という裏技を使って、上下両院で社会主義的な大義に反対する人たちを分断する。

4. ハロルド・ラスキー教授が推奨する立法府、行政府、司法府の三権分立を破壊すること。

マンデルハウスは、ルーズベルトが広く用いた重要なプロパガンダ手段である「炉辺談話」の発案者であり、社会主義内閣の人事のほとんどを「提案」した。多くの場合、彼はハーバード大学のチャールズ・W・エリオット教授に相談した。この社会主義の温床は、我々の歴史の中で、秘密裏に重要な役割を果たしてきた。ハーバード大学がフェビアン社会主義者のハロルド・ラスキに完全に支配されていたことを考えれば、これは驚くべきことではない。彼はハーバード大学で頻繁に講義を行い、社会主義を強く意識した教育方法の基調となった。

ハウスの意見のほとんどは、ウィルソン自身を含むアメリカの社会主義者に人気のあった雑誌『ニュー・リパブリック』に掲載された。ハウスは、社会主義者名簿の中に、社会主義者の親しい人がたくさんいた。その中の一人、ジョセフ・フェルスは、レーニンとトロツキーがアルフレッド・ミルナー卿に会う前にロンドンで足止めされたとき、ハウスに説得されて500ポンドを貸し出した。バルークはかつて、"ハウスは

すべての閣僚人事、その他すべての重要な人事に手を貸している"と言った。これはさすがに控えめな表現でしたね。

ウィルソンは、アメリカで活動するドイツのスパイの会計責任者であった社会主義者ニーナ・ニッツェの活動をよく理解していたと思われる。ケネディ、ジョンソン両大統領は、ニーナの弟のポール・ニッツェを両政権の海軍長官として任命し、軍縮会議での首席報道官として活躍したのだ。ニッツェは、米国を代表して参加した軍縮会議のたびに、パワーバランスをロシアに傾けたことで知られている。

大英博物館の資料によると、ヒトラーの資金調達は、大西洋の両岸でウォーバーグ家を通じて行われた。ヨーロッパでは、特にオランダのアムステルダムの社会主義者メンデルスゾーン銀行、ロンドンやドイツのフランクフルトのシュローダー銀行、そして同銀行はニューヨーク支店を通じてヒトラーの資金計画を取り扱った。この取引は、300人委員会の法律事務所、サリバン・アンド・クロムウェルが管理しており、そのシニアパートナーはダレス家の名士、アレン・ダレスであった。ダレス兄弟は上院と国務省を掌握し、この協定を偶然知ったかもしれない人々の反対意見が、国家に警告される前に沈黙されるようにした。

このような金銭的な取り決めは、第二次世界大戦の直前にもよく行われていた。5年間の在学中に、ロンドンの大英博物館で、社会主義者が両陣営でどのように活動していたかに関する資料を発見しました。ワシントンのドイツ大使がベルリンの外務省の上司に送った電報によると、1915年以降、J・ウィリアム・バード・ヘイルはドイツ外務省に年俸1万5000ドルで雇われている身内であることがわかった。

アメリカの社会主義者のエリートが住む高級サマーコロニー、タートルベイの側近の一人であるヘイルさん。その中には、ロバート・ロベット教授をはじめ、ハーバード・ロースクールの教授陣も含まれていた。ハウスは、そう遠くないマンチェスターに住んでいた。全員が「ハーバードやグロトンの洗練された製品」と当時の憧れのマスコミに評されたが、マ

スコミはこの華やかな人々に目を奪われて、彼らがフェビアン＝アメリカン協会の上層部の社会主義者でもあることに触れなかった。ラヴェットは、自称「古いタイプの共産主義者」であるジョン・ラスキンや、ウィリアム・モリスの作品を愛した。

敬虔な「キリスト教」社会主義者であるヘイルは、メキシコでウィルソンと共に、社会主義者の有力な同僚のためにメキシコの石油の盗難を画策し、その名を知らしめた。(メキシコ国民から盗んだこの暴挙の全容は、「欺瞞による外交」を参照)。ヘイルは1918年6月23日まで、実際にドイツ外務省の代表を務めていたことがわかった。その頃、何千人ものアメリカ市民民兵が「自由のために」命を落としていた。その後、この「キリスト教」社会主義者は、アメリカン・プレス・サービスの特派員としてドイツに赴いた。彼の親社会主義的で偏った報道は、当時の新聞に大きく取り上げられ、大英博物館のアーカイブスで見ることができる。

このような取引を通じて、社会主義世界のエリートは豊かになっていったのである。このような不愉快な取り決めに目新しいものがあったわけでもない。南北戦争が近づくにつれ、そしてその期間中、共産主義と社会主義がアメリカで大きく発展した。この事実は、我々の歴史書には書かれていないし、このすべての戦争の中で最も悲劇的な戦争についてのハリウッドの大作では、一般の人々からよく隠されている。

フェビアン社会主義運動に共通するのは、すべてを取り壊し、破壊しようという熱い思いである。これは、1927年2月23日の議会記録45944595ページ、「一般赤字法案」の題名で確認できる。この歴史のページでは、社会主義者と共産主義者、そしてアメリカ連合共和国を破壊するための彼らの努力について説明します。社会主義者が共産主義者の兄弟とどのように協力していたかは、「アメリカのキーマン」という小冊子にたくさん載っています。

社会主義は、共産主義よりもずっと世界革命ですが、ペースは遅く、レベルはもっと落ち着いています。しかし、社会主

義者が望む革命は同じである。精神的無政府状態、19世紀にわたる西洋文明の破壊、伝統の分散、キリスト教の終焉である。もし読者がこのことを疑っているなら、フランクリン・D・ルーズベルトの『On Our Way』を読めば、社会主義が共産主義と違うのは方法だけだと、懐疑論者を納得させることができるだろう。

ボルシェビズムは、ロシアからキリスト教を排除しようとした暴力的で過激な実験だった。アメリカでは、学校での祈りの禁止、いわゆる「政教分離」、教室では無数の社会主義者の教師が生徒を洗脳して、社会主義者が主導する沈黙の革命を推進するなど、もっと巧妙な手段も使われている。ボルシェビズム、マルクス主義。社会主義、すべて同じ共通の目標を持っており、それらは「自由主義」、「平和主義」、「寛容」、「進歩主義」、「節度」、「平和」、「民主主義」、「国民」、社会主義の本当の目標を隠し、偽装するために用いられる裏技と手を取り合っているのだ。

これらの用語は、社会主義が革命と結びつかないように、不用心な人々を欺くことを意図している。しかし、社会主義とボルシェビズムの目的は同じである。19世紀にわたる伝統とキリスト教の上に築かれた文明の破壊である。社会主義の狙いは

1. 政府を廃止すること。

2. 愛国心の廃絶。

3. 財産権の廃止。(共産主義者はそれを全面的に禁止するが、社会主義者は私有財産権に課税してそれを消滅させるという、こっそりした卑怯な方法を選択する)。

4. 相続の廃止。(ここでも、共産主義者は全面的に禁止し、社会主義者は相続税法を通じて禁止する)。

5. 結婚と家族の廃止

6. 宗教、特にキリスト教の廃止。

7. 各国の国家主権と愛国心の破壊。

ウッドロウ・ウィルソンは、これらの目的を知っていたが、そこから逃げることなく、国際社会主義者の道具となることをためらわず、アメリカの社会主義プログラムを熱狂的に受け入れ、そのために合衆国憲法が彼に与えていない権限を必要としたのである。ウィルソンは、自分の目標を達成するために、社会主義者の卑劣な手段を使うことをためらわなかった。例えば、ドイツに脅かされていなかったアメリカを守るのが「愛国心」だと言って、アメリカを第一次世界大戦に参加させることに成功したのだ。

ウィルソンは、最初の公然たる社会主義者であったとはいえ、権力欲の強い大統領ではなかった。リンカーン大統領は、現在では行政命令と呼ばれる檄文を初めて発し、権力の掌握に成功した人物である。ジョージ・ブッシュ大統領は、ルーズベルトの足跡をたどり、同じように違憲の手段を使って、アメリカ国民を犠牲にして儲けられるあらゆる掃き溜めに飛び込み、巣を肥やすことにした。

いわゆる「共和党」であるブッシュは、ルーズベルトがしたように、またその前のウィルソンがしたように、米国の「普通の人々」に害を及ぼしている。政党のレッテルにご注意ください。ジョージ・ワシントンは政党を「無用の長物」と呼んだし、近代史を見ても、政党は分裂をもたらすものであることがわかる。暴君が成功したのは、政党とその「分割統治」の考え方のおかげである。米国憲法はウィルソン、ルーズベルト、ブッシュのような人物を弾劾することを定めている。実際、愛国心の強いヘンリー・ゴンザレス下院議員は湾岸戦争中にブッシュに対する弾劾訴追を6件提出したが、党派的政治により第2条第4項、第1条第3項がジョージ・ブッシュを裁くために使われることを妨げた。

ブッシュを弾劾する理由はたくさんあったが、憲法を守らず、きちんと起草された宣戦布告を得られなかったことはその最たるものである。次に、違憲である70億ドルのエジプトの債務免除、イラク国に対する「砂漠の嵐」に参加したシリア

やその他の国々への贈収賄：憲法違反の三軍の継続的な悪用、そして、そうではない軍司令官としての自任も、訴えられるべきものだ。

湾岸戦争が違法であったことは、繰り返し強調する価値がある。宣戦布告もなく、憲法に反して行われた。議会は、党の感情に大きく左右され、ブッシュの行動に何らかの合法性を与えるような、宣戦布告ではない何らかの決議案を作成しようとした。しかし、議会は、合衆国憲法に従ってではなく、ブッシュに与えられた国連の命令に従って宣戦布告のバージョンを起草するという間違いを犯し、アメリカ国民に侮辱を加えることになった。

米国は憲法上、国際連合に加盟したことはなく、この世界政府の組織による宣戦布告は、同じ文書に載せることも、議会の宣戦布告と関連づけることもできない。アメリカ合衆国憲法第1条第9項は、議会の立法権を否定し、または制限しています。議会は絶対的な立法権を持っておらず、憲法に従ってのみ立法することができます。

ブッシュが違法な戦争のために合法性のうわべを取り繕うために議会で可決した「ハーフ＆ハーフ」決議は、合衆国憲法の枠組みと精神から外れており、宣戦布告にはあたらない。議会の投票を分析すると、ほとんど全員が、上下院にはびこる何百人もの社会主義者が、ブッシュが憲法を無視し続けることを許すために投票したことが、劇的にわかる。ブッシュは弾劾され、裁判にかけられるべきでした。もし、このような手続きで憲法が守られていたなら、彼は当然のように投獄されていたに違いない。

大統領の権限は、合衆国憲法第2条に記載されています。セクションIIに含まれない行為は、恣意的な権限の行使となります。ハウス、フランクフルター、ブランデイスに始まり、カッツェンバッハらに続く社会主義者は、政府の3部門は平等であると主張する。このままでは、この国が沈没してしまう巨大な氷山を構成するもう一つの嘘である。ハロルド・ラスキ教授は、この嘘の主唱者であり、米国憲法に規定されて

いる三権分立を弱める第一歩と見られている。

三権分立は共同対等ではなく、これまでもそうであった。司法を作ったのは下院と上院であり、下院と上院は司法に平等な権限を与えるつもりはなかった。もちろん、このことが知られれば、社会主義者が「立法によって」憲法を乗っ取るということは、窓から投げ捨てられることになるだろう。おそらくアメリカ国民は、裁判官が憲法に落書きしている様子に、手遅れになる前に目を覚ますだろう。

議会には優れた権限があり、そのひとつが歳出権です。社会主義的な裁判官を排除するもう一つの簡単な方法は、第三条第一項にある、裁判官は「その職務のために、その任期中に減少することのない報酬を受け取ってはならない」という条項を施行することである。

つまり、連邦最高裁判所の裁判官は、法律上、切り下げられた通貨で報酬を受けることができない。切り下げられた「通貨」の代表例は、一般に（そして誤って）「ドル」と呼ばれている連邦準備銀行の紙幣ほどにはないだろう。もし、私たち国民が引き落とされていないお金がないという理由で最高裁を閉鎖したら、ケリー・ドクトリンの継承者たちにとってどんな打撃になることだろう。

ウィルソンも弾劾されるべきだった。彼の狂気の権力掌握は、アメリカ合衆国連合共和国を転覆し破壊するための、不吉で卑劣で邪悪な計画を陰で進めていた、アメリカ合衆国国民の敵である社会主義者の大本営マンデル・ハウスによって扇動されたものである。そのために、ハウスはウィルソンにあらゆる種類のエリート社会主義者を要職に任命させた。

アメリカの社会主義の狙いは、過去、特に第二次世界大戦までの時期には、よく隠されていた。社会主義がその目標の多くを達成したことは明らかである。それは、アメリカの道徳を破壊することを目的とした運動を形成することによって行われた。それは、「自白恋愛」（責任なき恋愛）の驚くべき成長によって証明されており、これまでに2600万人以上の赤ん坊が殺され、中絶推進の最高裁判決によって認可された。

憲法がある権力について沈黙しているとき、それはその権力を禁止していることになる。

クリントン大統領は嬰児殺しの信奉者であり、善良な社会主義者である彼は、政権のあらゆる面で堕胎を支持している。興味深いのは、中絶クリニックが最初に考えられたのは、フェビアン協会のラスキー教授の夫人であるラスキー夫人が、イギリスで避妊クリニックの設立を始めた時であることだ。ラスキー夫人の戦術は、悪名高い共産主義者のコミッサール、同志アレクサンドラ・コロンテイの手法を用いたものであった。

社会主義者が、さまざまな戦術で共産主義の大義を進めることで対立し、露呈すると、彼らは声高に抗議する。しかし、「共産主義者を傷つけ、社会主義者が血を流す」という古いことわざが、今日ほど真実であったことはないだろう。米国にあるのは、外交問題評議会と呼ばれる秘密の高級並立社会主義政府で、ロンドンのRIIAの指示と支配の下で、1919年にアーチ社会主義のマンデルハウスとウォルターリップマンによって設立されたものだ。

共産主義者と社会主義者の間に公然の不和があるという話を、しばしば報道で目にすることがある。これは、「進歩的」、「リベラル」、「穏健派」が本当に社会主義者の意味とは違うものだと騙された人たちを騙すために行われるものである。このようにして、もし自分たちが革命的な世界政府の目的を推進していると知ったら、ショックを受けて尻込みしてしまうような大勢の人たちを、仲間として維持することができるのです。女好きで道徳的に破綻した自由主義者だと非難されている新大統領が、社会主義者ではない何百万人ものアメリカ人に受け入れられているという事実は、フェビアン社会主義の手法の勝利と言えるでしょう。

その手法は非常に巧妙で、一見しただけではその目的がわからないこともある。最近、拒否権は大統領の権利であるという議論が盛んである（その多くは、大多数の上院議員の米国憲法に対する理解不足を示す低レベルのものである）。これ

は純粋に違憲の社会主義者のプロパガンダであり、ウィルソン大統領の下で社会主義者が始めた、通常は立法府に属する権利を大統領に譲り渡すプロセスの延長線上にあるものだ。社会主義者の目標は、大統領に与えられていない権限を与え、新世界秩序のための彼らの計画の邪魔にならないように、憲法を蒸し返すことである。

社会党は、「解雇の強化」という観点から、憲法で認められていない拒否権を大統領に持たせることを望んでいる。社会主義者の伝統として、「上下両院で可決された法案のどの部分に対しても、大統領が拒否権を行使できるようにしたい」とは直接的には言わないのである。これが「条項拒否権」の意味するところである。

この裏技は、フローレンス・ケリーが、憲法上の手段で実現できない場合は、「立法手段によって」事前に変更を加えなければならない、と指示したことを踏襲している。本書の他の部分にもあるように、ハロルド・ラスキー教授は、フェリックス・フランクフルターやルーズベルト大統領と、憲法上認められた各府の権限を譲渡することはできないという憲法規定をいかに覆すかについて、多くの時間を割いて議論した。ラスキーは、この「立法ルート」による社会主義推進の障害となるものをたびたび攻撃していた。社会主義者の衝撃的な偽善は、いわゆる「政教分離」の考えを厳格に実行することにこだわっていることに表れている。どうやら、ガチョウのためのソースは、ガチョウのためのソースではないらしい。

このような権力を大統領に渡すことは、自殺行為であり、おそらく反逆罪である。ここでの本当の問題は、権力であり、社会主義者がホワイトハウスに入れた手下の一人を通じて、いかにしてその権力をより多く握ることができるかということだ。社会主義者たちが、大統領に下院と上院にしかない権限を与えようとすることほど危険なことはない。それは、スーパーウィルソン、ルーズベルト、ブッシュ、クリントンを生み出し、米国を社会主義独裁に陥れるだろう-
これはすでに現実的になっている。

拒否権は政党の政治的な争いになり、州民が連邦政府ではなく州民が望むことをするためにワシントンに送り返した議員を威圧することになる。議会に拒否権を与えることは、ジョージ・ブッシュよりもっと悪い専制君主の出現を保証することになる。彼は、英国王室のための、そして英国王室のための私的な戦争で、何百人ものアメリカ人の命と2000億ドルを犠牲にしている。大統領の拒否権発動は、フローレンス・ケリーにとって大勝利となる。

大統領に特定の条項に対する拒否権を与えることは、下院と上院を混乱させ、彼らの努力を麻痺させ、概してこの国の政府の崩壊を早めることになる-
すべて社会主義者が述べた目的だ。立法府間の緊張と情熱は高まり、議会は社会主義政策に固執する好戦的な大統領に完全に服従することになるだろう。米国憲法は白紙となり、チェックアンドバランスは燻された廃墟と化すだろう。

この国は、彼らが擁立した社会主義者の大統領（ウィルソン、ルーズベルト、ケネディ、ジョンソン、カーター、アイゼンハワー、ブッシュ、クリントン）の行き過ぎた行為によって、すでにあまりにも多くの被害を被っているのである。これらの大統領は、何百万人もの命を犠牲にして、決して手を出してはならない殺人戦争に突入した。これらの戦争が生み出した何十億ドルというお金は言うまでもなく、ウォール街やロンドンシティの銀行家、国際決済銀行、世界銀行などに渡ったものである。

拒否権やいわゆる違法な行政命令は、ルーズベルトやブッシュに代表されるような将来の暴君大統領を、まるでその称号が与えられたかのように、確実に王にしてしまうだろう。大統領に議会の法案を拒否する憲法上の権限を与えるには、米国憲法の改正が必要である。3部署は、立法またはその他の方法により、機能または権限を他の部
署に移転することはできません。建国の父たちは、潜在的な暴君がこの方法で権力を握るのを防ぐために、この規定を書いた。

専制政治の例を挙げるなら、連邦政府が合衆国憲法を完全に無視して、ウェーコのキリスト教会を攻撃したことである。ウェイコでは87人が殺害された。天安門「大虐殺」（社会党系メディアの表現）では74人の中国人が死亡した。しかし、クリントンは、北京政府に対する天安門事件の「人権」侵害を理由に中国と剣を交える準備はできていたが、ウェイコ事件の犯人を裁くことは、今のところ何もしていない。これは、真の社会主義者のあからさまな偽善の典型である。

合衆国憲法のどこに、連邦政府が州に介入して宗教団体を迫害する権利があると書いてあるのでしょうか？どこにもない！特に警察権に関しては、連邦政府は州の問題に干渉する必要はない。健康、教育、警察の保護に関する警察権は州に独占的に属しているのである。もし、「ブランチ・ダビディアン」が警察沙汰になるような犯罪を犯したのであれば、それは地元の警察が行うべきことであり、他の誰が行うべきことでもない。ウェイコ保安官事務所は、教会内のダビディアンたちを適切に保護する義務を見事に果たせなかった。

連邦政府は、米国憲法の権利章典の第1条に違反し、米国憲法に対する傲慢な態度を再び示しました。

> 「また、言論、報道の自由、平和的に集会し、不満の解消を求めて政府に請願する人民の権利を制限する法律も制定してはならない。

ウェイコで起こったことは、連邦政府が持っていない権限を持ち、宗教的信念の自由な行使と表現の自由を禁止するという明確な意図を持って、ウェイコに行ったということだ。これは世俗的なヒューマニズムの行動であり、私たちの憲法にはふさわしくないものです。社会主義者は「政教分離」に熱心である-
自分たちに都合の良い時だけだが。ウェイコで「政教分離」がどうなったか？なかったんだ！

連邦政府は、宗教という単純化できない複雑なテーマを単純化できると判断したのです。1968年7月31日、下院議会記録、E7151ページで、ダグラス判事はこのように言っている。

"・・・政府が善悪の線引きをすることは不可能であり（世俗的ヒューマニズムの懐刀）、憲法に忠実であるためには、そのような考えは放っておいた方が良い。"

連邦政府は、自分たちの社会主義的な裁判官の意見に耳を傾ける代わりに、「良い」宗教と「悪い」宗教の間を決める権利があると判断したのだ。ウェイニでは、政府のエージェントが、宗教の複雑さを単純化しすぎてしまったのです。何世紀にもわたる経験から、宗教は単純化できないことが分かっています。しかも、政治的な問題の域を出ないもので、決して簡略化したものではありません。

米国憲法の修正条項の最初の10項目は、連邦政府に対する制限を構成しています。また、米国憲法第1条第9項では、連邦政府が宗教的な事柄について立法する権利を否定しています。下院と上院の主要な権限は、第1条第8項第1～18節にある。連邦政府には絶対的な権力はないことを忘れないでください。連邦政府には、何が教会で何がカルトかを決める権利はない。どうやら、この判断は、ウェイコにいた政府のエージェントが、ある種の「カルト・ディプログラマー」の力を借りて行ったようだ。このような行為は、違法とまではいかないまでも、嫌悪感を抱かせるものです。

もし連邦政府がこのような権力を持てば、-それはないが-すべての宗教を破壊する権力を持つことになる-社会主義プログラムの要素であり、世界革命の目標の一つでもあるのだ。この権力は、合衆国憲法修正第1条にも、議会の委任された権力にも、第1条第8項第1～18節の議会の一次権力にも含まれていない。合衆国憲法がある権力について沈黙しているとき、それはその権力を禁止しているのである。

では、FBIとATFは、キリスト教の教会を攻撃する力をどこから得たのでしょうか？どうやら大統領と司法長官からのようだが、どちらもそのような権限はなく、ウェイコでの恐ろしい行為の責任を認めているのだから、弾劾されるべきなのだろう。ウェイコで死んだアメリカ人の数は、天安門広場で死んだ中国人学生よりも多いのです。アメリカのタブロイド

紙は、中国人留学生を「カルト」と呼んだのだろうか。もちろん、そんなことはありません。また、連邦政府にはキリスト教の運動を「カルト」と呼ぶ権利はない。

合衆国憲法は、ウェイコでの連邦政府の行動によって損なわれた。米国憲法は妥協できない。政府機関は憲法の上にあるわけではないし、ウェイコ攻撃に参加した連邦政府機関は法律を破った。連邦政府ではなく、テキサス州の管轄下にある問題に介入する憲法上の権利はないのだ。連邦政府はブランチ・デイヴィディアンを「テロリスト」と呼んだが、その線引きに口を出すべきでなかった。テキサス州次第だったのだ。

権利章典のどこにも、連邦政府がキリスト教会を「テロリスト」組織と決めつける権限はない。ウェイコ攻撃の権威は、第1条第8項第1号から第18号にはない。連邦政府がウェイコのブランチ・デービディアン教会を武力攻撃することを認めるには、憲法改正が必要であった。独立宣言には、ジョージ3世が植民地の人々に行った残虐な行為の数々が記されている。ワコは、キングジョージ3世の再来だ。

議会（下院と上院）はこの誤りを是正する力を持っています。議会での公聴会を開くことができる。議会はまた、この現代のキングジョージ3世による米国市民への攻撃に加担した連邦政府機関への資金提供を打ち切ることもできる。弾劾の条文が急務である。議会はその責任のほとんどを負わなければならない。ブランチ・デイヴィディアン教会への襲撃に参加した連邦捜査官は、おそらく、自分たちは法律の権限の下で行動していると思っていただろうが、そうではなかった。議会はこのことを知るべきであり、議会はこの状況を是正し、他の場所でも同じことが起きないようにするはずである。インディアナ州の元社会党上院議員であるバーチ・ベイは、フェビアン協会によって合衆国憲法を弱体化させるために利用され、上院の議会記録S16610-S16614ページを読めば明らかなように、あらゆる機会にそうしてきたのだ。

第1条第8項や議会に委ねられた権限のどこに、連邦政府が軍用車両を使って教会を攻撃する権限があると書いてあるのでしょうか？連邦捜査官が教会に「カルト」のレッテルを貼る権限があると、どこに書いてあるのですか？このBranch Davidian Christian Churchへの攻撃は、憲法修正第1条、第4条、第5条の違反であり、ウェイコにおける合衆国市民への告発を構成するものである。連邦政府の立法府、行政府、司法府のいずれにも、キリスト教の教会、あるいはどんな教会にも「カルト」のレッテルを貼る権利はない。いつから連邦政府は、このような複雑な宗教問題を決定する権限を持つようになったのでしょうか？いつから連邦政府は「罪刑法定主義」を行使できるようになったのでしょうか？

ウェイコで連邦政府がやったことは、複雑な宗教問題を、自分たちの気に入らない単純な「カルト」問題にすり替えたことだ。米国憲法第2条では、大統領と司法長官が「カルト」と呼ぶものを攻撃する権限を行政府は持っていない。連邦政府が気に入らない宗教団体に攻撃を仕掛けるのは、今回が初めてではない。大統領と司法長官が法律を破った責任を取る、というだけでは言い訳にならない。

1882年2月16日の上院議会記録1195-1209ページには、モルモンがモルモンであるという理由だけで投票できないようにするために、上院が5人の委員を任命して神のように振る舞おうとしたことが記されています。これは、あからさまな既定路線違反である。この恐ろしい歴史のエピソードで唯一良かったのは、上院で議論が行われたことだ。ウェイコで連邦政府に殺された被害者には、そんな権利はない。モルモン教徒に選挙権を与えないようにするための努力について、1197ページには、「この権利は、憲法が採択されるずっと以前からアメリカの文明と法律に属していた」と書かれています。

この権利は、武器を持つ権利と同様に、植民地時代にはすでに存在しており、これらの権利は原文に加え、一連の修正を通じて憲法に組み込まれたのである。これらの改正は、権利

を保護することを目的としています。憲法以前にすでに存在していた権利を保証したに過ぎず、権利そのものの創造者ではない。連邦政府がウェイコで行ったことは、国際社会主義者カール・マルクスが提唱した行動、つまり中国政府が天安門広場で観察した行動と大差はないのである。ウェイコの火災で亡くなった市民は、憲法修正第5条に規定されている公正な裁判と法の適正手続を受けるという憲法上の権利を否定されたのである。

続けて、1882年2月16日の上院議会記録、1200ページから読み上げる。

> 例えば、議会がいかなる領土においても、宗教の確立や宗教の自由行使に関する法律を制定したり、言論や報道の自由を制限したり、領土の人々が平和的に集まり、不満の解消のために政府に請願する権利を制限することはできないとする者はいないものと思われます」。また、議会は、国民が武器を保持し負担する権利や陪審員による裁判を受ける権利を否定することも、刑事訴訟において自分に不利な証言をすることを強制することもできない。これらの権限は、個人の権利との関係では、ここで列挙する必要はないが、一般政府には明示的かつ積極的な言葉で否定されており、私有財産に対する権利も同様に注意深く維持されなければならない。"

ウェイコで起こったことは、自由な社会主義の行動であり、米国憲法を著しく無視したものである。議会（下院、上院）も司法府も行政府（大統領）も、ウェーコのブランチ・ダビディアン教会への武力攻撃を命令する憲法上の権利がないことは明らかなので、問題に、この重大な憲法違反の是正のために議会は何をしているか、連邦政府内の犯人を裁くために何をしているかということである。

社会主義・マルクス主義国家では、ウェイコは単なる政府の権力行使に過ぎなかっただろう。ハロルド・ラスキー、フェリックス・フランクフルター、ヒューゴ・ブラック、フランクリン・ルーズベルト、ドワイト・アイゼンハワー、ジョージ・ブッシュ、そして現在のウィリアム・ジェファーソン・

クリントン大統領といった社会主義者のフェビアンによる恐るべき攻撃にもかかわらず、米国は、その憲法のおかげで社会主義／マルクス主義の国家ではなく、連邦共和国のままなのである。ワコは、司法府や行政府に認められていない権力を行使した皮肉な事件であり、過去の行き過ぎた宗教的不寛容と同列に扱われるものだ。

話を社会主義者に戻すと、政府のある部門から別の部門に権限を移そうとする試みである。拒否権なしでも、すでに大統領の代わりに王様がいたのです。ジョージ・ブッシュのことだ。彼の権力欲は、さらなる権力を生み、権力欲の波に押し流され、米国史上で最も違憲な戦争に突入してしまったのだ。

このような権限を大統領に「与える」かどうかという上下両院の議論で全く失われているのは、100％違憲であるため、合衆国憲法の改正が必要だということだ。議会（下院と上院）には、特定の条文に対する拒否権を大統領に与える権限はありません。これは議会では行えず、憲法改正によってのみ可能となります。

建国の父たちは、3つの部門が権力を行ったり来たりすることによって、憲法が迂回されるのを防ぎたかったのです。米国憲法第1条第9項では、議会の立法権を否定、あるいは厳しく制限している。議会は、憲法改正なしにその機能を最高裁や大統領に移譲することはできません。この規定は、ウィルソン、ルーズベルト、ブッシュのような権力狂いの社会主義者が、次々と戦争に突入するのを防ぐためのものだったが、ウィルソン、ルーズベルト、ブッシュがそうするのを止めることはできなかった。

クリントンは新しい戦争を始めるチャンスを待っているのだ。北朝鮮との対戦を逃したが、一期が終わる前にその番が来るかもしれない。セクション別拒否権は、「合衆国憲法を無効にする」という社会主義者の目標に向けたもう一つのステップである。大統領の憲法上の権限は、アメリカ合衆国憲法の第2条にあります。それ以外の力はない。

フェビアン協会は、国王ジョージ3世の軍隊が失った戦争を継続させた。彼らは、アメリカ連合共和国を打倒するために、南北戦争とそれ以後のすべての戦争を引き起こしたのである。議会年報、議会グローブ、議会記録には、このような見方を裏付ける情報や詳細が豊富に含まれている。1862年7月12日、下院議会グローブ紙326ページには、「反乱の起源」と題するF.W.ケロッグの演説が掲載されている。

> 「国家としての誇りが満たされ、国力が増大し、あと半世紀もすれば、米国は地球上で最も強力な国家になるに違いないと確信しました。しかし、ヨーロッパの大国はこの急成長を警戒して見ていた。そして、ドイツに一度も脅かされたことのないアメリカを守れ！」と。"

現代のアメリカの社会主義者の悪行は膨大である。ジェイコブ・ジャビッツは、「公民権問題」と呼ばれるものを、機会均等委員会などの主要な政府機関に社会主義者を潜り込ませることによって、人種間の対立をかき乱す絶好の機会と考えた。国際的な場面では、ジャビットは、社会主義者が得意とするいじめ戦術を使って、いわゆる「国際銀行」の創設に関与し、その後、完全に違憲な方法で議会から資金提供を受けるように仕向けた。

この国の社会主義を推進したもう一人の偉大な人物が、エイブ・'フィクサー'・フォータス判事である。彼は、他のどの社会主義者よりも、猥褻な文学やポルノを大量に「合法化」した張本人であった。この措置は、国民の道徳心をさらに弱めることを意図したものであった。フォータスは、米国最高裁が「言論の自由」という名目でポルノを認めるという全く誤った判断を下したことに決定票を投じた。心理学者や精神科医は、この種の「娯楽」が脳の低次中枢を刺激するため、犯罪の激増に直接つながったと語っている。

このような状況、そして失業と犯罪の衝撃的な増加に対して、上下両院の議員たちは責任を負わなければならない。下院と上院は、3分の2の投票で、どんな最高裁判決も覆すことができる。そして、状況が手に負えなくなるのを待たずに、10年前にそうするべきだった。そして、彼らの中の社会主義者

に、問題を「銃」のせいにさせるのだ。下院と上院には、本当に熱い社会主義者がいる。1991年7月31日（水）の議会記録、E2788

E2790ページで、リチャードソンは、世界最悪の社会主義者の一人、ローデシア、南アフリカ、フィリピン、韓国、その他あらゆる非左翼諸国の問題に干渉してきたスティーブン・ソラーズ下院議員（当時）を賞賛し始めたのである。さらに、下院の銀行スキャンダルを調査した結果、ソラーツ氏が最も多く小切手を切っていたことが判明した。

この国に限りない害を与え、経済、政治、司法制度の崩壊を招いただけでなく、アメリカ国民を犠牲にして社会主義のアジェンダを積極的に推進しようとした社会主義の「聖人」は、ほかにもいる。ハリー・デクスター・ホワイト、ジョン・ケネス・ガルブレイス、アーサー・シュレジンジャー、テルフォード・テイラー、ロバート・ストレンジ・マクナマラ、デヴィッド・C・ウィリアムズ、ジョージ・ボール、フェリックス・フランクフルター、バーナード・バルフ、アーサー・ゴールドバーグ、アルジャー・ヒス、ゲゼル判事、ラルフ・バンチ、ニコラス・カツェンバッハ、コーラ・ワイズ、ルイス・ブランディス、マクゲイジ・バンジー、ヘンリー・キッシンジャー、アレン・ダレスおよびジョン・フォスター・ダレス、サム・ニューハウスおよびウォルト・ウィットマンロストゥの7名。これらの社会主義的な「戦士」の一部は、「社会主義大空の星」の各章で紹介され、その行動も記されている。

彼らの計画と目的は、国民に気づかれないような簡単なステップで、ゆっくりと、陰湿に、米国を社会主義に向かわせることだった。このプログラムは、ロンドンのフェビアン協会が作成したもので、その中心人物であるラスキー教授、グラハム・ウォラス、ケネス・ガルブレイスによって詳細が決定された。これらの計画は、特に教育、合衆国憲法の弱体化、健全な貨幣に基づくアメリカの政治経済システム、保護貿易関税の分野において、アメリカで「リベラル派」が行っていることと一致するように、あるいは一致するように作成され

ていた。

これらは、国際社会主義者が最終的に一つの世界政府を形成する計画、つまり新世界秩序とほぼ一致している。イギリスのフェビアンにとって、自分たちの計画をアメリカのスケジュールに合わすることは、大きな仕事であった。彼らの成功は、1920年代から1930年代にかけて、アメリカを完全に社会主義化することにほぼ成功したという事実で測ることができる。

第3章

社会主義者が管理する教育：奴隷制度への道

米国でフェビアン社会主義に完全に取り込まれた生活分野の
ひとつが教育である。アメリカを社会主義化しようとする彼
らの努力の中で、フェビアン社会主義がこの国の教育制度を
支配するための長い行進ほど、彼らの間接的、ステルス的、
隠密な手法が成功した領域はないだろう。社会主義者がエー
ル大学、ハーバード大学、コロンビア大学、その他多くの大
学を乗っ取り、社会主義に直接奉仕することになったのであ
る。イギリスのフェビアン協会にとってのオックスフォード
やケンブリッジのように、アメリカの社会主義者の将来の教
育センター、「フィニッシング・スクール」になるはずだっ
たのだ。

これらの大学では、英国フェビアニズムと強いつながりを持
つ高級エリート教育者の層が形成された。このエリート集団
の最も著名なメンバーには、ウォルター・リップマンや、モ
スクワのクレムリンに埋葬されているジョン・リードがいた
。社会主義者の教育への圧力は、左翼・社会主義者の教授が
、保守的な学生が間違った答えを出すと悪い点数をつけると
脅すことで広まった。こうして、アメリカの伝統的なキリス
ト教の保守的な考え方は、ひどい侵食を受けてしまった。カ
リフォルニアの学区で2年間（1962-
1964）行われた調査では、社会主義者の教師がいる教室では
、全米の大学と同じような圧力がかかっていることがわかっ
た。というのも、教育委員会にクレームをつけると、子ども
の成績が落ちたり、単位を落とされたりするからだ。

ラムジー・マクドナルドの訪米の時から、ロンドンのフェビアン社会主義者たちは、アメリカの教育に対する正面からの攻撃は問題外であることを理解していた。1905年、ニューヨークのペック・レストランで開かれた数ある社会主義者の会合の中で最も印象的だったのが、インターカレッジ社会主義協会（ISS）の結成であった。アメリカのフェビアン社会主義者が教育システムを乗っ取るための橋頭堡となったのだ。

フェビアン協会がアメリカの教育を社会化するために選んだのは、ニューヨークのコロンビア大学教授で哲学者のジョン・デューイであった。デューイは、進歩的（社会主義的）教育の父として知られ、彼が会長を務めた産業民主化同盟（LID）などのマルクス主義組織と連携していた。デューイは、一般教育委員会が支援するマルクス主義・リベラリズム教育の温床となっていたティーチャーズカレッジのリンカーン校で教えていた時に、初めて社会主義階層に注目されるようになった。

ここでデューイは、ネルソン・アルドリッチやデービッド・ロックフェラーと知り合った。その中で、デューイは、デイヴィッドが徹底的に社会化され、心から自分の哲学を受け入れてくれたと語ったと言われている。非米国人委員会はデューイを15のマルクス主義のフロント組織に所属しているとリストアップしている。数年後、ロックフェラーはデューイをニューヨーク州知事に任命し、外交問題評議会（CFR）のメンバーにも任命した。デューイはその後、ほとんどの政治的役職に就いたが、最も大きな被害をもたらしたのは、ネルソンとデビッド・ロックフェラーによる社会主義とマルクス主義の洗脳だった。その後、最高裁での「宗教条項」の学校裁判と戦うために数百万ドルが寄付され、教育を弱め、アメリカの学校制度を社会主義ウイルスに感染させたのだ。

米国憲法修正第10条は、教育、保健、警察の保護に関する警察権を州に留保しています。連邦政府の権限は、州から委譲された権限である。米国憲法の修正条項の最初の10項目は、権力の禁止であり、最も厳しいのは、教育は州の責任であるというものである。

フローレンス・ケリー（本名ウェシュネヴェツキー）が宣言したように、彼らが立法を進展させるまでは、アメリカのフェビアン社会主義者は、いかにもフェビアンらしいやり方で、アメリカの教育を弱体化させるために活動することになったのである。ペック・レストランで開かれた大学間社会主義協会（ISS）の会合は、進むべき方向を明らかにしないまま、教育を浸透させ、浸透させるための最初のゆっくりとした一歩であった。ISSの形成が一見ゆっくりで、ほとんど躊躇しているように見えることを思い起こすと、それを生み出したのと同じアメリカのフェビアン社会主義運動が、今日、我々の教育システムを毛嫌いして疾走していることが信じがたいのです。

また，ダグラス判事，フェリックス・フランクフルター，フランク・マーフィー，ウィリアム・J・ブレナン，アーサー・ゴールドバーグ，ヒューゴ・ブラック判事，エイブ・フォータスなどのように考えた人もいた。ダグラス、マーフィー、ブレナンの3人は、熱心な社会主義者であると同時に、フリーメイソンの高位に位置していた。1910年から1930年にかけて、最高裁は、少なくとも20年間不在だった、いわゆる「宗教条項」による学校教育裁判に深い関心を寄せるようになったのである。この時期、アメリカの教育制度は最もダメージを受け、それまで問題外だと思われていた社会主義の大侵入を許してしまったのだ。

最高裁が宗教教育、特に学校での祈りを禁止した一方で、メーソンの同胞たちは、社会主義的なメーソン文学を学校に浸透させ、それを浸透させることに大きな成功を収めたのだ。1959年、フランクリン・W・パターソンは、オレゴン州ベーカーにある高校の校長を説得し、社会主義的な教科書を学校で使用するようにした。ノースカロライナ州でも同様で、シャーロットのすべての学校の教室にメーソン社会主義者の文献が配布された。

下院銀行委員会のルイス・T・マクファーデン委員長はこう言っている。

「教育に関して、フェビアン・イルミナティは、18世紀にバイエルンのイルミニズムの推進者であるニコライが提案した理論にほかならない。国内の教育委員会の地位を得たフェビアン社会主義者たちは、自分たちの教育的、脱キリスト教的原則を学校のカリキュラムに組み込むことが非常に容易になったのである。宗教教育に対する彼らの攻撃は、1902年の教育法案に見られるように、微妙ではあるが致命的であった。"

彼らは公然と数人の司教や神学者を仲間に持つことを自慢しており、そのリストのトップは、元祖フェビアンの一人であるヘッドラム司教である...。フェビアンの教育プロジェクトには、「保育所」教育グループの形成がある。保育所は、潜在的な若い社会主義者のための訓練学校のようなものである。(アーカンソー州のクリントン知事は、社会主義的な「知事学校」をこのモデルにした)...。しかし、教育の分野でフェビアンたちがとった最も重要な措置は、既存の大学に「社会主義大学協会」を発足させたことであった。教育におけるフェビアン勝利の頂点は、ロンドン大学のロンドン・スクール・オブ・エコノミクス・アンド・ポリティカル・サイエンスの設立であり、その主要講師の一人が、現在社会主義者のハロルド・ラスキである...」という。

社会主義者の計画は、教育の分野にウイルスを感染させ、それが広がって社会秩序を根本的に変えることを期待したと言える。この「ウイルス」は、「社会科」や「社会科学」の脊髄に侵入し、すべての学問を左傾化させるものであった。これは、1936年の第14回年鑑に記載された全米教育協会の大前提であり、社会主義教育者がそこから逸脱することのない立場である。"我々は、個人の社会化に賛成する"。

このように考えると、1920年代、イナゴの群れのように全米を席巻した社会主義者たちは、1848年の『共産党宣言』の思想をできるだけ多く教育法で実現しようと考えていたのである。彼らは、フローレンス・ケリーが言うところの「立法行為」によって、憲法を回避することを望んだ。1927年2月23日の議会記録4583-

4604ページ、「一般欠損金充当法案」の見出しの下に、彼らの方法の概要が記されている。

> "...共産主義者グループは、子どもたちに、秘めたる憎しみや抑圧された怒りを意識的な闘いに変える方法を教えなければならない……。最も重要なのは、学校規律の圧制との闘いである。"

ジョン・デューイとその支持者たちは、教育の深さは語彙力に比例することを知り、学校での語彙の習得を制限しようとしたのである。語彙は、たとえ辞書からしか教えられなくても、子どもたちに教えるべきものです。公務員志望者には英単語テストを課すべきであり、これを国家公務員志望者にも拡大することができる。生活保護申請者にも英単語テストを義務付けるべき。これは、教育における社会主義の効果を否定し、社会主義の体制を支える「生活保護受給者」である平凡な大人に成長する大多数の平凡な子どもを生み出すという社会主義の目標を阻止することになるのだ。

もう一つの得意技は、無責任な支出によって国家の実質を浪費させ、「破壊的」な状態を作ることである。これは、高等教育費を着実に増加させる効果があります。ジョン・メイナード・ケインズの政策の累積的な効果は、大学に進学しない学生や学費が高すぎるために退学する学生の数に表れている。こうすることで、将来のリーダーとしての資質を持つ学生を、意図的に、そして計画的に減らしているのです。

社会主義的な「教育」の全体的な考え方は、平凡さを促進しながら、知能をできる限り小さくすることである。もちろん、彼ら自身が優秀な社会主義者から選び、ローズ奨学生としてオックスフォードの「フィニッシング・スクール」に送り込んだ将来のリーダーには適用されない。共産主義と社会主義を混同させる手段としての教育についての優れた文献が、1884年6月26日の議会記録、下院、336ページ、付録に掲載されている。

> "知性
> "は我々の政治形態の礎であると信じており、だからこそ

私は大衆教育を強く支持しているのです。ダニエル・ウェブスターは、「わが国の栄光の堂々たる柱を高めたのは知性であり、それが灰燼に帰すのを防ぐことができるのも知性である」という言葉で、その真意を歴史が証明している。情報の発信は政府でなければならない。それは、一方では政治的、財政的権力の集中化に対する保護となるだけでなく、他方では共産主義、ニヒリズム、革命的傾向に対する安全で確実な防衛となる。"と述べた。

しかし、人口の密集、富の蓄積、ある種のフェミニズムによって、新たな危険が出現している。教育と知性に頼って、できる限り対抗しなければならない。"蒔いたものは刈り取る
"は、男性だけでなく、国家にも当てはまる。キリスト教の宗教に次いで、人間の最大の文明人は学校である。公立学校は他のものと同様に批判されているが、より良いものが考案されるまでは、その維持・延長に賛成である......」。

この名演説は、アーカンソー州のジェームズ・K・ジョーンズ氏のものである。1800年代には、現在の国会議員よりもずっと進んでいたことがわかります。また、社会主義者が自分たちの邪悪な目的のために教育を乗っ取らなければならないと感じる理由、そしてキリスト教を否定する必要性を感じる理由も、最も明確に示しています。道徳、教育、宗教が密接に関係していることは明らかであり、社会主義者たちはそれを知っているのです。

社会主義者たちは、自分たちの最も重要な主人公の一人であるヒューゴ・ラファイエット・ブラックを最高裁判事に任命することに成功したのだ。ユニテリアン（神をも恐れぬ）教会のメンバーであり、フリーメイソンでもあるブラックは、上院のすべての規則に違反しているため、承認されるべきではなかったのである。ブラック氏の就任がもたらす深刻な事態を、ウィリアム・ボラー上院議員（ID）とウォーレン・オースティン上院議員（NH）は指摘した。最高裁判事の給与を引き上げる法律が制定された時、ブラックは連邦議会議員であったため、憲法上資格がなく、連邦議会議員としての

給与を上回る地位に昇進することはできないと指摘したのだ。

この点については、憲法が完全に明示しています。

> 「上院議員または下院議員は、当選した期間中、米国の権限の下に新設された公務員、またはその報酬が増額された公務員に任命されないものとする。

ブラックの就任当時、国会議員として10万9千ドルの給料をもらっていたが、裁判官の給料は年間2万ドルに引き上げられていた。しかし、この明らかな法律違反にもかかわらず、ルーズベルトの司法長官ホーマー・カミングスは、ブラックの最高裁判事就任は合法であると判断したのである

社会主義者とメイソンの同盟は、ブラックが自分たちの目的に共感し、「宗教条項」に基づく教育事件では必ず自分たちに有利な判決を下すと知っていたので、ブラックを最高裁に必要とし、ブラックへの信頼は十分に報われた。ブラックは、サミュエル・ウンターマイヤー、スコフィールド、グンナル・ミルダール、アール・ウォーレン判事、ルイス・D・ブランディス判事、ルーズベルト、フローレンス・ケリーらと連携し、教育を社会主義の支配下に置こうと考えていた。

この国の最高法規であり有機的法規は、キリスト教聖書の教えに基づく法律である。それに従わないことで、アメリカの最高裁は越権行為をしているのです。最高裁の判決に基づく現代の教育は、聖書の法則に違反している。学校や大学は、若者を監視下に置かず、最も危険な場所となっています。社会主義者が優位に立った方法の一つは、宗教学校、特にカトリックの学校を認めないことであった。

この場合、不法に任命されたヒューゴ・ブラック判事は、いわゆる「宗教条項」に基づいて合衆国憲法の敵が起こした事件を裁く上で、非常に貴重な存在であった。ブラックは、過激な反カトリック主義で知られ、学校教育全般に反対していたが、裁判ではメイソンの「原則」に忠実に従った。実際、そのほとんどはメイソン文献から直接引用されたものであっ

た。ブラックが判断の根拠とした「原則」の中で、最も注目されたのは次のようなものだった。

　　原則1：「すべての国民のすべての子どもに公教育を」。

　　原則5：「教会と国家の完全な分離、および宗派や私的機関を支援するために公的資金を直接または間接的に充当するいかなる試みにも反対すること」。

憲法の腐敗を扱う章で述べるように、ブラックの任命から2年も経たないうちに、最高裁は大きく左折し、ジェファーソンの宗教自由法案という全く誤った前提に基づき、宗教学校に対する州の助成を違憲と宣言した。この法案は憲法にはなく、バージニア州に留保されていた。こうして、欺瞞と完全な詐欺に基づく、完全に違憲な「政教分離の壁」が誕生したのである。

宗教学校に対する「連邦政府」の援助問題は、1940年にグラハム・バーデン下院議員によって再び提起された。バーデンは社会主義者のフリーメイソンであり、この先、メイソンと社会主義がいかにアメリカの教育を破壊するために結びついたかを見ていくことになる。バーデン法案の意図は、社会主義を自由に教えられるように学校を管理することであった。これを確認したのは、クコイド・H・博士である。ジョージ・ワシントン大学学長のマービンは、1944年5月11日付で下院の戦争退役軍人委員会に宛てた書簡の中でバーデン氏がやろうとしていたのは、退役軍人が希望すれば神学校、特にカトリックの神学校に通う権利をなくそうということだった。バーデンは、1941年にフリーメーソンと社会主義の道具であるフェビアン教育協会代表者会議に出席したことがある。

マーヴィン博士によれば、公立学校は存在すべきではない。彼の言葉を借りれば、"通常の教育政策に干渉するために2つのシステムを維持することはできない
"ということだ。これは、教育協会代表者会議の原動力として、メーソンの記録の中でも最も明確な事例の一つであった。表向きはG.I.法案の審議が中心であったが、それでもその影響は非常に広く、下院議員は、この法案を「G.I.法案」と

呼んだ。バーデンは、G.I.法案を通じて大学に通う退役軍人の手から、私立の宗教学校を締め出そうとしたのだ。

マーヴィン博士は、普通の教育者ではなかった。彼は生涯社会主義者で、33度のメーソンであった。ジョージ・ワシントン大学では、フリーメイソンのスコティッシュ・ライトから受け取った10万ドルの助成金によって、強力な影響力を行使することができた。マーヴィンは、ヒューゴ・ブラック判事という友人を見つけた。彼は、最高裁での地位をメイソンに負っていた。ブラックが上院を去った後、社会党はブラックの後任として、社会党の常連でフリーメーソンに傾倒していたアラバマ州のリスター・ヒルを上院議員として擁立した。長年にわたり、ヒルは公立学校、特に宗教学校に対する連邦政府の資金援助を阻止することができた。ヒルは、「議会名簿」第79回連邦議会第1会期、1985年8月、18ページに、32度のメイソンとして掲載されている。

教育に対する社会主義者の圧力は、全米教育協会（NEA）ほど強く現れているところはないだろう。GIビルの成立に伴い、公立学校に対する連邦政府の資金援助を無条件で撤廃しようとする試みが再び起こり、その条件はNEAの手に委ねられたままであった。1945年1月10日、NEAは、公立学校への連邦政府の資金援助を認めないという新しい法案を提出した。この法律は、ヒューゴ・ブラック判事が起草したものです。この措置の目的は、直接的な排除ではなく、省略することによって、NEAの望ましい目標を達成することにあった。巧妙に作られた法案である。1940年、いわゆる「政教分離」の法律が作られた時も同じ手腕が発揮された。

1935年から1965年まで最高裁を支配した社会主義・ユニテリアンの判事たちの判決によって、公立学校でのキリスト教教育プログラムは事実上禁止されたのである。1940年代の戦時中のヒステリックな雰囲気の中で、連邦政府が教育に干渉することは、明らかに憲法修正第10条に違反することを誰も指摘することができなかったのである。いわゆる「政教分離」に対する裁判所の遠大な判断は、憲法にない全く違法なものであった。学校での宗教指導の根拠を崩すために使われた「

政教分離」に憲法上の根拠はないのです。

私たち国民の憲法上の権利を強く攻撃するこの偏った法律を受け入れたことは、アメリカの教育の質に直接影響を与え、この詐欺的で違憲な決定の直後に崩壊したのである。そして、アメリカの教育は、「女性の権利」「市民の権利」「同性愛者の権利」という、存在しないあらゆる「権利」を教えることに侵されていった。学校での宗教教育が禁止され、ジョン・デューイによる「ヒューマニズム」が導入されると、ほぼ同時に凶悪犯罪が激増した。

キリスト教を建国したアメリカは、誘拐され、身代金を要求され、レイプされ、社会主義の野蛮さの犠牲になり、殴られて傷つき、1990年代にやっと膝をついて這い上がれるようになった、建国の父たちが目指した国とは、およそかけ離れたところにあるのです。正しいアメリカ共和国に対するこの野蛮な攻撃では、初年度からメーソンの社会主義的な教育支配が主役となったのである。

子どもたちは、1年生、2年生、3年生と、小学校で学び始めることが、何度も証明されています。しかし、下層階級の家庭では、親は必ずと言っていいほど子供に読書をさせず、その結果、読書が苦手な子供は犯罪に手を染めることになる。例外は常にありますが、「マイノリティ」の目隠しにとらわれない教育関係者は、上記のことが概ね正しいことを認識しています。

社会主義者とハリー・トルーマン大統領の腐れ縁で、「分離ではなく平等」教育の教義である「プレッシー対ファーガソン事件」が、裏ではそれを支持すると言いながら、トルーマン大統領によって損なわれたのである。トルーマンも連邦政府も、教育問題に口を出す権利はない、というのが本当のところである。連邦政府は教育への介入を禁じられており、教育はあくまで州のものである。

我が国の教育が恐ろしく衰退した原因の一つは、1943年10月5日にニュージャージー州最高裁に提訴された「エバーソン対教育委員会事件」という画期的な裁判にある。この事件は

、1940年にグラハム・バーデン下院議員が、政府から補助金を受ける宗教学校について提起した問題が発端となっている。エバーソン事件は、バーデン氏の失敗した法案を復活させたものである。先に述べたように、社会主義者は、合衆国憲法を、この国の人々を社会主義化するという彼らの熱烈な欲望を妨げる最大の障害と考えて、それを覆す努力を執拗に続けている。

エバーソン事件とは、ニュージャージー州がユーイング町に対して、宗教学校を含むすべての学校への（義務教育ではなく任意の）学童の送迎費用の負担を認めたというものである。原告のArch Eversonは、宗教学校に通う子どもたちへの交通費支給に反対していました。このとき、フリーメイソンとアメリカ自由人権協会（ACLU）が支援したが、ACLUは州裁判所の手続きには関与しなかった。表向きは、この手続きにおけるEverson氏への異議申し立てにとどまっています。社会党は、エバーソンが勝訴した場合、今後計画している教育における「宗教条項」に対する攻撃の前例とするために、この裁判に勝つ必要があったのである。

この訴訟はニュージャージー州最高裁で審理され、ユーイング町がすべての学校に通う子どもたちの交通費を負担し続けることが認められました。エバソンさんは、ACLUやメイソン協会に支えられ、最高裁判所に訴えた。ブラックにとっては、憲法への無知とキリスト教への偏見を示し、社会主義に打撃を与える一世一代のチャンスであった。最高裁はニュージャージー州に対して判決を下し、ACLUは「法廷の友」として堂々と出てきた。ACLUの準備書面は、数年前にエルマー・ロジャーズが引用したメイソンの言葉を事実上そのままコピーしたものであった。メイソンの言葉との重ね合わせで、ACLUのブリーフはほぼ完成形となった。

同裁判所の多数決は、ヒューゴ・ブラック判事によって書かれた。社会主義者とフリーメーソンで埋め尽くされた法廷は、いわゆる「連邦政府」の援助を受けている学校でキリスト教の信仰を教えることに激しく反対する、そのメンバーの偏

見に反する判決を下すことはできなかっただろう。

1946年以前は、「教会と国家の壁」が法律論に使われることはほとんどなかった。結局、それはジェファーソンの言葉に過ぎず、憲法にはないシンプルなフレーズだった。しかし、エバーソン事件でヒューゴ・ブラック判事が最高裁に昇格し、特に原告のエバーソンに有利な判決を下した後、裁判所は特にキリスト教に対して、また一般に学校での宗教教育に対して侮辱の嵐を繰り広げるようになった。

裁判所は、学校での祈りを違法とし、聖書の口頭朗読を禁止し、無神論と世俗的ヒューマニズムを修正第一条の下で保護される宗教と宣言し、校庭での祈りの礼拝に子供たちを参加させるという習慣を打ち消した。クリスマスキャロルの歌など長年の伝統と習慣に反し、教師による宗教教育を禁止し、法律の章で述べるように、憲法を超えているのである。最高裁は、ジェファーソンが発した「政教分離の壁」という憲法上の価値のない言葉を憲法に挿入し、アメリカ合衆国を、建国の父たちの意図とは確実に異なる、キリスト教の宗教が国政でいかなる役割を果たすことも許されない社会へと変貌させた。

ブラックは、あまりにあからさまな偏見を持っていたため、同僚の裁判官たちから不愉快な言葉を書かれることもあった。1948年3月9日の日記で、フランクフーターは、ハロルド・O・バートン判事が「ブラックやダグラスのような、変態になりうるだけでなく、変態である人間の悪質さを全く理解していない」と書いている。このことは、エバーソン事件で明らかになった。ブラックは、宗教はわが国の生活に一切関与すべきではないという偏見とキリストを憎む決意を示したのである。この腐敗はエバーソンに始まり、ブラウン対教育委員会、そして必然的にロー対ウェイドと続いた。ロー対ウェイドは、今日まで、フェビアン社会主義者が成し遂げた合衆国憲法とアメリカ国民に対する最大の勝利と勝利のままである。最高裁はブラックの出現で腐敗し、それ以降も腐敗したままだ。

エバーソン判決ほど、憲法9条違反が明確なケースはないだろう。憲法9条は、憲法に定められていない法律の事柄に裁判官が自分の考えを取り入れることを禁じている。これをプリ・エンプション（先取り）と呼ぶが、ブラックとその同僚判事たちがエバーソンで行ったのは、まさにこれである。自分たちの胡散臭い偏見に合わせて憲法をねじ曲げ、圧縮し、社会主義者の石工に味方して、憲法を完全に汚してしまったのです。

社会主義者は、カンザス州トピカ市のブラウン対教育委員会を最高裁に提訴しようとしている。ヴィンソン判事はトルーマンに、ブラウン対教育委員会が決着し、「分離ではなく平等」な教育が維持されるだろうと告げていた。ヴィンソンは、それが事実でないことを十分承知でやったのだ。社会主義者で33次のフリーメイソンであるアール・ウォーレン最高裁判事がブラウン対教育委員会の判決を読み上げたとき、聴衆は驚きの声を上げた。その中には、裁判所がプレッシー対ファーガソンを支持したことを聞きに来た、事情通の聴衆もいた。

あの日、法廷にいた者の中で、「標準化」「社会化」教育が、これまでで最もあからさまな憲法違反で、大きな打撃を受けたことを理解できた者はほとんどいなかっただろう。社会主義者のフローレンス・ケリー（Weschnewetsky）が提唱した「立法措置」によって、憲法を迂回しようとする試みが過去に何度かあったのは事実である。1924年、米国憲法修正第10条に違反する意図と目的で、ボルシェビキ・ロシアの共産主義教育省からその名を取った教育省の創設を目指した法案が提出されたのである。アメリカでもソ連と同じように、教育を「国有化」「標準化」「連邦化」しようというのである。

この法案は、アメリカのすべての子どもたちに同じ「標準化」された教科書を読ませることを目的としていた。その中には、マルクス主義、社会主義、レーニン主義の教科書が十分に含まれており、子どもたちが学校制度から、一つの世界政府-

新世界秩序に向けて行進できる、小さな社会主義者として出てくるようにするためのものである。フェビアン協会の代表的な社会主義者たちは、アメリカでは、土地の広さ、地理、気候、地元の習慣、地元の教育委員会のために、教育の標準化が社会主義への自然な障壁を打ち破る最も早い方法であると常々言っている。ウェッブは、社会主義にとって多様性が問題であることに気づいていた。アメリカには多様性が豊かに存在し、マルクス主義、共産主義、社会主義が浸透しにくい国になっている。

だからこそ、建国の父たちは、その先見性と知恵で、教育の権限を州の手に残し、連邦政府には立ち入らせないようにしたのである。この国家教育制度は、国家の無政府状態やニヒリズムに対する安全装置であった。そのチャンスは、ジミー・カーター大統領と上下両院の扇動者たちが、憲法修正第10条に違反して教育を連邦化する法案を押し通すという裏切り行為によってもたらされたのである。その結果、違法な米国教育省が誕生したのである。

カーターは、大規模な反逆と扇動を行った大統領として歴史に名を残すことになるだろう。"私は嘘をつかない"と言ったカーターは、州が独自に教育を決定することを妨げ、国民からパナマ運河を奪う社会主義的な法律の実施に乗り出しました。米国憲法修正第13条、第14条、第15条は批准されていないため、これらの修正条項に基づいて議会が可決したいかなる法案も、憲法の支配と範囲を超えています。ウィリアム・H・オーエン博士もカーターを愛したことでしょう。オーウェンは、イリノイ州シカゴのシカゴ師範大学の学長であり、1923年6月23日にサンフランシスコで開催された世界教育会議にNEAの代表として選ばれた人物である。演説の中で彼は、とりわけ次のように述べた。

> "...私たちが何を書いても、何を言っても、世界は、社会統制の一形態としての教育が、軍隊、海軍、政治的手腕に匹敵するとは思っていない..."と。私たちは、軍隊に匹敵する社会統制の一形態として教育ができることを実証する建設的な教育プログラムを共有するために時間と

労力を割くべきです...」と。

特に、社会主義者ウッドロウ・ウィルソンの出現で、その政権は飛躍的に社会主義者を集め、今日まで社会主義者だらけのクリントン政権があり、実際、イギリスの社会主義労働党政権とほとんど変わらないのである。建国の父たちは、ウィルソン、ケネディ、ジョンソン、カーター、ブッシュ、クリントンのような社会主義者のエージェントや、「教育者」を装ったオーウェンのような社会主義者が、扇動的な「教育」プログラムを通じてわが国を左傾化させようとする時代を予見し、教育の権限が連邦政府に制限されないようにするために賢明だったのである。

しかし、最高裁を利用して憲法を回避することは、建国の父たちが予見し得なかった危険な展開であった。彼らは、当時、裏切り者が存在することは知っていたが、アール・ウォーレン最高裁判事のような人物が現れ、憲法を嘲笑するようになるとは知り得なかったのだ。ウォーレンは、米国憲法修正第14条を「何でもあり」にしたと言われている。ブラウン対教育委員会事件という忌まわしい判決が「法律」となったのは、このような恐ろしい裏技、未承認の修正案、そして反乱を企む判事によって抑圧された最高裁によるものであった。

ウォーレンは、グンナル・ミルダール博士が発掘した偏見に満ちた社会学的データを利用したのである。

教育省は、教育の統制を州から奪い、アメリカの教育を、ソビエトシステムを基礎とした新しい政治秩序を推進する社会主義者のやり方で、一つの世界政府-新世界秩序-につながる、社会主義の形式で子供たちが成長し政治指導者になることを保証するシステムに置き換えるために作られたのだ。

ウォーレン裁判所がブラウン対教育委員会で行おうとしたこと、そして他の最高裁判事も同様に行おうとしたことは、修正14条の第1節を憲法全体から分離し、彼らが読みたいものを何でも意味できるようにすることである-これは修正9条で禁じられている古典的な偏向である。憲法

のいかなる部分も、憲法全体に照らして解釈されなければならず、断片化することはできない。スローターハウスの判決は、ウォーレンがブラウン対教育委員会を観察していれば、ウォーレンの誤りを示していただろうに、それをあざ笑うかのようなものであった。

ウォーレン判事は、屠殺場判決を読まないことにして、1964年の公民権法を根拠にブラウン対教育委員会の判決を下したのである。これについては、憲法の章でより詳しく説明する。ブラウン対教育委員会事件では、アメリカにおける教育の共産化が行われた。トーマスが怒りを爆発させた、子供を地元から強制的に移送することと、政治犯をシベリアの収容所に移送すること、あるいは入植者を裁判のためにイギリスに移送することの違いは何だろう。

違いはない！？黒人も白人も、子どもたちは自分の意思に反して他の場所に移送されている。これは生命、自由、財産の侵害であり、ブラウン対教育委員会が子供と親に否定したデュープロセスの侵害でもある。この点だけでも、ブラウン対教育委員会は100%違憲である。社会主義教育者とその友人の社会主義的デザインを達成するために、なぜ親と子供が憲法修正第5条の権利の侵害を受けなければならないのでしょうか？私たちの子供たちは、人種を理由に、マグネットスクールやパーリングスクールなどに地域外に移送され、「残酷で異常な罰」を受けています。陪審裁判も正当な手続きもなく、全体主義的、共産主義的な「法律」のもと、ただバスに押し込められるだけだ。

子供とその親は州の市民である、FIRST：第4条第2節第1部。各州の市民は、いくつかの州の市民および米国市民のすべての特権および免除を受ける権利を有する。第2項
各州の市民は、各州の市民および米国市民のすべての特権および免除を受ける権利を有する。修正14条は批准されなかったとはいえ、連邦政府に対する制限であることに変わりはないので、州は主権を保持し、連邦政府から教育に対する課税を受けることはできなかったのである。

学校における宗教に関わる裁判で、アメリカ自由人権協会（ACLU）に有利な判決を下すよう、裁判官には大きな圧力がかかっているのです。ACLUはこのような準備書面を23通提出し、フェリックス・フランクフルター判事が審理する事件では、いつもACLUに有利な判決を下している。ACLUの味方の一人は、ヒューゴ・ブラック判事が会員であるユニテリアン教会のデイヴィス牧師である。宗教条項」の学校裁判について、デイヴィスは次のように語っている。

> "聖パウロの自由
> "のように、信教の自由は高い値段で買わなければならない。そして、それを最も完全に行使し、憲法の条項で世俗主義を混ぜた宗教教育を子供たちに主張する人々にとって、その代償は他の人々よりも大きい…。信条的な宗教は時代遅れで、その主張の根拠は昨日で失効している。"

ヒューゴ・ブラック判事は、アメリカの最高裁を社会主義者の判事で埋め尽くすことに100%賛成しており、ルーズベルトとトルーマンはそれを確実に実行したのである。

ヒューゴ・ブラック判事は熱心なフリーメイソンであり、教育におけるメーソンテントにも熱心であったと思われる。

> 「これに加えて、学問のある文学会の形態が我々の目的に最も適しており、もしメーソンが存在しなければ、この隠れ蓑が採用されたであろうし、我々の手にかかれば隠れ蓑以上の強力なエンジンになり得る。読書協会や図書館を設立し、我々の指揮下に置き、我々の仕事を提供することで、大衆の心を我々の望む方向へ動かすことができる…」。隅々まで庶民を味方につけなければならない。私たちは主に学校の手段によってこれを達成し、彼らの偏見に対するオープンで温かい振る舞い、人気、寛容さによって、ゆっくりと偏見を駆逐し、払拭していこう……」。教育や教会運営の方向性を獲得しなければならない。"プロの説教壇と祭壇から"。

本当に驚くべきことは、ベアトリスとシドニー・ウェッブの文章を、メーソンの教育観と重ね合わせてみると、ほとんど

同じであることがわかるのですアメリカの教育に対する攻撃は、世界最高の洗脳施設であるタヴィストック人間関係研究所とその「教育者」であるカート・ルイン、マーガレット・ミード、H・V・ディックス、リチャード・クロスマン、W・R・ビオンによって行われた。このようなアメリカ共和国の敵が、無邪気で疑うことを知らない国民に解き放たれ、教育に悲惨な結果をもたらしたのである。

アメリカの学校における彼らの「新しい科学」プロジェクトには、自慰行為、同性愛、女装、売春、異国宗教、カルト、宗教原理主義などの研究が含まれていた。

1870年のいわゆる「公民権法」は、アヘン密輸業者やハリマン家のような鉄道王が連れてきた中国人に特別に適用されるもので、憲法修正第15条が正しく批准されなかった今日、何の影響もないはずである。憲法修正第14条第1項の「法の平等な保護」が、すべての人が同じレベルの知能を持つことを意味するとほのめかすのは、最悪の星の数ほどいるリベラル派でさえも真に受けられないことなのです。しかし、それこそが、ブラウン対教育委員会が行おうとしたこと、つまり、すべての人の心を平均的なレベル、あるいは平均的な水準に平準化することなのです。これはブラウン対教育委員会の核心であり、行動する平等主義である。

教育における扇動は、メッテンバウム上院議員やシューマー下院議員が行った扇動と同様に、「銃規制」のような現実がある。教育を曲解することによって、まず連邦政府教育省の設立によって、そしてブラウン対教育委員会の命令による最高裁の行動によって、反逆と扇動が起こっているのである。アメリカの教育システムを破壊し、マルクス主義・レーニン主義・社会主義のシステムに置き換えることは、国家を内部から腐らせる結果になるのです。世俗的ヒューマニストであるウォーレン判事は、ブラウン対教育委員会を「法律」にすることを許したとき、反逆罪の罪を犯したのです。

全米教育協会（NEA）は、100％社会主義・マルクス主義の組織である。その最初の仕事は、学校から歴史、地理、公民

の適切な教育を排除し、代わりに親共産主義の社会科を設置することであった。NEAは、1920年代からアメリカの教育を弱体化させることに積極的に取り組んできた社会主義者の組織である。1954年、アール・ウォレン判事がエイブ・フォータズ流に「アレンジ」して起こした「ブラウン対ボード教育裁判」の先陣を切ったのは間違いなく彼らであった。

アメリカの学校が社会主義者に乗っ取られ、新しいカリキュラムが導入され、子供たちはソープオペラや無意味な「環境問題」などのコースを信用されるようになったのです。「タヴィストック研究所は、アメリカの教育を伝統的価値観から遠ざけるために、4000人の新しい社会科学者を採用しました。その結果、10代の凶悪犯罪、学校犯罪、レイプが激増したのです。この統計は、タヴィストック研究所のメソッドが成功していることを反映しています。

社会主義者が採用した「教育者」の中には、スウェーデン出身の社会主義者グンナル・ミルダール夫妻がいた。ミルダール家は、社会主義／マルクス主義の思想に忠実であったという長い歴史がある。ミルダール博士は、ジュネーブの国連欧州経済委員会で、社会主義者を自認するウォルト・ホイットマン・ロストウの助手として働いていたことがある。ロストウの反逆的な活動は、本書の他の章で語られている。ミルダールは、ロストウに入社する前、スウェーデンで貿易大臣を務めていた。このとき、社会主義的な支出スタイルで、スウェーデン経済にほとんど回復不可能なダメージを与えたのだ。

ミルダールは、社会主義者のカーネギー財団から25万ドルの助成金を得て、アメリカの人種関係に関する研究を行うよう選ばれた。スウェーデンには黒人がいないため、ミルダールには黒人の経験がなく、彼の研究は偏りがないと考えられていたのだ。ブラウン対教育委員会事件で使用される調査結果を出すためだったのだ。ミルダールは、黒人が教育で不当な扱いを受けているという、まったく不正な社会的・政治的知見を満載した報告書を作成したのである。ミルダールの発見は、穴だらけであった。

さらに、ミルダールは、利害関係のない科学者であるどころか、アメリカ憲法をにっきりと敵視していた。

> ほとんどフェテノシズム的なカルト...150年前の憲法は、多くの点で実用的でなく、現代の状況にはそぐわない...」と。現代の歴史研究は、憲法制定会議が国民に対する謀略に過ぎなかったことを明らかにしている...。つい最近まで、憲法は民意を阻むために使われてきた。"

ミルダール夫妻は、社会主義者ベンジャミン・マルツベルガーの後援のもとアメリカを視察した。ミルダールは、アメリカ人を「福音主義宗教に支配された狭量な白人」、南部の白人を「貧しく、無学で、無礼で、汚い」と揶揄する発言を数多くした。ブラウン対教育委員会事件で、アール・ウォーレン最高裁判事が判決を下すことができたとされる「公平な」社会学的レポートを書いたのもこの人である。

1920年代から1950年代にかけて、アメリカの教育制度を破壊しようとした社会主義者の大キャンペーンが行われた背景には何があったのだろうか。社会主義教育の高官であったエリック・トライストは、「新しい心によってのみ、人類は自らを作り直すことができる」と述べている。そして、ミルダールも言っているように、「学校より良いスタート地点があるだろうか？".

ブラウン対教育委員会を最高裁に提訴するために、NAACPは社会主義のフロント組織であるPolitical Action Groupやフリーメイソンなど様々なところから1千万ドルを受け取った。NAACPの弁護士は、フローレンス・ケリーとメアリー・ホワイト・オヴィントンから詳細な指示を受けた。ケリーは、何百もの社会学的意見からなる「ブランダイス・ブリーフ」の創始者であり、その多くは2ページ以下の法的参考文献で占められていた。ブランデイス・ブリーフ方式は、今後、最高裁が憲法問題を含むすべての事件を判断する方法であった。

アメリカの社会的に腐敗した学校のカリキュラムは、憲法を教えていない。もし子どもたちが憲法について教わるなら、

憲法は連邦政府や、その制約を受けなければ暴君になろうとするジョージ・ブッシュやビル・クリントンのような大統領に対する最初の防御として存在することを教えなければならないだろうからだ。社会主義教育者の目標は、すべての市民の生命、自由、財産を保証する憲法の保障措置を徐々に侵食し、全体主義的な社会主義に置き換えることである。

聖書に基づいた教育システムだけが良いのです。他のすべてのシステムは、人間が設計したものであり、したがって、必然的に不完全でなければならない。私たちの学校は、社会主義の防波堤にすることを人生の主目的とする、深い影響力を持つ人々の手に落ちてしまったのです。それを支えているのが司法である。その目的は、学校で教えることの焦点と方向性を変えることによって、真の社会主義スタイルで、ゆっくりと、社会主義／マルクス主義政府へと移行することである。社会主義者が過去30年間と同じように進歩し続ければ、2010年には、国家警察をバックにした社会主義独裁の中央集権という秘密のアジェンダを問題視しない若者と中年国民が誕生するだろう。

明らかに、社会主義者がすでに達成した目標のひとつは、読書への関心の欠如である。アメリカの子どもたちが、たとえばロンドンの大英博物館やパリのルーブル美術館の図書館に入れられたら、まったくお手上げだろう。偉大な作家や芸術家は、彼らにほとんど何も言うことはないだろう。本は、歴史の始まりの頃のように、子どもたちの友だちではありません。私たちの教育システムはそれを見抜いているのです。ディケンズでさえ、ほとんどのアメリカの学生にとっては見知らぬ人である。

真の教育の欠如は、子供や若者が映画やロックミュージックにインスピレーションを求めるようになり、それは意図されたものである。この陰湿で忍び寄る麻痺に対抗する唯一の方法は、定期的かつ強力に介入することである。1960年代のいわゆる「人種的偏見との戦い」は、若い人たちの心や態度に大きな影響を与えました。過云30年間の学校と大学のいわゆる民主化は、その内部構造を直接攻撃し、その結果、方向性

と焦点を失ってきた。

いわゆる「フェミニスト」運動は、1848年の共産党宣言とGunnar MyrdalとTavistock研究所のニューサイエンス科学者のねじれた思考から直接生まれたものである。その結果、生徒たちは神から与えられた生物学的な性別に疑問を抱くようになるのです。同様に、「歴史」の歪曲は、1990年代にも色濃く残っている。ある小学生が「世界で最も邪悪な人間は誰か」と問われ、迷うことなく「ヒトラー」と答えた。同じグループが、スターリンについて全く何も知らなかった。もちろん、彼が人類史上最大の虐殺者で、ヒトラーが殺したであろう数の10倍もの人々を殺したということも知らなかった。そう言うと、二人は戸惑いの表情を浮かべた。

小学生や学生のヒーローは、歴史上の偉人ではなく、むしろ退廃的で、邪悪で、汚く、薬物に溺れた「ポップスター」が「アイドル」なのである。ベートーベンやブラームスには何の意味もないのだが、「ロック」という醜悪な音楽が流れると、たちまち興味を示す。一方、マルクスは多くの学生に知られていますが、彼が何を目指しているのかはよく分かっていません。私たちの学校の教育では、学習よりも「改革」が優先される段階にまで来ています。1990年代になると、ほとんどすべての教育問題が「改革」という言葉に結びつきます。

性教育ほど「改革」によって大きな変貌を遂げたものはないだろう。共産主義者たちは、最も幼い生徒たちにも性について学ばせるべきだと考えていたのだ。ジノヴィエフ夫人は、ボルシェビキ・ロシアのプロジェクトの責任者であり、それをアメリカに移そうとしたが、1920年代に、まだ社会主義者の裁判官が揃っていない最高裁判所と、アメリカの革命の娘たちの警戒によって阻まれたのである。フェミニスト法廷」の産物は、今や結婚を単なる契約とみなしている。セックスはもはや神秘的なものではありませんから、今日の学生は「自由恋愛」にふける前に、時間をかけて感情的な関係を形成することを望んでいません。これらのアイデアは、ボルシェ

ビキのロシアでマダム・コロンテイによって準備され、アメリカに移植されたことが分かっている。

私たちの欠陥のある教育制度は、社会に適合しない少女を生み出し、10代の少女が関わる犯罪統計は、この言葉の真実を裏付けています。1990年代の若者には、ドラッグ文化が深く根付いている。精神的な問題は、学校から追い出されてしまったのです。今、若い学生たちは、気持ちよければ何でもありの「社会主義的啓蒙主義」に向かっている。

政治学はあらゆる科学の中で最も古く、古代ギリシャにさかのぼる。政治学は正義を愛することを包含しており、人がなぜ統治したいと思うのかを説明するものである。しかし、我々の教育機関では政治学がきちんと教えられておらず、社会主義という変態的なものを教えているのが現状である。もし、私たちの学校や大学で政治学がきちんと教えられていたら、ウォーレン判事は、ブラウン対教育委員会を私たちの喉元に押し付けるような簡単なことはしなかっただろう。こうして、社会主義者たちは、狡猾に、こっそりと、そして欺瞞的に、ブラウン対教育委員会という運命的な判決を導き出し、アメリカの教育を社会主義／マルクス主義／共産主義のチャンネルに方向転換させたのである。

ロックフェラー財団とカーネギー財団は、新科学人類学者マーガレット・ミードとレンシス・リカートからなる研究グループに出資し、聖書の法律に基づくすべての教育政策の見直しを提案した。ミードさんは、報告書にある「教えることの問題」を克服するために、タヴィストック研究所の逆心理学のテクニックを使いました。アメリカの教育に壊滅的な影響を与えたこの報告書は、現在も機密事項として扱われたままである。ミード・リカート研究の成果の1つは、400万人以上の会員を持つNTL（National Training Laboratories）の出現であった。その関連団体の1つが、世界最大の教員組織である全米教育協会（NEA）である。

この組織と何十万人もの社会主義教師の努力のおかげで、世俗的・人文主義的教育は1940年の遅い始まりから一回りする

ことができた。1990年代、社会党は最高裁で多くの素晴らしい勝利を収め、もはや教育を完全に世俗化する意図を隠さなくなった。この新しいプロジェクトは、タイトルを変えただけで、実際には新しいものではないが、アメリカの教育をほこりまみれにし、我々の子供たちを世界で最も無教育な人々の一人にすることになるだろう。

先に、イギリスのサセックス大学にあるタヴィストック人間関係研究所が、国家の経済、政治、宗教、教育において重要な役割を担っていることを紹介した。この組織は、私が1970年代に研究成果を発表するまで、アメリカでは知られていませんでした。タヴィストックは、英国で最も強力な社会主義者の直轄組織であり、英国フリーメイソンと密接に連携している。全米教育協会とは最も密接な関係にあり、その幹部職員はナショナルトレーニング研究所で研修を受けた。教師レベルの教育に「地政学」が入ってきたのは、このレベルである。

この「新」システムは「成果主義教育」（OBE）と呼ばれている。OBEは、子どもたちに、読み書きをきちんと学ぶ必要はない、教育で優秀である必要はない、大切なのはお互いに、そして他の人種の子どもたちとどう接するかだ、ということを教えるのです。

OBEとは？優秀さを罰し、平凡さに報いるシステムである。OBEは、子供たちを、支配的な規範が平凡であるワンランク上の学生にすることを目的としています。なぜ、それが望ましいのでしょうか？国民の大半が最小公倍数レベルの教育を受けている国は、社会主義独裁に舵を切りやすいというのは明白な答えである。OBEの基礎は、ブラウン対教育委員会事件で確立された。この事件は、非常に現実的な意味で、教育レベルを最小公倍数に「固定化」した。

車載器は、アメリカのクリスチャンの子供たちを、親への敬意も国への愛もない異教徒に変え、国家のアイデンティティと愛国心を軽蔑する子供たちにする。国を愛するということが、醜いもの、何としても避けなければならないものに変わ

ってしまう。車載器は、伝統的な家庭生活は時代遅れである
というマルクス主義的な概念を教えている。これはまさに、
1920年代にマダム・コロンテイがアメリカで課そうとしたこ
とであり、社会主義者のベベルとエンゲルスがアメリカの伝
統的な教育に導入しようとしたことである。そして今、その
期待は、OBEを通じて現実のものとなっているのです。

OBEがベベル、エンゲルス、コロンタイ、マルクスの著作を
再現しているのは不思議であり、不愉快ですらある。つまり
、家庭生活と結婚の神聖さの敵のほとんどカーボンコピーで
ある。車載器が提案するシステムは、1848年の「共産党宣言
」にほぼ一字一句違わず見られるのが気になるところだ。エ
バースとブラウン対委員会教育の見事な成功の後、アメリカ
における教育の社会化はハリケーンのように飛び立ち、どう
やら今日、それを抑えるものは何もないようだ、と言うしか
ないだろう。

ブラックやダグラスも、ブランディスやフランクフルター、
アール・ウォーレンも、まだ一緒にいたら喜んだだろうね。
OBEが学校を買収した。今、教師の代わりにいるのは、集団
の意見を受け入れさせ、それを自分たち（ファシリテーター
）が生徒の頭から洗い流すチェンジ・エージェントである。
進行役が主導する「改革」は、子どもたちを親や家族の価値
観に背かせる。教室のグループリーダーは、保護者の代わり
を務めます。そこには常に、満たされるべき「内面の改革」
や「内面のニーズ」という概念があり、この「ニーズ」は、
グループリーダーが言うことであれば、どんな意味でもある
のです。

社会主義の古い手法である「性教育」は、これまでのものを
はるかに超えている。車載器では、官能的なトレーニングを
行うグループペアがあり、乱交が積極的に奨励されています
。歴史認識を促すような試みもない。世界に文明をもたらし
た過去の偉大な指導者については何も教えられていない。今
すぐやる」「気持ちよかったらやる」という今に重きを置い
ています。青少年の犯罪を激増させたのは車載器のせいだ。
車載器のメソッドを教えられている現在と未来の若者たちは

、遠くない将来、今日の「フランス革命」のようなストリートモブになってしまうだろう。

OBEプロジェクトは、1986年のWorld　Curriculum と Aldous Huxleyの著書Brave　New Worldから生まれたことは間違いない。この著書では、完璧な世界とは、家族のいない、親のいない子供のいない、「父親」「母親」という言葉が嫌悪され嫌われる、子供は国家の社会組織によってケアされる、国家だけに忠実な子供であると論じている。そのような社会の探求は、『世界カリキュラム』やハクスリー以前にもさかのぼる。共産主義者のベベルは、子どもは国家の被保護者であるべきだという考えを書き記した。マルクス、エンゲルス、そして特にコロンタイ夫人は、その著書『共産主義と家族』が、ハクスリーの『すばらしい新世界』の多くの源になっている。

子供たちは試験管を通ってやってきて、研究所では精子を合わせて、高いレベルの精神性、中程度の知能、低い知能を与えることになる。大人になった彼らは、拙著『300人委員会』で紹介したように、奴隷の世界でさまざまな役割を与えられることになる。[7]もし、これが読者にとって受け入れがたいことであれば、試験管ベビーがすでに私たちの間に存在していることを思い出してほしい。しかし、このような不道徳なことをする意図が分からないまま、社会に受け入れられてきた。社会主義には大量の白痴と少数の優れた知能を持つ人間が必要だ。奴隷社会主義世界では、知的階級が権力を握っているので、白痴の大衆が仕事をすることになる。そのような世界では、南アフリカ共和国版が善意の黄金時代に見えるような「アパルトヘイト」が行われるだろう。

この情報に対する読者の反応は、予想通り懐疑的なものであろう。しかし、現実を見なければならないので、ハクスリー

---

[7] 陰謀者たちの階層 - 300人委員会の歴史, John Coleman, Omnia Veritas Ltd, www.omnia-veritas.com.

、コロンタイ、エンゲルス、ベベルに匹敵するほど車載器は進化しているのか見てみよう。下院法案HR485は、教育『改革』という社会主義者のアジェンダの一部である。クリントン大統領は、膨大な改革を実行するために選ばれたのであり、一期限りの大統領であることを承知の上で、素晴らしいスピードと効率でそれを実行しているのである。社会主義的なParents as Teachers（PAT）計画は、すでに40の州で実行されている。いわゆる「共同親権プログラム」（COP）は、1981年にミズーリ州セントルイスで行われた試験的なプログラムから始まりました。COPの本音は、できれば出生前の時期にCOPのソーシャルワーカーを親権者に代えることである。

オルダス・ハクスリーに触発されたローラ・ロジャースは、『ミズーリ州の勇敢な新家族』という本を書き、その中で、TAPがミズーリ州議会で認められるまでわずか4年しかかからなかったこと、TAPの概念がヨーロッパに広がり、アメリカの40州で実施されていることを主張している。これが現実なのでしょうか。それは、この章で教育「改革」について概説したことに匹敵するものだろうか。社会主義者たちは、ハクスリーの『ブレイブ・ニュー・ワールド』が予言した通りの風潮を生み出すように、教育を「改革」するつもりである。そして、彼らは今、私たちの目の前でそれを行っているのです。

TAPのもとでは、いわゆる「教育者」が文字通り一家に一人ついて、両親や子供たちの態度を社会主義の理想に沿うように変えていくプロセスを始めるのである。その方法については、ロジャーズが「ミズーリ州の勇敢な新家族」という論文で説明している。

最初のステップ親教育者」は、子供の教育促進を口実に、学校や家庭を訪問して「絆」を深めていく。

第2段階お子様には、永久保存版となるコンピューター識別番号をお渡しします。

ステップ3チェンジ・エージェント」は、オックスフォード

社会主義大学で行われているような「メンタリング・プログラム」を通じて、子供と両親の関係を変えるよう働きかけるのです。

ステップ4親教育者は、「敵対的行動」や「虐待」と思われることがあれば、このために設置された特別な「ホットライン」に通報することが義務付けられています。

ステップ5. 裁判官が「ラインケース」を判断し、子供に危険が及ぶと判断された湯合、子供を親権者から引き離すことができる。

ステップ6. 親教育者」の精神保健サービスに関する勧告を親が拒否した場合、例えば投薬に関して、国はその子を親権者から引き離すことができる。子どもは入所施設に入れられ、両親は「親の教育係」が必要と考える限り、裁判所から「心理カウンセリング」を受けるよう命じられることもある。

PATがすることは、誰が親としてふさわしいか、ふさわしくないかを決める裁判官と陪審員になることです。そのためにTAPは、ロジャーズが「リスクファクター定義」と呼ぶ、親の子育てへの適否を測る基準となっているものを用いている。この基準は、現在40の州で用いられていることを忘れてはならない。

> "子供の不適切な行動（例：ひどい噛みつき、破壊的行動、無気力）に対処する親の無力さ（定義されていない）"。

> "低機能
> "な親虐待をする可能性のある親とみなされる。このカテゴリーでは、保護者が幅広い選択肢を持つことができます。事実上、すべての親が「低機能の親」に該当する可能性があります。

> "家族機能に悪影響を及ぼす過度なストレス"。このため、教壇に立つ親は、低所得者などの「虐待」の危険信号を引き合いに出して、事実上無制限に選択肢を増やすことができる。

"その他"...これは、アレルギー、家の中での激しい喫煙
（R.J.レイノルズはこのことを知っているのだろうか）
、難聴の家族歴など、さまざまな条件が考えられる..."...

以上のことから、アメリカでは、教育における社会主義が一
人歩きしていることがわかる。マダム・コロンタイ、エンゲ
ルス、ベベル、ハクスリーが最も望ましいと考えていたこと
が、今実現されたのだ。1800年代の多くの政治家が明らかに
したように、教育は社会主義を打ち負かす手段である。しか
し、間違った使い方をすれば、社会主義が望む新世界秩序の
奴隷状態を実現するために無慈悲に振り回す強力な武器にな
るのである。このようなことは、最高裁の裏切りや背信行為
、特にダグラス判事とブラック判事の毒舌がなければ不可能
であった。ダグラスとブラックは、この国の歴史上、最も卑
劣な裏切り者として歴史に名を残すべき人物である。

第4章

女人禁制

歴史上、女性は決定的な役割を担ってきました。20世紀以前は、彼らは通常、陰で観察し、助言や励ましを与え、決して仰々しくなく、人前で話すこともほとんどなかったのです。しかし、19世紀後半になるとこの状況は一変し、その変革の手段としてフェビアン協会と国際社会主義が登場する。

眼鏡をかけたシドニー・ウェブは、彫りの深いマーサ・ビアトリス・ポッターと出会い、火花を散らし始める。(両者とも、相手には組織と日常業務の処理に関する特別な才能があると認めている）。アントニーとクレオパトラはもっと華やかで、シバの女王とソコモンはもっと荘厳で、ヒトラーとエヴァ・ブラウンはもっとドラマチックだったが、ウェッブ家に比べれば、世界に与えた影響は少なかったと思う。ウェッブ夫妻がもたらした被害は、他の2人が単なる歴史上の人物となった後も、世界中に響いている。

シドニー・ウェッブは1890年にベアトリス・ポッターと出会った。彼女は、肉体的にも経済的にも恵まれていた。一方、彼は小柄で背が低く、お金もない。ベアトリスは、カナダの鉄道王の家系で、父親からの収入もあった。シドニーとベアトリスを結びつけたのは、彼らが決して隠そうとしない虚栄心だったのかもしれない。上流階級のジョセフ・チェンバレンに愛の申し出を断られたことが、ベアトリスの怒りと怨念を呼び起こし、それが彼女の「階級憎悪」の燃料になっているようだ。ウェッブは、英国植民地事務所の事務員として働いていたが、これはヴィクトリア朝の英国生活ではかなり低

い地位とみなされていた。

1898年、ベアトリス夫妻はアメリカに目を向け、3週間の「グランドツアー」を敢行した。この間、ウェッブ夫妻は一般の組合員やニューヨークの衣料品街で懸命に働く婦人たちと会うことはなかった。その代わり、ニューヨークの社会主義のエリート、ジェーン・アダムスやプレストニア・マーティンなど、「ソーシャル・レジスター」のメンバーを探し、受け入れてもらった。

これは、その後の社会主義者、ボルシェビキの指導者たちの手本となるものであった。1900年、ベアトリスの功績もあって、ロンドン大学の王立委員会は、今後経済学を科学に昇格させることを決定した。ベアトリス夫妻が主催する昼食会で、演劇界で有名なグランビル・バーカー氏とウィルソン大統領の代理人レイ・スタナード・ベーカー氏に、この偉大な功績をアピールするのに時間がかからなかった。

ウェブとポッターのコンビは結婚に発展し、プライベートでは互いのことよりも社会主義に傾倒し、しかし表面的には非常に献身的な夫婦というファッションが始まった。これは、女性を社会運動や政治の世界に引き込む大きな力となり、ラディカル・フェミニズムの誕生といえる。フェビアン協会の本拠地であるクレメンツ・インは、1891年に創刊された『フェビアンニュース』の発信地であった。ベアトリスは共著者であり、彼女のお金で印刷代をまかなった。

ベアトリーチェにとって、自分たちの理想を広めるには、国のエリートを通すのが一番いいというのは当然のことであった。普通の人がビリー・グラハム的な「集会」を得意とするならば、物事を成し遂げることができるのはエリートである。その点、ベアトリスは俗物根性が抜けない。彼女にとって、エリートはまず改心させなければならず、それ以外の者は後からついてくる。これは、後にボルシェビキの指導者が採用するパターンである。フルシチョフがイギリスや西欧諸国を訪問した時、港湾労働者の別荘に泊まったり、労働組合の幹部と会ったりする姿は見られなかった。フルシチョフは、

イタリアのアニエリ、アメリカのロックフェラーなど、常にエリートに注意を払っていたのであり、社会主義の指導者も皆同じであった。

ベアトリスがオックスフォード大学の富豪の息子たちに注目し始めたのも無理からぬことである。彼女の仕事の質は、社会主義世界革命という目標を推進するために進んで西洋を裏切った、オックスフォードとケンブリッジ出身の上流社会の裏切り者の数によって判断することができる。社会的な「改革」の外皮の下には、フェビアン社会主義というキリスト教的西洋の理想を蝕む致命的で危険な癌があったのだ。その最初の有名な改宗者の一人がウォルター・リップマンで、ベアトリス・ウェッブがフェビアン協会に入るように「誘導」したのである。

1910年までに、ベアトリスと彼女の資金はいくつかのセンターを設立し、そこからフェビアンのプロパガンダを広めていった。当時の作家、演劇人、政治家などが彼女の周りに集まってくるようになった。ニュー・ステーツマン』誌によると、ベアトリスはリベラルで同情的な文化運動をリードしているというのが一般的な意見であった。大富豪のシャーロット・ペイン＝タウンゼントがベアトリスの友人となり、彼女にジョージ・バーナード・ショーを紹介するように頼まれ、その後シャーロットは彼をまっとうな人物にした。二人の男性指導者は、それぞれの配偶者のお金のおかげで、社会主義の推進に全力を注ぐことができるようになった。

よく指摘されるのは、彼女たちが生涯をかけて、活動資金を提供するシステムそのものを攻撃したことである。ベアトリス・ウェッブは、労働党を買収する原動力となった。ちょうど、同じ社会主義者のパメラ・ハリマンが後にアメリカで民主党を支配し、国を一つの世界社会主義政府-新世界秩序-に導くという社会主義の政策をとる大統領を誕生させたのと同じである。

確かにベアトリス・ウェッブは、秩序あるイギリスの経済政策を破壊し、社会・経済秩序を解体するために、精力的に活

動した。私が驚いたのは、ウェッブ夫妻が、「赤い」ハロルド・ラスキ教授のように、扇動と反逆の罪で逮捕されなかったことです。もしそうなっていれば、今日まで続く社会主義的な混乱からアメリカを救えたかもしれない。ベアトリスの友人には、伯爵夫人や、スタッフォード・クリップス卿の夫人など、当時のロンドン社交界の有名な女性たちが多くいた。このような急進的なフェミニストたちは、社会主義のためのティーパーティーや週末の保養のために自宅を開放していました。

ベアトリス・ウェッブは長い治世の間、ボルシェビキへの支持を崩さなかったが、それは、後にイギリスとアメリカの政治に大きな影響を与えたウィリアム・ベヴァリッジ卿（ベヴァリッジ計画はアメリカの社会保障のモデルとなった）を含む彼女の長い上流社会の人脈を妨げるものではなかったようである。マーサ・ベアトリス・ウェッブの遺灰は、ウェストミンスター大聖堂に埋葬されましたが、無神論者と公言した彼女にとっては奇妙な場所でした。

フェビアン社会主義者によって世界に紹介された、急進的な反結婚、反家族のフェミニスト運動の虎が、アレクサンドラ・コロンテイ夫人である。ベアトリス・ウェッブが頻繁にモスクワを訪れてコロンタイに会ったかどうかは不明である。マダム・コロンテイとは何者か？1924年5月31日の上院議会記録、9962-9977ページの9972ページには、次のように書かれています。

> "コロンタイ夫人は現在ノルウェーのソ連公使である。"
> 8人の夫、2回の人民委員会のポスト、最初の福祉委員会、2回の訪米（1915年と1916年）、1914年にヨーロッパの3カ国から危ない革命家として追放された後ドイツの社会主義扇動家、、、といった波乱に富んだ経歴の後である。

そして、この強硬な共産主義者の世界革命的な急進的フェミニストによる別のプレゼンテーションが、4582-4604ページの4599ページにあります。

"...最近、ソ連のアレキサンドラ・コロンタイ大使がメキシコに来られた。28年間、世界の革命運動のリーダーとして活躍したこと、1916年にその功績により3カ国で逮捕されたこと、1917年にはアメリカを訪問し、全米で講演を行ったことなどが語られている。現在、アメリカで著名な共産主義者であるルートヴィヒ・ローレ氏の指導の下である。1916年と1917年のコロンタイの訪米の目的・目標は、この国の社会主義者を扇動し、もし米国が事によって抵抗体制に入ったら、我々の活動を妨げることであった。アレクサンドラ・コロンタイは、「自由恋愛」と「子供の国有化」の世界的な提唱者である。彼女はこの目的のためにメキシコにいるのであり、米国の人々にとって良い兆候ではありません。"

コロンテイの著書『共産主義と家族』は、フレデリック・エンゲルスの『家族の起源』の退廃的な悪を凌ぐ、結婚と家族に対する最も暴力的で野蛮な攻撃である。コロンタイの「自由恋愛」の過激な信奉者たちは、かつて「平和と自由のための国際連盟」を名乗っていた。しかし、その目的はアレクサンドラ・コロンテイのそれと同じであることを隠すために、彼らは何度も名前を変えてきた。現在、彼らは「全米女性有権者連盟」や「全米中絶権利連盟」（NARL）と名乗っているのだ。また、彼らは自らを「プロチョイス」と呼ぶ大胆さを持っている。これは、生まれてくる子供を殺すかどうかの選択権を持つということである。

マルクス主義／社会主義の「リベラルフェミニスト」（ラディカルフェミニストとして知られる）の目標は、1920年代から1930年代に定義され、それは今も変わっていない。女性の権利」の要求は、責任なき愛、すなわちオンデマンドの中絶と同義である。彼らは、下院と上院の扇動的な社会主義者たちと、フローレンス・ケリーの時代に始まったメディアジャッカルとの不浄の同盟を形成している。

コロンタイは、今日この国が呪われている過激なフェミニストの旗手だった。アメリカのボリシェヴィズムに関するオーバーマン委員会は次のように報告した。

ロシアのボルシェビキ政権の明らかな目的は、ロシア国民、特に女性と子供をその政府に依存させることである....。それは、自然の野心を破壊し、子供を世話し、孤児や未亡人という不幸から十分に保護するという道徳的な義務を果たすことを不可能にした......」。彼は結婚と離婚に関する法令を公布し、事実上「自由恋愛」を確立した」。上院文書61ページ、第1会期36-37ページ 議会記録。

以上は、フェビアン社会主義の目的と目標に完全に対応するものである。現在の米国で横行し、解き放たれているラディカル・フェミニズムは、社会主義的な教えである。フェビアン協会の社会主義モデルは、家庭的というベールの下にそれを隠しながら、急進的なフェミニズムを許容し、奨励さえしていたのです。ベアトリス・ウェッブとその仲間は、オープンな中絶クリニックの設立に失敗したが、社会主義界の大物であるラスキー教授の妻ハロルド・ラスキー夫人が、イギリスで初めて避妊相談センターの考えを推し進めたことは、繰り返し述べるに値するだろう。

アニー・ベサント博士は、ロンドンの自由党界を通じて、ベアトリス・ウェッブとはよく知られていた。ベサントはブラヴァツキー夫人の後継者であり、彼女の神智学協会を受け継いだ。その信奉者は、ヴィクトリア朝時代のイギリスの権力者層に属する富裕層や有名人たちであった。ベサントは、サロンを通じて扇動する重要な役割を果たした。彼の最初の事業は、イギリスの主要な産業中心地であるランカシャーでの産業に対する攻撃であった。

ブザンは、KKK「クラルテ」（アメリカのKKKとは無関係）とパリのグランド・オリエント九人姉妹ロッジと提携したコ・メーソンの長として、彼女が「社会民主主義」と呼ぶものの推進に積極的であったが、常にパリのグランド・オリエント・ロッジの支配下にあり、そこから最高会議副会長、英国最高会議大師という称号を受けている。ここで、フリーメイソン、神智学、宗教同盟の収束が明確に認識されるようになる。

H.G.ウェルズはベサントの観念を信じたが、それはおそらく

彼と同じくKKK「クラルテ」のメンバーであり、イネス・ミルホランドもそうであったからであろう。シドニー・ウェッブは、労働党と自由党の票を獲得するために、女性参政権が将来の波となることを鋭く見抜いていたのである。

ベサントがこうなったのは、ペトローヴァ・ブラヴァツキー夫人のおかげであり、ブラヴァツキーが急速に出世したのは、ハーバート・バローズが物理学研究会というヴィクトリア朝のロンドン界隈の金持ち、貴族、政治的権力者の選抜クラブで彼女の「才能」を宣伝したおかげであった。これらのサークルには、H.G.ウェルズやコナン・ドイル（後のアーサー・コナン・ドイル卿）が頻繁に出入りしていた。ウェルズはブラヴァツキーについて、「世界で最も熟練した、独創的で興味深い詐欺師の一人」と評している。

ブラヴァツキーは、イタリアのカルボナーラ・メイソンの指導者、マッツィーニからカルボナーラ・メイソンに入門した。また、ガリバルディとも親交があり、ヴィテルブロの戦いやメンタナの戦いでは彼と行動を共にした。彼女の人生に大きな影響を与えたのは、グランド・オリエント・ロッジの革命的フリーメイソンであるヴィクトル・ミガルとリアヴリという二人の人物である。1891年、彼女は社会主義者として確固たる地位を築き、この世を去った。

スーザン・ローレンスは、フェビアン協会の戦士エレン・ウィルキンソンとエミリー・パンクハーストが主導した参政権運動の活動を通じて、国会議員に当選した最初の労働党候補者3人のうちの1人である。ローレンスは、「私は階級闘争を説いているのではなく、それを生きているのだ」という発言で有名になった。マーガレット・コールは、フェビアン協会の研究員として働きながら、急進的なフェミニズムへの直感を養っていった。夫のG.D.H.コールは、労働党政権で次々と頭角を現し、彼女は学んだことを生かして英国労働省で働いた。コール夫妻は、ウェッブ夫妻と同じように家庭円満を装っていたが、その結婚生活は社会主義者の都合によるものであった。

ベアトリス・ウェッブのスター生徒の一人がマーガレット・コールで、彼は『フェビアン社会主義の物語』を書き、その中でラディカル・フェミニズムの目的がハエを引き寄せるために砂糖でコーティングされている。アメリカにおけるフェビアン社会主義の浸透・普及の多くは、コールの功績である。フェビアン社会主義の研究者たちは、ニューヨーク州知事のアル・スミスの拒否権によってラスク報告が覆されたことは、「社会主義者に汚れ仕事を頼む」というフェビアン社会主義の独断にぴったりだと考えている。コールは、国際自由労働組合連合（IFTU）の国連代表団の一員であった。

アメリカでは、最も重要な女性社会主義者の一人がフローレンス・ケリーであった。本名はウェシェネフツキー。ケリーが革命家の国際避難所であるスイスでレーニンとマルクスを研究していたこと以外は、誰も彼女のことをよく知らないようだった。彼女は自らを「クエーカー・マルクス主義者」と呼ぶのが好きだった。フェビアン社会主義者たちは、ケリーがアメリカの「改革」を主導していることをひとつだけ知っていた。ルーズベルトを説得して、自分が創設メンバーである社会主義団体ナショナル・コンシューマーズ・リーグ（NCL）に参加させ、より有名な友人エレノア・ルーズベルトの影が薄くなることもあった。

社会主義に徹したNCLは、合衆国憲法修正第10条により州に帰属する保健、教育、警察権の分野に連邦政府を介入させようとする組織であった。ケリーは、この点では天才的であることが証明された。彼女は、いわゆる「ブランダイス・ブリーフ」戦略を策定したことで知られている。この戦略は、薄い法的事件を大量の無関係な文書で溺れさせ、最終的にその事件が法律に基づいてではなく、社会主義寄りの社会学・経済学の「法的見解」に基づいて決定されるようにするというものであった。裁判官は社会学の訓練を受けていなかったので、目の前の事件の社会学的なメリットを判断する人たちではなかったので、これらの事件はたいてい社会主義者に有利に決定されました。

エリザベス・グレンダワーは、非常に裕福な社交家であり、

ブランディスや当時の社会主義を代表する作家たちとともに、しばしばケリーを自宅でもてなした。ケリーはアプトン・シンクレアと親交を結んだことで知られている。彼の初期の文学作品は、フェビアン社会主義の「ポジションペーパー」の束を社会主義大学生に送り、全米のキャンパスで配布することから成っていた。しかし、ケリーは、世界革命を推進するために、常にチャンスを伺っていた。

シカゴ大学の英語教授を夫に持つロバート・ロベット夫人は、ケリーの盟友であった。ラヴェット家、ケリー、ジェーン・アダムスは、ハル・ハウスという社会主義的な労働施設を運営し、エレノア・ルーズベルトやフランシス・パーキンスも参加していた。ハルハウスのメンバーの多くは、フェビアン協会のサマースクールプログラムに参加するためにイギリスを訪れました。ケリーは、社会主義への改宗者を作るのが得意で、アメリカの社会主義の布教に精力的だった。

アメリカで社会主義者の女性が登場したのは、南北戦争の末期だった。共産主義者は、戦争の直前と直後に非常に活発に活動した。この事実は、既成の歴史書には書かれていない。そして、これらの社会主義者「フェミニスト」は、家族の福祉に関わる女性の正当な組織に入り込み、浸透することに非常に成功したのである。

女性を男性の保護に値する尊敬の念で台座に置くという当時の習慣を考えれば、訓練されたフェビアン社会主義者にとって、これは比較的容易なことだった。カーペットバガーの指導者の中には、社会主義者や共産主義者に深く傾倒している者もいた。女性の社会主義者から婦人参政権の問題が提起された時、男たちは女性を政治の荒波にさらすのは得策ではないと思ったが、彼らは女性の社会主義者のしたたかさを知らなかったのである。

また、社会主義者や共産主義者がいかに戦闘的で攻撃的な女性を採用し、主流のフェミニズムに反するように訓練しているかをよく知っている者もいた。当時の態度は、コングロマリット付録「参政権憲法改正」の165〜170ページによく表れ

ている。J.A.ベイヤード卿は、1869年に社会主義についてこう述べている。

> "次の例外は、セックスのことである。私は、この立場を共産主義者や社会主義者、あるいは女性の権利党と議論するつもりはありません。なぜなら、この種のナチズムの愚かさは、最近大きく進展しているものの、詳しく説明したり反論したりする必要があるほどには広まっていないのです。しかし、女性の心と母性本能は、子孫の生活、文化、人格形成という最高の義務に忠実であり続けるだろう......」。

ヒラリー・ローダム・クリントン、ベラ・アブズグ、エレノア・スミール、エリザベス・ホルツマン、パット・シュローダー、バーバラ・ボクサー、ダイアン・ファインスタインとその親族によって完全に破壊された騎士道の時代だったという事実は、議会グローブの付録169ページ（ベイヤード上院議員のスピーチ）にある：

> "この国、私たちのアメリカには、他の国にはない、セックスに対する騎士道的な献身があることを、私は誇りに思い、うれしく思っています。私は、性に対して敬意を払い、女性のすべての権利を確保し、保護したいという思いにおいて、誰にも屈しない。しかし、参政権は権利ではない...」。

社会主義者が、女性社会が感じている正当な懸念を利用し、社会主義的な目的のための手段とし、有害な効果をもたらしたことは興味深いことである。米国議会が、フェビアン社会主義が米国を支配するのを見たいという激しい欲望のために、騎士道精神を覆した、硬直した、女性らしくない女性たちの幹部たちの遊び場となったのは、こうした巧妙なフェビアン社会主義者による浸透、普及の当然の帰結であろう。

いわゆる「女性の権利」の社会主義戦線には、次のようなものがあった。

> ➢　一般社団法人女性クラブ連合会。

> ➢　全国母親大会・父母の会。

- ➤ 全米女性有権者連盟
- ➤ 全国商工会議所女性会連合会
- ➤ クリスチャン・テンペランス・ユニオン
- ➤ Association of University Women（大学女性協会）。
- ➤ 全米ユダヤ人女性評議会
- ➤ 女性有権者連盟
- ➤ ナショナルコンシューマーズリーグ
- ➤ 女性労働組合連盟。
- ➤ ウィメンズ・インターナショナル・リーグ
- ➤ アメリカ少女友好協会。

これらの組織は、1926年7月にフローレンス・ケリー夫人と数人の有力な「フェミニスト」（社会主義者）によって起こされた訴訟の一部であった。彼らは、合衆国憲法修正第10条に違反する「母性および幼児法」という法律を通そうとしていたが、今日行使されている支配から解放された最高裁判所（これはルーズベルト時代に始まった）が、合衆国を完全に支配しようとする社会主義者の試みから国を救ったのだ。カーター大統領は、夫人の著書『共産主義と家族』から多くの資料を引用して、教育法案を作成した。

社会主義者は常にアメリカの子供たちを国有化することを意図している。社会主義者のシャーリー・ハフステッドラーは、一時は違憲の米国教育省を率いていたが、グレゴリー・ジノヴィエフの妻レリーナ・ジノヴィエフ夫人に影響を受けたという。ハフステドラーは、アメリカの子供たちを「国家化」「国際化」し、将来、単一世界政府の人種混合者としての役割を担わせようとしたのだ。

これは、アメリカでいわゆる「フェミニスト運動」を長年にわたってリードしてきたソーシャルワーカー、フランシス・パーキンスの意図でもあった。パーキンスは、フランクリン・D・ルーズベルト知事のニューヨーク州労働委員であった

。ケリーはエレノア・ルーズベルトを親友に持ち、ルーズベルトがホワイトハウスに3期在任している間、親交を深めた。パーキンズの最初の仕事のひとつは、エレノア・ルーズベルトとその弟子であるハリー・L・ホプキンスとともに国際労働法制協会を設立することであり、彼らはニューヨーク州で失業者のためのワークフェアを立ち上げるために密接に協力しました。

この計画は、「貧民救済協会」という社会主義団体が発案したものである。パーキンスとその仲間たちは、自分たちの「改革」をニューヨーク州議会で可決させるために、あらゆる手段を講じました。この「有益な変化」を支持するために、何百というパンフレットやリーフレットが学校や大学に配られ、上級編集者は記事を書き、タブロイド紙に取り上げられた。何十もの「世論調査」が行われ、「国全体の利益」にしかならない労働「改革」を支持する「国民感情」が作り出された。

パーキンスは、多くの帽子をかぶり、米国におけるフェビアン社会主義運動へのたゆまぬエネルギーと献身で注目された。ルーズベルトがアルバニーからワシントンに向かう時、パーキンスも彼について行った。米国史上初めて閣僚に任命された女性である。ルーズベルトに対する彼女の影響力は、エレノア・ルーズベルトにわずかに及ばない程度であった。

パーキンスは、ルーズベルトの3期目の最初の日から最後の日まで彼の側にいて、その間、社会主義者の弁護士、経済学者、統計学者、分析家を連邦政府に大量に送り込んでいる。ケインズがルーズベルトを訪ね、自分の経済理論を説明しようとしたが、あまりうまくいかなかったとき、ルーズベルトに売り込んだのはパーキンスであった。パーキンズは「乗数」説を受け入れ、「（ケインズの）システムでは、1ドルで4ドルを生み出したことになる」という不朽の名言を残している。

パーキンスは、1940年の民主党大会を不正に操作する計画を立て、ルーズベルトに3期目の当選をもたらしたが、一般に

はハリー・ホプキンスの功績とされている。ルーズベルトが
ニューヨーク州知事になったばかりの頃、パーキンスはニュ
ーヨークのオルバニーで全米消費者連盟と婦人貿易会のロビ
イストを務めていた。

当時の社会主義の代表的な知識人たちとの交流は数百人にも
及び、フェリックス・フランクフルターのお気に入りだった
と言われている。もう一人の男性支持者は、ルーズベルト時
代に頭角を現し、アメリカに大きなダメージを与えることに
なるハリー・ホプキンスである。パーキンスは、社会主義の
経済学者や労働学の教授たちをワシントンに連れてきて、そ
こからまさに奔流のように社会主義の資料を流し込み、その
多くは今日も大学で教えられている。パーキンスは、エレノ
ア・ルーズベルトを含む他のどの女性よりも、ルーズベルト
が米国を第二次世界大戦に参戦させることに影響を与えた。

パーキンスは、国の失業保険と老齢年金の法案を起草したこ
とで知られている。ルーズベルト大統領の要請を受けたパー
キンスは、プレストニア・マーティンの『貧困の禁止』を参
考に、この二つの社会主義の夢を実現するために水面下で努
力した。パーキンスは、1934年にフェビアン社会主義親善大
使として訪米したジョン・メイナード・ケインズから多くの
援助を受けた。ケインズとパーキンスは、ルーズベルトの任
期中に社会主義が大きく前進する貴重な機会であることに同
意した。

グラハム・ウォラスの同名の著書からほぼそのまま引用され
たニューディールのほぼ全てと同様に、「貧困の禁止」は、
強制社会保険（社会保障）のシステムを策定するために多用
された。彼らは、フェビアン協会が1918年の労働党の選挙プ
ランを起草し、イギリスの社会福祉の基礎となったベヴァリ
ッジ・プランの起草に影響力を持ったことをパーキンスとル
ーズベルトに指摘したのである。

こうして、グラハム・ウォラスのニューディール、ベヴァリ
ッジ計画、1918年に労働党のために書かれたシドニー・ウェ
ッブの提案、ジョン・メイナード・ケインズのフェビアン協

会の「税と消費」の経済原則が、若干の修正と調整を加えて、ルーズヴェルトのニューディールの基礎となった。この実現にフランシス・パーキンスが果たした役割は、決して大げさなものではありません。よく、「イギリス人がアメリカのような国に影響を与え、ましてや運営することができるのか」と、深い疑問を持った声で聞かれることがあります。「1936年の社会保障法は、ウィリアム・ベヴァリッジ卿、グラハム・ウォラス教授、フェビアン協会理事のシドニー・ウェッブの3人が作ったもので、フランシス・パーキンスが手を加えて付け加えたものである。それがどのように行われたか、そしてフランシス・パーキンスが果たした役割について研究することは、私が使うどんな言葉よりもはるかによく、トムを疑うすべての人の疑問に答えてくれます。

1936年の社会保障法は、純粋なフェビアン社会主義の実践であった。米国史上前例のないことであり、また100%違憲であった。私は、この社会主義的な法案を純粋に合憲とするものはないかと、1935年から1940年までの議会記録を時間をかけて探したが、無駄だった。

この社会主義者によるアメリカ国民の拘束が行われた方法は、社会主義者が、明らかに不合理な法律を最高裁によって神聖化させるために、いかに並外れた労力を費やす用意があるかを示している。このジレンマに直面したパーキンスには、逃げ場がなかった。ルーズベルトは、再選に有利なように社会保障法を成立させる必要があった。ハリー・ホプキンス、ブランディス、カルドーザのとりなしで、パーキンスは、危機の真っ只中にあったワシントンでの夕食会で、社会主義者のハーラン・ストーン判事の隣席に座ることになったのだ。

パーキンス長官はハーラン・ストーン判事に、憲法に抵触しているので、最高裁に受け入れられるような社会保障の資金調達の解決策が必要だ、と言った。法律違反とまではいかないまでも、あらゆる司法のエチケットに反して、ストーン判事はパーキンズの耳元でささやいた。

      "連邦政府の課税権"   "連邦政府の課税権"

"連邦政府の課税権"　　　　　"連邦政府の課税権　　　　"は
あなたの望みと必要性に十分応えられます

パーキンスはハーラン・ストーンズ判事の助言に従って、今
日、南部連合共和国の社会主義的な社会保障を手に入れたの
である。ストーン判事は弾劾されるべきであったことは間違
いないが、告発はされなかった。

ルーズベルトは、この違法きわまりない計画を、社会主義的
なニューディール政策の資金源としてすぐに利用した。その
後、ハリー・ホプキンスが秘伝に入り、「税金と消費、税金
と消費」というフレーズの手柄を立てることを許された。

パーキンスは、ヘンリー・モーゲンソー、ヒューゴ・ブラッ
ク判事、スーザン・ローレンス（手ごわい下院議員でフェビ
アン協会の幹部）の腹心の友であった。パーキンスは、1920
年代に行われた社会主義者によるアメリカ乗っ取り計画-
エドワード・マンデル・ハウス大佐の著書『フィリップ・ド
ルー・アドミニストレーター』に基づく命がけの計画-
の中心人物の一人であった。

スーザン・ローレンスがジェーン・アダムスに語ったところ
によると、それは、以下の通りです。

> 「歴史上最も奇妙な現象のひとつに、アメリカ憲法で考
> 案された緻密なチェックとバランスのシステムが、少な
> くとも当分の間は、フランクリン・ルーズベルトの完全
> な個人的出世に帰結していることがある。

しかし、「フィリップ・ドルー・アドミニストレーター」を
見ると、偶然の産物ではなく、ハウス大佐のテクニックを駆
使した緻密な計画によって、ルーズベルトが先頭に立ち、民
主党を掌握する準備が整っていたことがわかる。

その時、フランシス・パーキンスさんは、かつての雇い主に
寄り添った。ハルハウスの出身で、プロのソーシャルワーカ
ーであるパーキンスは、究極の社会主義的日和見主義者と評
されている。パーキンスは、英国フェビアン協会の「貴族的
」なサークルで簡単に動き、リリアン・ウォルド、ジェーン

・アダムス、エレノア・ルーズベルトの手ほどきを受けて、よく学びました。そして、いざ組み上げられると、その準備は万端であった。1920年代の主な女性謀議者が2人いるとすれば、ケリーとパーキンスであろう。社会主義に傾倒する後藤は、アヴリル・ハリマンの妹で社会主義者のメアリー・ラムジーに注目される。

メアリー・ハリマン・ラムジーは、アメリカの事情に合わせたフェビアン協会のプランの採用を提唱した熱心なニューディール支持者の筆頭であった。ラムゼイは、1930年代のアメリカで最もエリート的な家系の出身である。エレノア・ルーズベルトとの親密な交流は、すでに深かった彼女の社会主義的活動をより鮮明なものにした。ラムゼイは、シドニー・ウェブ、ショー、ハルデン、マグリッジ、グラハム・ウォラスなどの著作を精力的に読んでいた。

エレノア・ルーズベルトの紹介で出会ったフランシス・パーキンスとは、生涯を通じて友情を育み、やがて社会主義運動への情熱を共有するようになった。ラムジーはすぐに、熱烈な社会主義者となりボルシェビキの指導者と次々に親交を結んだ輝かしい兄、アヴリル・ハリマンがそうだったと主張するようになった。ラムゼイは、社会主義者としてアメリカやヨーロッパを回り、イギリスでは、ウェッブ家やフェビアン協会の青い血の貴族たちにもてはやされた。

当時、よく言われたのは、明らかに上流社会の人間であることがわかるこの女性が、なぜ女性労働組合のリーダーを扇動し、自分の居場所である女性労働組合の拠点で活動するようになったのか、ということであった。アメリカで最も裕福な女性5人のうちの1人と言われたメアリー・ラムゼーさんの人生に、フェビアン社会主義が深く刻み込まれたのは明らかだ。

メアリー・ラムジーは、ニューヨーク新聞の社会部コラムニストがかつて書いたように、「指先まで淑やかな」エレガントなジェーン・アダムス嬢と長い友情を築いていたが、これもまた、大西洋両岸の社会主義者の従来の分類からはみ出る

ような時代錯誤のひとつであった。アダムスは、当時の女性エリートたちに社会主義思想を紹介したフェビアン社会主義の「シンクタンク」であるハルハウスの推進役であった。1898年4月、ベアトリスとシドニー・ウェブがアメリカを訪れたとき、ミス・アダムスのゲストとして滞在した。元「植民地事務所の事務員」だった彼は、アダムスの英語の達者さと「彼女の美しい黒い瞳」に魅了されたと伝えられている。

生涯独身を貫いたアダムスは、エドワード・マンデル・ハウス大佐やH.G.ウェルズといった人物から尊敬を集めていた。アーサー・コナン・ドイルと、イギリスの偉大なフェビアン・ジャーナリスト、サー・アーサー・ウィラート。

アダムスは、社会主義者が宗教と妥協した一世界政府教会の設立に深く関わっていた。この教会は、一世界政府の公式な「宗教」となる運命にあり、その歴史は本書の他の部分で詳述している。

アダムスは、「国際平和」のために尽力し、ノーベル賞を受賞した真の社会主義者「平和主義者」であった。アダムスは、世紀末のロンドン社交界を代表する英国の「上流社会」の一員であったペスウィック・ローレンス夫人とともに、「女性国際連盟」を設立したのである。アダムス同様、KKK-「クラルテ」、コ・メイソンのメンバーであった。上流社会の名前に注目してほしい。私たちがアナーキストや革命的な爆弾魔を連想するような名前ではない。しかし、このような著名な女性社会主義者が米国にもたらした損害は、多くの場合、急進派の影響を超越したものであった。

アダムスは、二人のアメリカ大統領に迎えられ、レーニンやトロツキーに投資していたウォール街の銀行家の熱心な支持者であり、レーニンのロシア・アメリカ工業会や共産党連合出版社の株主であった。アダムスは、アメリカ対露文化関係協会とつながり、社会主義・共産主義文学を専門とする書店を中心に、フェイス・アライアンスの出版物を配布していた。

なぜならシュビマーは、ハンガリーのキリスト教徒を何十万

人も殺した汚らわしい獣ベラ・クーン（本名コーヘン）に、追放される前に血の皿の上でハンガリーを引き渡した男、カルロワ伯爵の耳を持っていたからである。アダムスは、血まみれの悪人カルロイ伯爵の講演会を企画した社会主義者である。

フェビアン社会主義の女性信奉者たちは、裕福で権力もあり、家族にもそれなりのコネがあったため、社会主義色の強い彼らの思想が多くの人々に支持されることを可能にした。ウェッブ、パーキンス、ラムゼイ、ベスウィック夫人ローレンス、アダムス、ベサントなどの女性社会主義者が、アメリカやイギリスの一連の重要な出来事に与えた影響は、今日、十分に説明されることも、正しく理解されることもない。このような貴族的な容姿と話し方をする女性たちは、アメリカの「女性の権利」運動のボクサー、ファインスタイン、アブツーク、シュローダーとは対照的であったろう。1980年代から1990年代にかけて政界で活躍した女性の中で、ジェーン・アダムスと気が合ったのはマーガレット・サッチャーだけだろう。彼女は頻繁にロンドンを訪れ、ダウニング街10番地には招かれなかったものの、フェビアン協会とそのリーダー、ベアトリス＆シドニー・ウェッブの寵児となった。

アダムスの礼儀正しさと洗練された話し方には、釘のように硬い内面と、どんな困難があっても引き下がらない精神が隠されていたのだ。彼女は決して認めなかったが、アダムスは、アメリカのフェビアン社会主義運動の指導者に選ばれたロバート・モース・ラベットに深い影響を与えた人物であった。社会主義者にとって、これ以上ありえないリーダーを見つけることは不可能だった。控えめで飄々としていたラヴェットは、ハルハウスでアダムスと出会ってから扇動的になった。アメリカの社会主義化のためのロベットのキャンペーンは、多くの意味で、「偉大な」社会主義者がこれまでに行った最も重要な戦いの一つであった。ハリー・ホプキンスは、アメリカでフェビアン社会主義のために誰よりも多くの火を灯した人物であり、その地位は、1932年にルーズベルトに彼を強く推薦したアダムスに負うところが大きい。

アダムスは女性社会主義者の中でトップとなり、アメリカの社会主義プログラムを代表する平和創造活動でノーベル平和賞を受賞した。彼女は、シカゴで設立した「国際平和婦人連盟」の庇護のもとに社会主義的な活動を続け、ボルシェビキの指導者が大切にしていた「平和」のための共産主義者の隠れ蓑となったのである。アダムスはフェビアン協会の出版物、特に結婚と家族を攻撃するコロンタイ夫人の著書から抽出したものを詳しく研究し、アメリカにおける反家族社会主義運動に多くの時間を費やした。

決して親しい間柄ではなかったが、ドロシー・ホイットニー・ストレート（レナード・エルムハースト夫人）は、アダムスを敬愛していた。ホイットニー・ストレイツは、アダムス同様、アメリカの上流社会の出身である。ドロシー・ホイットニー＝ストレイトの兄はJPモルガンのパートナーであり、ホイットニー＝ストレイトはロンドン、ニューヨーク、ワシントンのフェビアン社会主義サークルの上層部に入る白紙委任状を手に入れたのである。ホイットニー・ストレイツ家は、ウォルター・リップマンが定期的に寄稿していたアメリカのフェビアン社会主義出版社「ニュー・リパブリック」（ドロシーが主要株主）や、オックスフォードやハーバードの社会主義有力教授に資金を提供した。ハロルド・ラスキ教授は、『新共和国』のお気に入りの著者の一人である。ドロシー・ホイットニー・ストレートは、ウッドロウ・ウィルソン大統領の熱心な支持者であった。

エルムハーストとの結婚後、ドロシーは、フェビアン社会主義の権力の中心に近づくために、ロングアイランドの屋敷から、「心のあるところ」、イギリスのデボンシャーのトットネスにあるダーティントンホールに引っ越した、と友人たちに語っている。そこで彼女は、ユーティス・ペリー卿、オズワルド・モーズリー卿、グレアム・ハルデンなど、イギリス社会主義の「偉人たち」と肩を並べた。1931年、ドロシーとウェッブ夫妻は、フランクリン・ルーズベルトの登場を前に、アメリカにニューディールを導入する計画に奔走していた。疑惑を持たれないように、ドロシーの提案で、この計画は

「政治経済計画」（PEP）と呼ばれたが、当初のメンバーの一人であるモーゼス・シフは、1934年にロンドンのフェビアン社会党での演説で、PEPを「我々のニューディール」と呼ぶ不謹慎さを持っていた。

PEPは、当初からアメリカ合衆国共和国憲法を破壊しようとする破壊的な組織であり、ドロシー・ホイットニー・ストレートほどその目的のために精力的に活動していたメンバーはいなかった。ルイス・T・マクファーデン下院議員は、彼女の努力をこう評価した。

> "巨大な力を持つ秘密組織
> "であることを指摘してもいいでしょうか。彼らの組織の定義は、"英国における社会サービスの生産と分配、土地利用計画、金融、教育、研究、説得、その他様々な重要な機能に積極的に関与する人々の集団"である。

McFadden氏は、このグループを「ブレーン・トラスト」と呼び、次のように語っている。

> 「は、貿易関税に関する現在の米国の政策に影響を与えるものと思われます。あなたも私も、イギリスで何が起こっているかに特に興味はありません。しかし、私たち二人が関心を持つべきことは、大統領周辺の頭脳集団の一部が、このイギリスの組織と連絡を取り合い、アメリカで同様の計画を導入しようと動いている可能性が高いことです。この組織が実質的にイギリス政府を支配し、この非常に組織的で資金力のある運動は、英語を話す人種を実質的にソ連化しようとすることを、知っている立場の真面目な人たちによって保証されています
> "とあります。

この国の歴代大統領が、国民の福祉を守るために賢明にも設けた貿易障壁がもたらした甚大な被害については、本書の別の箇所で詳述している。マクファーデンは、ドロシー・ホイットニー・ストレートの英語での「頭脳集団」に相当するアメリカ人が、フランクフルター、タグウェル、ウィリアム・C・ブリット教授（ボルシェビキ赤軍による白ロシア軍の敗北をほぼ確実にする妨害をした人物）から構成されていると

非難している。その中で、マクファーデンはこう言った。

> "彼らは明らかにボルシェビキ的な傾向を持つこの特定の
> 組織に属しており、この計画は米国で展開されることは
> 間違いないと思います。"

この場合、ドロシー・ホイットニー・ストレートは、デボン
シャーに移る前、彼女のロングアイランドの屋敷を頻繁に訪
れていたフェリックス・フランクフルターに、いつでもアド
バイスを受けることができたのである。ホイットニー・スト
レイト家の素晴らしい富は、『ニュー・ステーツマン』だけ
でなく、PEPやその他多くのフェビアン協会のフロント組織
とその活動にも資金を提供していたのである。

ドロシーは、憧れの王族のように、豪華なデボンシャーの屋
敷で宮廷を維持していた。フランクフルターのほか、著名な
作家であるJ.B.プリーストリー、イスラエル・モーゼス・シ
ーフ、リチャード・ベイリー、サー・ジュリアン・ハクスリ
ー、メルチェット卿、ラムジー・マクドナルドの息子マルコ
ム・マクドナルドなどが頻繁に訪れていました。アメリカ人
にはなじみのない名前だが、フェビアン社会主義の頂点に立
った男たちの名前である。しかし、この名前を知っているア
メリカ人は、下院銀行委員会の委員長であったルイス・T・
マクファーデン下院議員であった。

McFaddenはDorothy   Whitney-
Straightが売国奴であると長い間疑っていた。下院での演説
の際、McFaddenはDorothyとその側近が何を計画しているの
か、それが米国にどのような影響を与えるのかを知りたがっ
ている。彼は、あるモーゼス・シエフがニューディールを「
我々のニューディール」と呼ぶのを不思議に思っている。マ
クファーデンは、イギリスのフェビアン社会党とアメリカの
社会党・共産党との密接な関係を明らかにし、彼らがアメリ
カ共和国の崩壊のために活発に活動していることを知った。
"政治経済計画（PEP）は現在イギリスで密かに活動してい
る
"と。ドロシー・ホイットニー・ストレートのPEPの目的は

何だったのでしょうか？マクファーデンさんによると、それは、彼らの秘密出版物が彼女の「内通者」に明かしたことだという。

> "作業方法としては、議論中の問題（米国憲法をどう壊すか）の一つまたは他の側面に専門的に関わる人たち、そして専門家では解決できないような基本的な質問をできる専門家ではない人たちをグループに集めることである。

> この手法により、PEPは、ビジネス、政治、政府・自治体の部署、大学など、異なる領域で働く男女の経験を結集して、問題に取り組むことができるのです..."。

> "...このルールは当初から意図的に採用され、非常に有効であることが証明されています。また、会員が所属する組織の公式見解に縛られることなく、自由に議論に貢献できるようにします。このシートをお送りするためには、匿名性が厳守されることが条件となります。超党派の組織として、個人的で党派的な極論の域を超えた貢献をすることが、グループの効果を上げるために不可欠です..."

諜報関係者の話では、議会スタッフ（下院、上院）の9割がこのような働き方をしているとのことだ。クラレンス・トーマス判事に対する上院委員会の公聴会は、この「浸透と孕ませ」という社会主義者の戦術が、米国政府のあらゆる部門、教会、教育、そして米国の将来にとって極めて重要な決定がなされる場所で、いまだに広く用いられているという驚くべき事実を明らかにしたのである。

フェビアン社会主義の秘密主義のルールは、PEPのしばしば反逆的な活動をアメリカ国民の目から隠すことに成功した。1920年代から1930年代にかけて、社会主義が米国をほぼ支配下に置くことに成功したのは、PEPをはじめとする多くの極秘のフェビアン社会主義組織を通してであった。イギリスのフェビアン協会のPEPをモデルにしたアメリカ版は、全米計画協会（NPA）と呼ばれ、フェリックス・フランクフューターは、ドロシー・ホイットニー・ストレート・エルムハース

トによって選ばれ、アメリカでの設立と運営を任された人物である。警戒心が強く、まだ手つかずの状態にある最高裁のおかげで、警察庁の計画の多くは却下された。ドロシー・ホイットニー＝ストレイトは、社会主義者の仲間たちに、アメリカ打倒という目標を決してあきらめてはいけないと、平然と言い放った。彼女はまさにフェビアン協会のフェミニストの中で最も危険な存在だった。

ローラ・スペルマンは、フェビアン社会主義の上流階級の女性たちの個人的な友人ではないが、社会主義が非常に大きな資金を無制限に手に入れることができるという異常な幸運を強調するために、ここでその名前を挙げる必要がある。ローラ・スペルマンファンドは、資本金1,000万円でスタートしたが、実際には、米国で社会主義プログラムを推進する際には、スペルマンの井戸にファンドは存在しなかった。これらのプログラムは一般に「改革」と呼ばれ、まさにフェビアン社会主義者のスタイルであった。

その「改革」の一つが、合衆国憲法を弱体化させることだった。ジョセフ・マッカーシー上院議員が、アメリカ政府への社会主義・共産主義者の浸透を暴露しそうになっていた頃、ローラ・スペルマン基金は、マーティン・ダイスとマッカーシー上院議員の経歴を調査し、彼らの信用を落とすようなものを見つけてきた人たちに無限の助成金を与えていたのです。このように、スペルマン・ファンドは、恐るべきレベルに達した米国憲法への危険な攻撃、そしてダイスとマッカーシーが暴露すると脅したことに間接的に責任を負っていた。

マッカーシー氏に対する非難を先導した政治的娼婦、ウィリアム・B・ベントン上院議員は、マッカーシー上院議員の除名を要求し、スペルマンの金で買える限りの支持を得たのである。ベントンの名は、アーロン・バー、無謀な反逆と扇動と永遠に同義語となるであろう。ベントンは、フェビアン社会主義のニューディールと密接な関係にあり、彼の会社ベントン・アンド・ボウルズは、英国労働党政府から有利な契約を獲得していた。ベントンはまた、ロックフェラー国立経済研究所（ラスキーの経済福祉国家を推進するための機関）や

、この国で発見された最悪の裏切り者の一人であるオーウェン・ラティモアと密接な関係をもっていた。このベントンが、マッカーシーに「軍部の調査は、本来、アメリカ政府の社会主義的反逆者を摘発するためのものだが、恥ずかしくないのか」と信じられないようなことを言ったのである。

その後、ロックフェラー兄弟基金と合併すると、スペルマンはハロルド・ラスキーのロンドン経済学校に300万ドルを寄付し、米国政府の最高レベルに社会主義が入り込む扉を開いたのである。ローラ・スペルマンの資金は、アメリカの学校や大学にマルクス主義の「教育」「経済」プログラムを導入する集中的なキャンペーンに投入された。この社会主義的なプログラムには何百万ドルも投資され、その結果はおそらく測定できないだろうが、この国の教育の形と方向性を永遠に変えてしまったのである。

彼女たちの最大の関心事は、アメリカの家族の伝統を破壊することであった。1920年代のボルシェビズム研究の第一人者であるポール・デュークス卿は、こう言っている。

> ロシアのボルシェビキ政権の中心的な悲劇は、子供たちの心を破壊し、堕落させるための組織的な努力である...」と。家族という制度と戦うことは、常にボルシェビキの原則であった。

コロンタイ夫人の文章は、懐疑的な人たちの心にも、このことを疑わせない。これは、幼い子供を親から引き離し、国が運営する保育所で育てるというものだった。

エレノア・ルーズベルトの被害は、何度も語られているので、ここで繰り返す必要はない。彼女が1920年代から30年代にかけて多くの時間を費やしたいわゆるフェミニズム運動が盛んになり、1994年の米国ほど強くなったことはない、と言えば十分だろう。エレノアは、ロリーナ・ヒコックとの不倫関係を通じて、レズビアンを公然と公認した最初の人物であり、そのラブレターはハイドパークのルーズベルト邸に残されている。おそらく、この社会主義活動家グループがいかに過激で強力な存在になったかを示す出来事が、何百万人もの聴

衆を前にしたアニタ・ヒルとクラレンス・トーマスの闘いだったのでしょう。注目すべきは、エレノア・ルーズベルトの時代から、いわゆる「女性の権利」「フェミニスト」と呼ばれる組織が数多く生まれ、増殖していることである。

社会主義者の指導者個人とその「フェミニスト」組織の名前は、聖書に登場する悪魔のように、数え切れないほどある。その一つひとつに特別な言及をするつもりはない--それは本書の範囲を超えている。したがって、私は、社会主義者のルールに従って、浸透し、浸透している、女性の社会主義者のヒエラルキーの最も高い人たちにのみ注意を向けざるを得ません。男性社会主義者が米国の政府、地方自治体、州政府、民間機関、組織のすべての部門に浸透している驚異的な成功は、パーキンス、ケリー、ドロシー・ホイットニー＝ストレイトによって誇らしく賞賛されたことでしょう。

ハスキーボイスの「アーティスト」であるバーバラ・ストライサンドは、クリントンのホワイトハウスにもアドバイスをしている。ストライサンドが訪問先で「ホワイトハウスで寝る」というのは、ワシントン、ジェファーソン、ジャクソンといった過去の偉大な政治家たちが想像もしなかったレベルまで、アメリカが引きずり込まれてしまったことを表しているのだ。ストライサンドとベラ・アブズグは、まるでサヤの中の豆のような存在です。社会主義/マルクス主義に深く傾倒し、喧嘩腰で、貧しい人々の代弁者を名乗りながら贅沢な暮らしをしている。

ユダヤ人ブロックの投票によって下院議員に指名されたアブツークは、下院議員になってから、特にいわゆる「中絶の権利」の問題で、キーキーと声をあげはじめた。

アブザグは、「自由恋愛」という急進的なフェミニズムに反対する人たちに対して、文字通り叫びながら議会のホールを歩き回った。彼女は、フェミニズムの最悪の詐欺師の一人であるノーマ・マコーヴィー（Roe v Wadeの「ジェーン・ロー」）に助けられたのだ。マコーヴィーは、この問題が持ち上がったとき、妊娠すらしていなか

った。彼女は、アブザグ派の人々から「偉大な学者」として宣伝されたが、実際には、彼女の学位はサンフランシスコの無認可のニューカレッジ・ロースクールで取得したもので、アニタ・ヒルに法律の学位を与えたのと同じフェミニスト組織であった！彼女は、その学位は、アニタ・ヒルの学位と同じである。

すべてではないが、急進的なフェミニスト組織には次のようなものがある。

> マーガレット・ベント法律家協会

> 米国自由人権協会（The American Civil Liberties Union

> 国立女性法センター

> ニューカレッジ・ロースクール

> セクシャル・ハラスメントに関する広報活動に関するアドホック委員会

> アライアンス・フォー・ジャスティス

> 法と政策研究センター

> ぜんこく女性組織（NOW）

> 女性の地位向上のための組織

> 家族計画連盟

> 全米妊娠中絶権アクション・リーグ（NARL）

> 女性司法支援基金

これらの急進的な女性の権利団体のほとんどは、フェリックス・フランクフルターによって受け継がれた遺産である、米国の社会化に忙しい中、憲法を使って女性を守ろうと考えているのです。彼らは時折、個人の権利を守るための敬虔な決まり文句を口にする。その99％は憲法に存在しないが、一方で、個人の権利を守るための憲法そのものを転覆させることを主張している。

ベラ・アブズグの先祖であるフローレンス・ケリーが導入した社会主義的な母性・児童法は、ジノヴィエフ夫人が述べた世界的な子供の国有化というボルシェビキのシステムからそのまま引用されています。ベラ・アブズグやパット・シュローダーの言う「女性の権利」は、女性のアナーキーに過ぎず、合衆国憲法にはない。これらの社会主義女性が目指すものの多くは、アレクサンドラ・コロンテイの『共産主義と家族』、ベベルの『女性と社会主義』、エンゲルの『家族の起源』からきている。いわゆる「堕胎権」はこのボルシェビキの文献からきている。

1919年のボルシェビズムに関するオーバーマン委員会では、次のような結論に達した。

> ボルシェビキ政府の明らかな目的は、ロシア市民、特に女性と子供をこの政府に依存させることである...」と。彼らは、結婚と離婚について、事実上「自由恋愛」（中絶）の状態を確立するような政令を出した。その結果、当事者の意思で婚姻関係を取り消すことができるようになり、売春を合法化する手段を提供することになったのです。上院文書第61号、第1セッション、36-37ページ、議会記録。

ロー対ウェイド事件では、米国最高裁の判事たちが、その過剰な想像力によって憲法を侵害した。いわゆる「女性の権利」運動家たちは、この20年間、ありもしない「権利」を憲法に明記しようと、あらゆる手を尽くしてきた。

アニタ・ヒル、クラレンス・トーマス事件は、こうした女性の権利団体がルーズベルト政権時代から獲得してきた巨大な力を顕著に示すものであった。上院は、ケネディ、メッツェンバウム、バイデンを旗手とする最悪の社会主義者でいっぱいだ。世間では、修正すべき認識があります。上院は司法権を持たない。誰も訴えることはできない。その権限は調査的な役割に限定されています。検察的な役割はありません。アニタ・ヒル、クラレンス・トーマス事件を検証してみると、上院は明らかにこの権限の制限を完全に忘れてしまっていることがすぐにわかった。

この対立を引き起こしたのは、ヒル自身ではなく、「セクハラ」という大げさな問題を利用する機会を得たと考えた攻撃的な女性たちであった。[8]このグループが、ヒルが告訴するまでに10年待ったにもかかわらず、上院委員会と多数の議員に「セクハラ」の被害者であると説得できたことは、「女性の権利」擁護団体がいかに強力な存在になっているかを示している。

もし、この嘆かわしい状態で女性が特別視されるとしたら、それはナン・アーロンでしょう。もし、ある人物を挙げることができるとすれば、それはウォーレン・バーガー判事だろう。彼は、憲法修正第9条を完全に無視して、憲法をねじり、圧迫し、自分の嗜好を加えることを常に期待できる、社会主義者の夢の裁判官であった。

憲法に最大のダメージを与えた社会主義者の裁判官は、最高裁に任命される前に裁判官としての経験がなかったことは特筆すべきことである。ルイス・ブランディス、ジョン・マーシャル、アール・ウォーレン、バイロン・ホワイト、ウィリアム・レーンクイストは、社会主義者の資格で最高裁に上がる前は裁判官ではなく、そこから政府のあらゆるレベルにはびこる主要な社会主義者に仕えるようになった。

手ごわい社会主義者の女性たちが集まって攻撃するのに数日かかったが、その後、中絶権や赤ちゃん殺害のチャンピオンであるケイト・マイケルマン、ナン・アーロン、ジュディス・リヒトマン、モリー・ヤード、エレノア・スミールらが登場。パトリシア・シュローダー、バーバラ・ボクサー、スーザン・ホーチナー、ゲイル・レイシター、ダイアン・ファインスタイン、スーザン・デラー・ロス、そして1920年代のフェビアン社会主義の最高の伝統であるマリファナを吸うマクラッカー、ニナ・トテンバーグは、行動を起こしていた。その中で、最も悪質だったのは、すでに盗作で解雇されていた

---

[8]原文では フランス語。

トーテンバーグだろう。汚い言葉を使うのが常のトーテンバーグは、いわゆる〝フェミニスト〟の最悪の代表格である。この点では、ハワード・メッツェンバウム上院議員は、上院の悪いところを最もよく表している人物である。

トーマスへの最初の攻撃は、アーロン、ホアヒナー、リヒトマンが仕組んだリークで、ヒルがセクハラの苦情を文書にしてFBIに送るように説得した。7年以上も音信不通だったにもかかわらず、オクラホマのヒルに最初に電話をかけたのは、ホアキナー氏だった。ホアヒナーは、ジョージ・バーナード・ショーのように、自分の役に立つと思った人には、見ず知らずの人でも臆することなく近づいていく性格だった。

この攻撃的な「フェミニスト」たちが恐れたのは、ヒルさんがトーマス判事の前に自発的に名乗り出ないことであった。その場合、諺にもあるように、自分たちがゲイであることを認めたがらない人がいると、同性愛ロビーから学んだ手法で「彼女を連れ出すしかない」のである。

この時、トーマスはすでに5日間の尋問に耐えていた。メッツェンバウムは、中傷部隊が何か結果を出すかどうか確認するために、確認を遅らせるといういつもの演出をした。ついに、フェミニスト活動家で法律「学者」でもあるキャサリン・マッキノンから、主にリヒトマンを通してひどい圧力を受け、ヒルは折れ、急進派の女性たちが望んでいた告発をせざるを得なくなり、それは直ちに公表された。

あとは歴史の通り、社会主義者であるフェミニストの野蛮さを示す魅力的な物語である。ホーチナーがヒルと連絡を取ってからトーマスが確認されるまで、すべての作戦は、イギリスで社会主義に役立った戦略である心理政治の原則に従って行われた。

残念ながら、急進的な社会主義者の「フェミニズム」は、ここにとどまる。パトリシア・シュローダーのような奇人や、ボクサーやファインスタインのような重鎮の活動も、決して手を緩めることはないだろう。このような急進的なフェミニスト議員たちが、憲法に反するあらゆる種類の法律を導入す

るのが目に見えているのです。私たちはすでに、ファインスタインがいわゆる「アサルトライフル」禁止令を上院に受け入れさせた経緯を見てきました。ファインスタイン氏の法案が3つの重要な場所で憲法に違反していることは、この剣闘士には気にならなかったようだ。私たちがすべきことは、憲法について議員を訓練し、彼らを当選させ、そして、憲法を主要な武器として、私たちの自由に対するさらなる侵害に対抗し、取り消すことを教えることである。そのためには、フェビアン社会主義協会のような財団が必要です。

第5章

りっぽうさいへん

米国憲法を「立法ルート」によって破壊することを宣言したのはフローレンス・ケリー（ウェシェネフスキー）[9]、彼女の宣言以来、ずっとである。社会党は、彼女の指示を実行するために奔走している。このような憲法の乗っ取りは、1994年には、どこかの裁判官が自分の予測を憲法に読み込んで、憲法の枠組みや範囲を逸脱した判断をしない日はないほどになっている。

1920年代後半から1930年代前半にかけて、アメリカの社会主義者グループは、憲法の制約を回避するために、司法の解釈的役割を利用することを宣言した。社会主義者はまた、社会主義の大義に有利な法律を制定することができない場合、直接立法を行う手段として「行政命令」を考案した。

米国憲法修正第9条は、裁判官が自分の予測を法律にすることを防ぐという明確な目的のために起草されたが、あらゆるレベルの裁判官は、概して、この裁判官に対する制限を無視し、ますます、明らかに違憲である法律を通過させるようになってきている。いわゆる「銃規制」法や、中絶反対デモ団

---

[9]

読者は、合衆国憲法を破壊しようとする活動家として挙げられたファインスタイン、シュローダー、メッツェンバウム、トーテンバーグ、リヒトマンなど、そのほとんどがユダヤ系であることにお気づきであろう。- はユダヤ系である。ンデ

体の規制などがその例です。

ケリーは、狂信的な社会主義者エンゲルスの『1844年のイギリス労働者階級の状況』を英訳して注目されるようになった。[10]これは、社会主義者の資本主義に対するいつもの攻撃である。エンゲルスは、宗教に対する激しい攻撃や、結婚の神聖さを非難する「家族の起源」など、いくつかの著書を書きました。エンゲルスは1884年に米国を視察したが、エドワード・ベラミの「社会主義は性倒錯者、革命家、無政府主義者の住むところというイメージを映し出すような対立を避けよ」という警告に耳を傾けようとはしなかった。どうやら、1800年代のアメリカ人は、1990年代のアメリカ人よりも、社会主義についてよく知っていたようだ。

ケリーが、革命家、アナーキスト、性的倒錯者たちの故郷であるスイスで社会主義教育を受けたのは、偶然ではない。ダントンとマラはスイスからやってきて、フランス革命を起こした。レーニンは、ロンドンに行く前に、この国でかなりの時間を過ごした。ケリーは、ニューヨーク・ナショナリスト・クラブに入会し、そこから連邦政府に工場の賃金や労働条件を管理する法律を制定させるという、合衆国憲法を破壊するための運動を始めた。

この目標を達成するために、ケリーは独自のファサードを作るか、あるいは既存のファサード、たとえば全米消費者連盟に参加し、そこにマルクス主義の色合いを持たせようとしたのです。ケリーは自らを「マルクス主義者クエーカー」と呼び、またフェビアン系アメリカ人社会主義者でもあった。ケリーについては、次章以降で詳しく説明します。彼女は、ハーバード大学のブランダイス教授と親しくなり、彼から「立法手段」による憲法回避の方法論について多くを学びました。

---

[10]*1844年のイギリスにおける*労働者階級の状況。

ケリーは、後に社会派裁判官の特徴となる「ブランダイス・ブリーフ」への道を開くために精力的に活動した。ブランデイス・ブリーフ」は、基本的に1、2枚の法律意見書に、経済・社会問題についての厳選された社会主義的プロパガンダの巨大なパケットを添付したものであった。言うまでもなく、ブランディスも同僚の裁判官も、こうした偏った社会主義の教義を解釈する資格は全くなかった。したがって、これらの教義は単に事実として受け入れられ、裁判官の判断の中に書き込まれた。1915年頃、ケリー研究員は世界中を旅して親社会主義的な情報を集め、それが「ブランダイス・ファイル」を構成する文書の大部分を形成していた。この仕事は、アメリカの法律学のあり方を変えるほどの大仕事であり、見事に成し遂げられた。

"Brandeis   Briefs
"はケリーにとって大勝利であり、憲法を改正し迂回させる「立法道」であった。マンデルハウスの指示で、相互に指名し合ったウッドロウ・ウィルソン大統領は、間近に迫ったアメリカの第二次世界大戦への参戦について、「進歩的共和党」ブランデイスの支持を取り付けることになった。すでに述べたことを繰り返すが、「進歩的」「穏健」な共和党とは、これらのラベルを使う人物が熱烈な社会主義者であることを意味する。

ニューヨークのラスク法は、米国の法制度に対する社会主義者の勝利の歴史におけるもう一つのマイルストーンである。1800年代のニューヨークには、東欧からいわゆる「移民」が押し寄せ、闘争的な姿勢と多くの革命的な経験をもたらした。これらの新参者の多くは、縫製業に従事していた。1919年、ニューヨーク州議会は、この東欧からの大集団の革命的アナキストの行動を調査するため、クレイトン・R・ラスク上院議員をこの問題の特別調査の責任者に任命した。ラスクが調査委員会の責任者に

移民」を支援する最も強力な拠点の1つがランド・スクールであった。アメリカのフェビアン社会主義者の拠点であるランドは、衣料労働組合をはじめ、ランドが設立を支援した数

多くの組合に法的支援を提供した。ランド・スクールの講師陣は、まるでフェビアン社会主義者の「誰々」のようだ。ラスクは、捜索令状を持って州警察に付き添われてランドに行き、ファイルやレコードを没収した。

社会党系法曹界の反応は速かった。1933年にヒトラーに宣戦布告した著名な弁護士サミュエル・ウンターマイヤーが、ホワイトハウス内部に大きな影響力を持ち、ラスクに対する差止命令を求めて獲得し、ラスクは押収したファイルや書類の返却を余儀なくされたのだ。これは、アメリカにおける社会主義の力のすごさを早くから示していた。しかし、ラスク上院議員の報告を受けて、ニューヨーク州議会は「ラスク法」と呼ばれる法律を制定し、ニューヨーク州内のすべての学校に免許を与えることを義務づけた。演習の目的は、ランド校を閉鎖することだった。

しかし、ニューヨークの州議会議員たちは、成功するはずもなかった。1920年代から1930年代にかけて、社会主義が、いつでもどこでも好きなときに襲ってくる悪性の病気であることを知る人は、ほとんどいなかった。社会派弁護士モリス・ヒルキットは、強力な衣料品労働者をはじめ、社会主義者が支配する組合の中で、ラスク法反対の激しい扇動を行い、アル・スミス知事は拒否権を発動した。ここから、社会主義者フランクリン・デラノ・ルーズベルトをホワイトハウスに擁立する強力な政治同盟が生まれたのである。

社会主義者たちはまたしても、自分たちが選んだ信奉者を権力者の顧問として潜入させるという、密かで邪悪で卑劣な政策が有効であることを示したのである。数年後、厳格なカトリック教徒であるスミス知事が、社会主義者を自認するジョン・オーガスティン・ライアン神父から「社会正義の問題についての助言」を受けていたことが判明した。彼は、社会主義者が支配する全米カトリック福祉協議会によってスミス事務所に潜り込んでいたのである。スミスがラスクの法案に拒否権を発動したのは、ライアンの助言によるものだった。

シドニー・ウェッブの熱心な信奉者であったライアンは、後

に「ニューディールの父」として知られるようになる。1939年、ウィリアム・C・ジャスティス。ダグラス、フェリックス・フランクフルター、ヘンリー・A・モーゲンソーが彼の名誉のために夕食会に出席した（衣料労働者や他の組合の平社員は誰も招待されなかった）。ランド・スクールは、ライセンスを取得していないにもかかわらず、中断することなく運営を続けた。

1920年代、社会主義者たちがアメリカを事実上支配しようとした時に悩んだのは、連邦政府が絶対的な権力を持っていないことであった。王だけが絶対的な権力を持っており、彼らは檄を飛ばす。リンカーン大統領は奴隷解放宣言で奴隷を解放したわけではありません。彼はそれが違憲であることを知っていた。アメリカ独立戦争に従軍したウィリアム・アンド・メアリー大学の法学部教授で、偉大な憲法学者であるセント・ジョージ・タッカーの著書『ブラックストーン注解』には、その立場がはっきりと述べられている。

> "檄文
> "を発する権利は、イギリス王室の特権のひとつです。連邦憲法にはそのような権限は明示されていないが、ある時、大統領が連邦憲法の下でそのような権限を有しているかどうかが問題となった..."....。

社会主義者たちは、将来、宣言は「行政命令」と呼ばれるようになるが、米国憲法で禁止されている不作為による法律であることに変わりはない、と決めた。

米国憲法の修正第1条から第10条までは、連邦政府に対する制限であり、おそらく修正第5条に含まれる小さな例外を除いては、連邦政府に対する制限である。憲法1条9項は、連邦政府が議会の一次的権限に含まれる委任された権限以外の立法を行うことを認めていない。

権利章典が連邦政府の権限を制限していることに不満を持った社会主義者たちは、「立法による」攻勢に出た。下院と上院を通過できなかったものは、裁判所を通して通過させた。もし、社会主義者が憲法に阻まれなければ、1920年から1930

年にかけて、この国を圧倒していたことは間違いないだろう。

残念ながら、1970年代以降、議会と大統領は毎年、より多くの社会的プログラムを実施することを選択してきた。その一例が、上院のマイナーリーダーであるロバート・ドール上院議員が提出した「全国有権者登録制度確立法案」である。ドールの法案は100%違憲であり、合衆国上院の少数党首がこれほど無責任な行動をとるのを見るのは、合衆国にとって悲しい日である。Doleの法案の詳細は、Congressional　Record, 24　　April　　1991,　　No.61,　　Vol.S5012　　-D5018ページに掲載されている。137.

ドールの法案が悪いのは、合衆国憲法第1条第4項第1号に反するからである。

> 「上院議員および下院議員の選挙の時期、場所、および方法は、各州の立法者が定めるものとする。ただし、議会はいつでも法律により、上院議員の選挙地点を除き、このような規定を制定または変更できる。

この問題についての議論は、わが南軍共和国の初期にさかのぼる。

may　　　　　　　　　　　　　"は　　　　　　　　　　　　　"shall "を意味するものではありません。マナー」という言葉は、単に使用する投票用紙の種類を意味します。この　"alter　"と "regulate "という言葉は、連邦政府が州の選挙をコントロールするという意味ではない。ドールは、州が行うべき事柄に連邦政府を関与させようとしているのだ。これは、すべての社会主義者に共通する便法である。

ウィルソンがこの種の腐敗を始め、彼の弱体化はルーズベルト、ケネディ、ジョンソン・アイゼンハワー、ブッシュ、そして今回のクリントンに引き継がれたのです。まるで連動しているかのように、最高裁は、なぜ社会主義者の最高裁と呼ばれないのか不思議なくらい左傾化している。社会主義的な教義の主な提供者の一人はハーラン・ストーン判事で、フラ

ンシス・パーキンスを通じて、社会主義プログラムの資金調達の最善の方法について、憲法上の虐殺者ルーズベルトに助言した。

当時、合衆国憲法解体の主謀者は、ハウス大佐、ブランディス判事、フェリックス・フランクフルター判事、バーナード・バルーク、フローレンス・ケリー、シドニー・ヒルマンであったことは間違いないだろう。[11]ブランデイス・ブリーフは、最高裁を間違った方向に導くことに主に責任があった。別のところで説明したように、ブランダイス・ブリーフは、社会主義的大義に非常に有利な社会学的宣言の塊であり、最も薄っぺらな法的見解で覆われていたのである。こうして、1915年に制定されて以来、アメリカ国民の首を絞める呪いのような存在である「社会学的法」が誕生したのである。

裁判所を通して憲法を攻撃することに加え、社会主義者は、政府高官でもなく国民に選ばれたわけでもないのに、「顧問」を送り込んで米国の外交政策の代弁者として活動させるという戦略を使っている。ハウス大佐とジョージ・メイナード・ケインズは、アメリカの社会主義者が「影響力の領域」を行使することによって、憲法を明白に無視した典型的な例である。

ハウスは公然と合衆国憲法の全面的破壊を主張し、ブランデイスはその著書『連邦の富』の中で社会主義的な憲法の「改革」を表明したのである。ハウスはルーズベルトの2ブロック先に住み、英国秘密情報部（MI6）北米局長のウィリアム・ワイズマン卿の声が聞こえるところにいた。

ACLUは、社会主義組織の中で最も積極的に憲法を攻撃している。その邪悪な影響力の拡大は、カリフォルニア州だけに支部があることや、マッカラン国土安全保障法に異議を唱えることができたことでもわかる。

---

[11] 繰り返すが、すべてユダヤ人である。ンデ。

第6章

米社会党の明星

この章のタイトルが示すように、社会主義を構成する何千何万の社会主義者の指導者の中から、アメリカの社会主義者の星座の中で最も明るい星をいくつか挙げることにする。その中には、この国の歴史上、最も危険な破壊活動家も含まれている。我々は常にワシントンの「共産主義者」に注意するように言われてきた。そして、これは我々の注意を、懸念すべき本当の原因である社会主義者からそらすことに成功している。

社会主義者の仲間には、教授や大学の学長など、一流の教育関係者が多い。外交官、米国務省、下院、上院に所属している。司法省には、社会主義を推進するためなら何でもする人たちがあふれている。銀行部門の要職は彼らによって占められ、彼らは国のお金をコントロールし、さらに何千人もの人々が軍の要職に就いているのです。最も強力な国際企業の中には、フェビアン社会主義の変革の代理人として活動するものもある。

フェビアン社会主義者は、コミュニケーション・ビジネスにおいて重要な地位を占めており、同様に、印刷物や電子メディアなどのニュース・メディアにおいても同様である。彼らはその日の出来事に従って世論を形成し、大衆を誘惑し、大衆が自分のものとして受け入れるように条件付けられた意見を作り上げるのです。つまり、社会主義がアメリカに根付いていて、まず国民全体の支持を得なければ、それを脱却するのは難しいということだ。フェビアン社会主義者は、キリス

ト教会に浸透し、浸透しすぎて、今やキリストの意図とは全く異なるものとなっている。フェビアン社会主義者は最高裁判事であり、憲法の保証を回避するためにその嗜好を利用する。彼らはフリーメイソンである。警察組織には、上級士官クラスを中心に社会主義者がゴロゴロしている。

過去にフェビアン社会主義者の運動に大きく貢献した最高裁判事としては、おそらくハーラン・ストーン判事、フェリックス・フランクフルター判事、ウィリアム・O.マッカーサー判事などがよく知られている。ダグラス、ヒューゴ・ブラック、ルイス・ブランディス、エイブ・フォータス、ウォーレン・バーガー、アール・ウォーレン、これらの社会主義天空の星たちについては、いずれまた触れることにしよう。また、アメリカの政治経済システムを、建国の父たちが意図したものから、社会主義的な外国人の手に国家の財布の紐を違法に委ねるバビロニアのシステムへと変えてしまった教授もいる。

建国の父たちが想定していなかったこの状況は、結果として、特に危険なカマリラを生み出し、次第に国の最高政治職を浸透させ、その結果、クリントン大統領に全面的に見られるような大きな腐敗を引き起こしたのである。

この文脈で最も容易に思い浮かぶ名前、そして真面目な研究者の頭の中でアメリカの社会主義を特徴づける名前は、エドワード・マンデル・ハウス大佐のものである。「大佐」は、「改革派」のホッグ総督がテキサス州知事に選出された褒美に与えた名誉ある称号である。1911年、ハウスは、後に社会主義者として初めて大統領になったウッドロウ・ウィルソンと出会う。1年後のボルチモアでの民主党大会で、ウィルソンが指名を受けるようにしたのはハウスであった。

別項で述べたように、ハウスはオランダ系のユダヤ人であった疑いが濃厚である。父のトーマス・ウィリアム・ハウスは、ロスチャイルド家のロンドン代理人であった。ハウス・シニアは、テキサスで唯一、南北戦争から莫大な財産を得た人物である。ある歴史家によれば、ロスチャイルド家やクーン

、ローブとのつながりのおかげで、莫大な財産を得たという。マンデル」というオランダらしい名前は、クーンの一人が「マンデル」という名前を持っていたことから、エドワードにつけられたものである。

若き日のエドワードは、イギリスの学校に通わされ、当時の裕福な自由主義思想家の影響を受け、彼ら自身もイギリスのフェビアン協会の教師たちから大きな影響を受けていた。若いハウスと親交があったのは、フェビアン主義者のジョージ・ランズベリーだった。父の死後、ハウスは独立して裕福になり、社会主義の研究、特に「漸進主義」「ゆっくり急ぐ」研究に専念できるようになった。

フェビアン協会界隈の富豪の影響力は大きいので、ハウスはその教訓をよく学び、アメリカの民主党をトップダウンで支配するまでになったのである。ハウスがアメリカ情勢のキーパーソンになったのは、フェビアン協会のエリートや、イギリスの諜報機関MI6の北米支局長ウィリアム・ワイズマン卿の推薦があったからに違いない。ウィルソン大統領の任期中、ワイズマンと英国シークレットサービスは、ハウスの仲介で大統領を注意深く監視していた。

ハウスとウィルソンの間で交わされた暗号通信は、二人だけが知っているもので、イェール大学学長のチャールズ・シーモア教授が確認したもので、MI6の好意で提供されたものであった。私がロンドンの数カ所で見た機密文書によると、ワイズマンはウィルソンの最終的な支配者としての地位にふさわしく、ハウスとウィルソンの会話を常に盗聴しているという。

同じ「モデル」が、後に、自由貿易とイギリスの銀行の利益のためにボルシェビキ革命を監督するレーニンとトロツキーのコントローラーとしてミルナー卿に選ばれたイギリスMI6諜報員、ブルース・ロックハートによって非常に成功したことが分かっている。MI6の対米戦略では、1789年7月にジョージ・ワシントン大統領が最初に禁止し、リンカーン、ガーフィールド、マッキンリー各大統領が支持してきた米国との

「自由貿易」を実現するために、ヘーゲル原理を用いてフェビアン協会のリーダーたちを説得していたのだ。

ウィリアム・ジェニングス・ブライアンは、自由貿易の候補者としてMI6に検討されたこともあったが、彼の過激な発言は大統領候補としてアメリカの有権者に受け入れられないと認識され、拒否された。この評価は非常に正確であったことが証明された。ワイズマンは、1902年から1910年までプリンストン大学の教授を務め、その後ニュージャージー州知事に就任したウィルソンの経歴を、ハウスに詳しく紹介していた。ワイズマンは、ウィルソンこそ、米国でフェビアン社会主義政策を遂行するために、ハウスが必要とする人物であると考えたのだ。すべてのチェックが終わると、ハウスは1911年11月にニューヨークのゴッサムホテルでウィルソンに会うように命じられた。

それからは、ニューヨークの東35丁目の少し下町の気取らない場所を借りて、ハウスの準備は万端であった。ハウスの「オフィス」は、まるで司令塔のようになり、スイッチボードが設置され、真上のアパートに住むウィリアム・ワイズマン卿に直通の電話がかけられるようになった。ウィルソンが少数得票でホワイトハウスに当選した後（タフトとルーズベルトの770万票に対して626万6千票）、ハウス・ワイズマン配電盤は暗号電話回線を通じて新大統領に直接アクセスすることができるようになった。

その中には、バーナード・バルークも含まれていた。バーナード・バルークは、MI6からペックの手紙を受け取り、ウィルソンが第一次世界大戦に反対する立場を改めるよう脅迫するために利用された。ワイズマンは大統領のお気に入りで、ロンドン、パリ、ワシントンを結ぶウィルソンの「機密」使者の一人となった。このことは、ウィルソンが外国政府のエージェントの支配下に置かれていることをどの程度理解していなかったかを、ある程度示している。

ウィルソンは、「自由貿易」に対するアメリカの障壁を打破するために、MI6に選ばれたのだ。彼の師であるハウス大佐

は、ウィルソンに、関税の障壁は、いわゆる「インフレ」とともに、世界の優れたビジネスの障害であり、単なる社会主義者のプロパガンダである物価高の主因であると考えるように教えていたのである。ハウスは、ウィルソンに「労働者を犠牲にして金持ちや有力者だけを利する関税障壁に内在する悪」について、延々と説明を続けた。そして、ウィルソンは虚偽の主張をする準備を整えた。

> "...私たちは、政権を維持するために協力する人々に私的な利益を与えるように意図的に作られた関税の下で生活していたのです......」。

クリントン政権も同じように、長い間この若い国を守り、その貿易と産業、生活水準を世界の羨望の的としてきた最後の関税の壁を取り払うために、偽りの議論を展開することになった。1913年3月のウィルソン大統領就任をきっかけに、アメリカの貿易障壁を取り払うための戦いが始まった。しかし、ハーバード大学を代表する経済学教授でさえ、貿易障壁が一般人にとって悪いものであるという推測は根拠がないと断じた。

これは、ボルシェビキ派の革命家アルフレッド・ミルナー卿のためにワイズマンが介入した後、トロツキーの釈放を取り付けたハウスの役割にちなんでいる。ハウスは、本人曰く、カール・マルクスの熱烈な崇拝者であり、米国憲法の否定者であった。

ワイズマンがハウスに与えた最も難しい課題の1つは、ヨーロッパで勃発した戦争に対してウィルソン政権がとった「中立」の姿勢に関するものだった。平和主義者」とされるフェビアン社会主義者は、ウィルソンの考えを変えるためにMI6に利用され、脅迫（ペック書簡）を通じて、アメリカ国民に告げられた明白な嘘によって戦争の雰囲気が作られたのである。そのために、MI6はウォルター・リップマンという人物を起用した。

第一次世界大戦が終結すると、ハウスは、英国MI6とフェビアン社会党の指導者シドニー・ウェッブによって、パリ講和会

議でのウィルソンのスポークスマンに選ばれた。その理由は、ハウスがマサチューセッツの別荘マグノリアでわずか2日間「隠遁」した後に速やかに提出した渾身の報告書によるとされている。しかし、事実はそうではないことを物語っている。後に「ウィルソンの14箇条」と呼ばれるようになった、（米国を含む）「すべての国を統括し、その主権を無効にする」単一の世界政府、国際連盟を設立するという内容は、実は1915年に英国の社会主義者レナード・ウルフが書いたフェビアン協会の文書であった。

国際政府」と題されたこのフェビアン協会の条約は、イギリス政府に提出され、受理された。その後、イギリス政府はウィルソンに渡し、ウィルソンは開封することなく、マサチューセッツ州のハウスに渡した。これは、ハウスがデビッド・ミラー教授の協力を得て起草したはずの「14のポイント」である。この事件は、イギリス政府、ハウス、ウィルソンの緊密な支配関係を浮き彫りにしている。

ウィルソンは、「14項目の計画」をパリ講和会議に提出したが、すぐに否決された。傷心のウィルソンは帰国したが、ハウスとの長年の友情は崩れ始めていた。ハウスもウィルソンも、パリで憲法を破っていないのだから。その後、二人は、憲法をめぐって断ち切れない友情が崩れ、疎遠になっていった。

フェビアン協会の教えの通り、ハウスは常に先見性を持っていた。1915年、ウィルソンの海軍次官補であったフランクリン・D・ルーズベルトに目をつけた。ハウスは「フィリップ・ドルー」が颯爽としたルーズベルトの手に渡るよう、内々に手配していた。この本は、ウィルソンの後継者として運命づけられていた社会主義者のルーズベルトに、すでに大きな影響を与えたと言われている。1920年、ハウスは友人に"彼（ルーズベルト）が次の大統領になるのは間違いない"と言ったという。ルーズベルトのニューヨーク州知事としての実績と、彼が導入した革新的な（社会主義）プログラムは、彼がホワイトハウスに選出された場合、アメリカをどのような方向に導くか、誰も疑う余地がなかったのである。こ

の点、元アーカンソー州知事のクリントンは、社会主義の方法論という点ではルーズベルトのカーボンコピーである。

ルーズベルトが当選した時、この出来事は大西洋の両岸の大小の社会主義者たちから「摂理」の行為として歓迎された。通常、このような「摂理」の行為は精査に耐えませんが、今回も例外ではありません。またしても、ハウス大佐の鋭い政治観察が実を結ぼうとしていた。ルーズベルトは、ウィルソン大統領の後継者にふさわしい社会主義をアメリカで立ち上げ、新たな高みへと押し上げることになる。ルーズベルトが大統領になったのは、ハウスのおかげだということは、決して議論の余地がなかった。ただ、「摂理」の時宜を得た行為が人間の顔をしないように、世間の目から隠されただけだった。

ルーズベルトの母親の友人であったハウスは、ニューヨーク州知事が成立させた社会主義的な良法について、すぐに指摘した。この友情は、フランシス・パーキンスの功績でもある。ハウスは、ルーズベルトをウィルソン政権の海軍次官に推薦し、アメリカ国民を味方につけるためのラジオでの「炉辺談話」方式をルーズベルトに伝え、違憲の「行政命令」、すなわち王や女王だけが発することを許される勅令の作り方を指導していたのである。

ハウスは、公務員のようにコントロールが難しい非公式なアドバイザーを大統領に囲い込むことで、大統領の意思決定とその実行の方法を変えた人物として歴史に名を残すことになるだろう。インフォーマル・アドバイザーというヌルい社会主義制度は、国民が想像する以上に国家にダメージを与えている。この点で、ハウスは20世紀前半の社会主義の代表的な戦士として、他のどんな業績よりも際立っていた。

ルーズベルトはアメリカ人に、愛想がよく、親しみやすく、非常に有能で、「笑顔が素晴らしい」等と紹介された。このプロパガンダにどれだけの真実があったのだろうか。どうやらあまりないようです。1926年、ハウスがルーズベルトを次期大統領にと考えていた頃、「素晴らしい笑顔」を持つ彼は

、家族を養うための十分な収入も得られない状態であった。ルーズベルトは、クー・クラックス・クランの切符でニューヨークの上院議員に立候補した。ポリオは脳脊髄炎であることが公表され、一般には公表されなかった。プロパガンダの専門家は、ルーズベルトを「小児麻痺」を武器に、「小児麻痺」に負けず劣らずの勇気のある男として紹介する。唯一の問題は？完全に嘘だったんですね。

ルーズベルトといえば、ニューディールやハリー・ホプキンスほど、その名を知られたものはないだろう。ニューディールの社会主義プログラムは、「不況に苦しむ労働者を助けるためのプログラム」として巧みに紹介された。実は、ニューディールとは、フェビアン協会のイギリス人会員スチュアート・チェイスが書いた『A New Deal』という本のことで、チェイスとその社会主義思想を好んだフローレンス・ケリーは、この本を重要視していたが、あまり注目されなかった。

チェイスは、アメリカの社会主義者が取るべき手段として、3つの大きなステップを提案した。

1. 偶発的なインフレやデフレを避けるために、ドルは「管理」される必要があったのだ。

2. 所得税や相続税を増税して、国民の所得を強制的に再分配しなければならない。

3. ソ連をモデルとした電化や大規模な住宅建設など、大規模な公共事業が実施されることになった。

ルーズベルトはこの計画をそのまま採用し、「ニューディール計画」となり、1932年に民主党の選挙公約として採用された。ニューディール政策は無名のまま構想され、それを見てパニックになった国民は、1932年の選挙で民主党に地滑り的な勝利を収めた。

ルーズベルトはやがて、ロックフェラーのような選挙で選ばれたわけではない顧問に弱くなった。彼らの論争の的となる存在は、通常、ドリュー・ピアソンやウォルター・ウィンチ

ェルなどのような人物によって隠されていたのである。その後、ロックフェラー家が大胆になってくると、ルーズベルトはネルソン・ロックフェラーを米州問題調整官に任命した。ネルソン氏は、在任中、ロックフェラー社のラテンアメリカでの事業に、600万ドル以上の税金を浪費した。

ルーズベルトは、ホワイトハウスに赴いた際、名もない顧問たちを連れて行ったが、その中には、ウィルソンが囲った教授たちよりも多くの教授たちが含まれていた。その理由は、アメリカ国民は、任命された役人よりも、学問の陰に隠れた「社会主義者」を疑う可能性が低いからで、ルーズベルトの任期初期には、それが証明されたのである。そのために、ペンシルベニア大学ではハロルド・スターゼン、バージニア大学ではエドワード・ステティヌス、コロンビア大学ではドワイト・アイゼンハワー将軍が、長期計画を立てることがフェビアン社会主義者の間で重要な要素であることを念頭に置いて、植え付けられたのだ。

この秘密「顧問」は、ルーズベルトに、日本が接収したスタンダードオイルの資産を、米軍を利用して回収させる、いわゆるスチムソン・ドクトリンも担当していた。このドクトリンは、イラクに接収された英国石油の資産回収を目的とした湾岸戦争で、ジョージ・ブッシュ大統領に取り上げられた。アルガー・ヒスがルーズベルト政権に導入された経緯は、フェビアン社会主義の教科書の典型的な例である。1936年、ヒスはウィルソンの娘婿であるフランシス・セイレ教授から国務省に招聘されることになった。セイラは、以前から貴重な社会主義者として認められていた。

セイラは、殺人罪で起訴された著名な社会主義者サッコとヴァンゼッティの弁護のための法律文書作成に協力した。アーサー・M・シュレシンジャー教授、フェリックス・J・フランクフルター教授、ロスコー・パウンド（ハーバード・ロースクール学長）、ルイス・ブランディスらがセイレと行動をともにしていた。1938年、ケンブリッジ大学に入学したアーサー・シュレシンジャー・ジュニアは、フェビアン協会に温かく迎えられ、両手を広げていた。1890年代に相次いで渡米

したアナキストを逮捕・追放しようとした法執行機関や議会の努力が、"レッド・スケアの過剰反応"と揶揄された時期である。

セイラは、ヒスが自国に対するスパイ行為に深く関わっていたことが明らかになった後、ヒスを擁護した一人である。国務省のアドルフ・バールが、ルーズベルトにヒスの活動を警告しようとしたところ、「余計なお世話だ」と突然言われた。同様に、ルーズベルトはオーウェン・ラティモアの活動に関する情報報告に耳を貸さず、彼を蒋介石の個人顧問に任命することに固執したため、ラティモアは国民党を簡単に共産党に裏切ることができる羨ましい立場に置かれることになったのである。中国国民党軍は、ルーズベルトが任命したラウクリン・カリーにも裏切られ、蒋介石国民党軍への軍事物資をインド洋に投棄するように命じられた。

ハリー・ホプキンスは、ルーズベルトにとって、ウィルソンにとってのエドワード・マンデル・ハウスのような存在となった。ホプキンスは、フランシス・パーキンスの弟子で、ソーシャルワーカーとしてキャリアをスタートさせた。妻のエレノアを通じてルーズベルトと親しくなり、ニューディールのスローガンである「税と支出、税と支出」を唱えたと誤って評価されている。ホプキンスは、大恐慌の時にルーズベルトからいわゆる「連邦」援助、つまり福祉を分配するように任命され、頭角を現した。ホプキンスは、服を鼻からぶら下げた案山子で、社交的なエレガンスにまったく欠けており、ジョン・メイナード・ケインズと一緒にいても、まったく場違いな存在に見えただろう。ホプキンスが知っていたのは、トウモロコシのことだった。彼の最大の武器は、「有力者」を選んでその輪の中に入り込むことだった。

この才能を見込んで、ルーズベルトはホプキンスを1940年の民主党大会の責任者にしたのだ。ホプキンスは、その不運な外見とは裏腹に、当時の有力政治家の支持を得ることができた。ルーズベルトは、『パーティザン・レヴュー』に掲載されたアーサー・M・シュレシンジャー・ジュニアの論文に個人的に賛同し、南北戦争の真の原因を調査している人々をシ

ュレシンジャーが攻撃したことが知られている。このことは、情報通の人なら驚くことではないだろう。すでに述べたように、共産主義や社会主義は、その戦争前の時期、さらには南北戦争中やその直後にも、正史が許す以上に広く浸透していたのである。シュレシンジャーとその社会主義者たちは、この事実を好ましくないと考えた。彼らは、戦争の原因について、既成の歴史家の説明-
それは例外なく、共産主義と社会主義の果たした役割に言及していない-を国民に信じさせたかったのだ。

それは、アーサー・J. アナーキストのサッコとヴァンゼッティを「誰も気に留めない無名の移民2人」と呼んだシュレシンジャー・ジュニア。アーサー・シュレシンジャー・ジュニアは、この二人のアナーキストのために、ACLUで多くの仕事をした。シュレジンジャーは、その後も『フェビアンニュース』に多くの記事を書き、社会主義思想を擁護した。その中の一つ、『フェビアン・インターナショナル・レビュー』に掲載された論文で、シュレシンジャーは、アメリカの社会主義者がアメリカの軍事と外交政策を完全にコントロールするつもりであると公言している。

社会主義者の望む目標に合わせて憲法をねじり、圧縮し、不変の憲法によってその計画を阻止された判事たちは、社会主義の大空で最も輝く星である。なぜなら、彼らが自ら腐敗し、宣誓を破ることを望まなければ、強大なアメリカの進路と方向を変える上で非常に重要であった遠大な「大衆的」社会主義「改革」はどれも成功しなかっただろうからだ。

フェビアン社会主義の堅固な優秀な裁判官を連邦最高裁に選出するプロセスは、ウィルソン政権とフェビアン社会主義の最も重要なメンバーの一人であるルイス・D・ブランディス裁判官の任命によって本格的に始まった。ブランディスの記録を調べると、国内外のフェビアン社会主義者の階層は、賢明な選択をしたことがわかる。ブランデイスは、フローレンス・ケリー自身が望んだ以上に、憲法を弱体化させ、厳しい社会主義の法案や周囲に通した。

ルイス・デンビッツ・ブランディス教授（1856-1941）は、エドワード・ベラミーが定義した「新しい憲法」を歓迎する裁判官という社会主義者の考えにぴったりな人物であった。米国憲法の進化的解釈に基づき、司法が「抜本的改革」を行い、三権分立の障害を解消する「新しい独立宣言」を提案したのはベラミーであった。ベラミーさんは、善意に満ちた建国の父たちが設計した憲法を、悲しいかな時代遅れだと言った。

ウィルソン大統領自身は、自分が忠実に守ると誓った合衆国憲法の解体に大いに賛成しており、ブランデイスの中に同志を見出したのである。ブランデイスは、フェビアン協会の哲学者ジョン・アトキンス・ホブソンの足元に座っており、「ブランデイス・ブリーフ」の著者と考えられていたが、ケリーは常に自分の功績だと主張していた。この戦略は、フェリックス・フランクフーター、ルイス・ブランディス、ハロルド・ラスキー、ジョン・メイナード・ケインズが始めた憲法に対する社会主義者の戦争において、驚くほどうまく機能したのである。この4人のフェビアン社会主義者は、ヒトラー、スターリン、ホーチミンが成し遂げたことをはるかに上回る方法で、米国の進路と方向を変え、我々人民を完全に害するようにした。

ブランデイスは、弁護士としてのキャリアの初期に、手ごわいフローレンス・ケリーとコンビを組んだ。彼らの協力がなければ、ロンドンのフェビアン協会のシンクタンクで考案され、英国の社会主義者ホブソンが完成させた、後に「ブランデイス・ブリーフ」として知られるようになる策略を使うことはできなかっただろう。ケリーは、「立法ルート」と呼ばれる憲法回避の社会主義的大義に傾倒し、生まれたばかりの「ブランダイス・ブリーフ・ベイビー」の産婆となり、アメリカの社会主義完全支配という彼女の夢をほぼ現実のものにすることになる。

ブランデイスには、ケリーの伝記作家であるジョセフィン・ゴールドマークという姪がおり、彼女は1907年にこの手記がどのように作成されたかを説明している。複雑な作業ではな

かったのですが、その分時間と労力がかかりました。あらゆる社会学的なデータが集められ、1ページ半の法律論に付加された。英国陸軍の教練兵がよく言っていたように、「でたらめは頭を混乱させる」。1909年に最高裁に提出されたブランダイス・ブリーフがまさにそうだった。

もう一人の著名な社会主義者であるフェリックス・フランクフルターは、この新制度を「我々の憲法制度全体の中で最も威厳のある概念」と呼び、裁判官が自分の前の事件で憲法に自分の偏見を読み込むこと、すなわち合衆国憲法修正第9条で禁止されている偏見を読み込むことを可能にしたのだ。にもかかわらず、この方法が一般的になってしまったため、なぜ多くの最高裁判決が、"名無しの失策"であるのかを説明するのに役立っている。[12]

フランクフルターは、パリ講和会議に出席したが、新しい世界秩序がすぐには確立されないことを知り、帰国した。フランクフルターは、ハロルド・ラスキー教授と同じように、社会主義的な陰謀を企て、フェビアン社会主義者のように時間をかけて、時が来たら強硬手段に出たのだ。ロンドン大学経済学部のイギリス人社会主義者フェイビアン・ウォラス教授を尊敬していたアメリカ人社会主義者の中で、フランクフルターはその筆頭であった。

パリ講和会議で新世界秩序が実現しなかったのは、ウィルソン政権の誕生で急進派の波が押し寄せたことに嫌気がさしたアメリカ国民によるところが大きい。この時のアメリカ人の良識は評価されなければならない。これは、現在とそれほど状況が違うということではありません。しかし、当時の国民の構成は、主に西ヨーロッパ出身で、英語とキリスト教の宗教によって結ばれており、アメリカ独立戦争とその国民統合への深い理解も考慮しなければならないが、社会主義政策に

---

[12]原文では "Bullshit "です。

よって完全に歪められてしまったのである。

しかも、1919年当時は、世論調査を無制限に使って、人々の考えを勝手に決めてしまうようなことはなかった。1990年代のアメリカは、西欧のキリスト教徒が圧倒的に多かった人口構成から、中国人、東インド人、ベトナム人、東欧人、ヒスパニックなど、世界のあらゆる人種が混在するようになり、全く違った様相を呈している。1919年、人々は団結してアメリカの破壊分子に対する行動を要求し、1919年から1920年にかけて司法長官ミッチェル・パーマーが扇動の中心を撲滅するために一連の手入れを命じたことでそれを実現した。

ブランデイスはすぐに、フランクフルターとウォルター・リップマンが提出した、何百もの破壊的な社会主義センターの捜索の差し止めを求める準備書面にも加わり、合衆国憲法を転覆させようとする社会主義者に同調する姿勢を示した。リップマンは、社会派作家を引き連れて現場に現れたこともあり、担当の警察官から口汚くののしられた。

ブランデイスの上院での承認手続きは、決して楽なものではなかった。1915年当時の上院議員は、現在よりもはるかに合衆国憲法に精通していたため、ウィルソンの最高裁判事への選出は熱く議論されたが、無駄だった。民主党の多数派は、この危険で情熱的な革命家の起用を確実にした。この熱烈な社会主義者が米国憲法に与えた損害は、まだ計算中である。ヒトラーもスターリンも、これほどの大惨事を引き起こすことはできなかっただろう。

ブランデイスは、ニューディール政策に携わった最初の裁判官の一人である。友人のフローレンス・ケリーは、スチュアート・チェイスの『ニューディール』というシンプルなタイトルの本を彼に渡した。チェイスは、この本が英米の社会主義計画の将来にとって良いものだと考えており、シドニー・ウェブとフェビアン協会の階層はこの意見に同意していた。ブランディスやケリーの主張により、「A New Deal」はすぐに1932年の民主党の平板な形に取って代わり、1933年にはフランクリン・D・ルーズベルトの「New

Deal」となった。

チェイスの見解が、暴力的な無政府状態や社会主義的な革命行動に反対していなかったことは興味深い。

> 「革命は）いつか必要な時が来るかもしれない。私は、債権者階級の苦しみや、教会が遭遇するであろう問題、その結果として起こるかもしれないある種の自由の制限、また移行期の流血に対してさえ、真剣に警戒していない。より良い経済秩序は、多少の流血に値する…」と。

しかし、スチュアート・チェイスは、アメリカ国民を騙して、自分たちのためになるはずのボルシェビキ式革命に参加させることはできない、しないと見て、ついに降参した。その代わり、ウェッブの「労働と新社会秩序」の路線で、中央政府による国家統制による集団的な統治を提唱した。チェイスは温厚な性格だが、非常に危険な過激派であり、その思想は、一国政府である新世界秩序の構造に大きく組み込まれている。

チェイスの本に金を出し、スポンサーとなった組織や人物は、モスクワの職権大使であるルートヴィヒ・マルテンスとゆるやかにつながっていたのである。マルテンスは、極左社会主義雑誌『ネイション』や、エドワード・A・フィリーンと親交があり、フィリーンは、フェビアン社会主義の金融天使である20世紀基金を通じて、この本のアメリカでの印刷費を引き受けたと言われている。チェイスは、ケリーやブランディスとも親交があり、ボルシェビキ革命は「絶対に必要だった」と表現したことがある。フランクリン・デラノ・ルーズベルトがホワイトハウスに入ると、「A New Deal」は「New Deal」となり、アメリカ史のページを飾ったフェビアン社会主義の最も野心的な法案のひとつとなった。

ルーズベルトのホワイトハウスへの道は、フェリックス・フランクフルターによって、かなりスムーズになった。オーストリアのウィーンで生まれ、12歳の時にアメリカに渡ってきた、ほとんど小人のような頭部を持つ子供。フランクフーターは、その明晰な頭脳を生かして、建国の父たちの構想に反

するあらゆる社会主義的大義を擁護した。アメリカの社会主義化へのアプローチの手段の一つが、フランクフルター、ローズ・シュナイダーマン、ロジャー・ボールドウィンが創設したアメリカ自由人権協会（ACLU）で、憲法を悪用して社会主義の敵を弁護することだけを目的に作られたものである。

ACLUは、憲法を破壊しようとする米国の敵を守るために、憲法を「ねじ曲げ、圧迫する」ことを公言し設立された。共和国の敵のために憲法を利用するという倒錯したやり方が、フランクフルターの頭の中から出てきたものであることに異論はないだろう。リップマン、シュレジンジャー、そしてハーバード大学の多くの法学教授たちによって、フランクフーターがリーダーであった社会主義者の敵からアメリカを守ることは非国民であるという考えが広められたのである。

フランクフルターは、アメリカの社会主義者の敵のリーダーとして、ホワイトハウスのもうすぐ油注がれる者を守ることは、公的に許されることだと考えていた。フランクフルターは、フェビアン協会の働きかけで、著名な社会主義者によるシンクタンクを設立し、ルーズベルトがホワイトハウスへの社会主義的道のりの障害や落とし穴を克服するための助言と援助を行うことになった。ルーズベルト・ニューディール」が正しいことを正しい時期に行うべきであると考えたフランクフルターは、ルーズベルトの就任直後に私的に会談を行った。

フランクフルターは、ハロルド・イケス（Harold Ickes）の協力を得て、ワシントンやその他の大都市をカバーする大規模なスパイ組織を立ち上げた。このグループは、「ハロルドのゲシュタポ」と呼ばれるようになったが、「チェカ」という言葉の方が適切であろう。ルーズベルトに投票するよう、地方や国の役人に大きな圧力をかけることができたからである。イクスは、その後もルーズベルトの側近として、「大統領は2期まで」というワシントン大統領の不文律を破った張本人である。

また、フェビアン社会主義者のフレッド・C・ハウも出席していた。ハウの名前は、後に大西洋両岸の社会主義界でよく知られるようになる。国務省をはじめ、ルーズベルト政権の要職に就くスタッフを一緒に選んでいた。大統領執務室に座るのが共和党であろうと民主党であろうと、その模様はインテリアの一部となるのだ。例えば、レーガン政権では、3,000もの重要なポジションがヘリテージ財団の候補者によって占められた。表向きは「保守系」のシンクタンクであるヘリテージ財団の裏の顔は、フェビアン協会の有力メンバーで熱心な社会主義者であるピーター・ビッカーズ・ホール卿によって運営されていた。

ルーズベルト政権ではコーデル・ハルが名目上の国務長官だったが、責任者は裏切り者のアルガー・ヒスを含む「フェリックスとその部下」であり、ハルはこの状況を12年間容認していたのである。フランクフルターも後に認めているように、このアイデアはイギリスの枢密院の首相補佐官制度からきている。いずれにせよ、ルーズベルトが大統領府に入った2年後、イクス、ウォレス、ホプキンス、フランクフルターは、ランド社会科学大学院の陰の立役者となった。

フランクフルターは、アメリカの社会主義化の先駆者であり、公共事業を自治体の手に移し、テネシー渓谷公社（TVA）事業につなげることでその価値を証明した。不況対策として宣伝されたTVAは、実際にはこの規模の社会化事業への第一歩であり、アメリカの社会主義者とその支配者であるイギリス人にとって大きな勝利であった。マーク・スターが書いているように

> "社会主義的集団主義、公有制、統制が米国で必要になれば、特定のケースや事例で採用されるだろう。他の名前で呼ばれるかもしれないが、テネシーバレー公社のように、公有制が適用されるだろう......" と。

フランクフルターは、その後も政府への左翼の浸透を促し、彼が後援した多くのフロント組織の一つが世界青年会議所運動であった。このフェビアン社会主義企業の関係者の多くは

、上院の匡土安全保障小委員会で危険な共産主義破壊者と評された。しかし、ジョンソンに最もダメージを与えたのは、自分の弟子であり生涯の友であるディーン・アチソンを、ジョンソンの側近に取り込んだことであろう。

アメリカの共産主義を調査していたダイス委員会は、ハロルド・ラスキー教授、ジョン・メイナード・ケインズ、フェリックス・フランクフルターの3人がアメリカ社会主義の恐ろしいカルテルだと断じ、この考えを持ち出したルーズベルトに馬鹿にされたのである。しかし、ニューディール法のすべての法律用語は、フランクフルターが書いたものであることは間違いない。忘れてはならないのは、ルーズベルトにディーン・アチソンとオリバー・ウェンデル・ホームズを推薦したのがフランクフルターであり、国務省と最高裁に、これ以上裏切り者を二人も見つけることは不可能であったということである。

イギリス、アメリカを問わず、過去、現在のどの社会主義者よりも、アメリカの社会化への道を開いた最も偉大な人物は、間違いなくドーム頭の準看護師、フェリックス・フランクフルターであることは同意されている。ワシントンが建てた保護関税を打ち破り、連邦準備制度をその地位に誘導し、ウィルソンをイギリスの第一次世界大戦に参戦させるために全力を尽くしたとも言える。

フランクフルターは、ウォルター・リップマン、ポール・ウォーバーグ、トーマス・W・ラモントや当時の主要な社会主義者の側近で、彼と家族がヨーロッパから事実上追放されたときに保護区を与えてくれたアメリカに対するひどい裏切りを実行に移すのに適した立場にいたのだ。もし、"he bit the hand that fed him "という格言を実現する有力な候補者がいるとすれば、それはフェリックス・フランクフルター判事だろう。彼はほとんど独力で憲法を曲解し、この偉大な文書を白紙に戻すところだった。

フランクフルターは、ルーズベルトのラジオ放送の大部分、

「炉辺談話」を書いている。ルーズベルトがハリー・L・ホプキンスを英国に派遣し、地球上で最大の強盗であるレンドリース法の下準備をさせたのも、彼が一役買ったからだ。しかし、フランクフーターがもたらした最大の損害は、（まさにフェビアン流に）立法府に裁判所を徐々に侵入させ、議会の権限を徐々に減少させ、最高裁と大統領の権限を増加させるという陰湿な慣行を始めたことだろう。フランクフルターは、三権分立を壊し、破壊するというラスキー教授の夢をほぼ実現させた人物である。

これが100%違憲であるという事実は、裁判所の小さな小人には気にならないようだった。つまり、フランクフルターが一生かけて追求した裏切りと反乱のおかげで、イギリスのフェビアン協会は、ラスキーがアメリカにおける社会主義の進展にとって最も重大な障害であるとした三権分立の壁の下に築いていた暗いトンネルに、ようやく光が見え始めたのであった。フランクフルターは、西欧経済の破壊者であるジョン・メイナード・ケインズと密接な関係を保ち、ケインズがヨーロッパの資本主義が死につつあると予言した「平和の経済的帰結」[13] の出版を組織している。

フランクフルターは、反対意見を述べたり、ミッチェル・パーマー司法長官による米国内の扇動的な運動に対する警察の手入れを批判する記事を精力的に書いたが、「現場」での攻撃を実行したのはリップマンであった。リップマンは、ルーズベルトの「ブレーン・トラスト」グループの主要メンバーで、大統領に社会主義的な提案を浴びせかけた。マクファーデン議員は、フランクファーテルが「全米産業復興法」の原案者の一人であると非難した。McFaddenはこう述べた。

> "この法律をアメリカ国民に押し付けるには、バルーク氏とその仲間たち（その一人がフランクフルター）の15年にわたる奮闘が必要であり、大きなストレスを感じる時

---

[13] *平和の経済的帰結*、Ndt.

期の苦しみによってのみ、この法律を押し付けることが
できたのだ... 'と。

"...しかし、バルーク、ジョンソン、トゥグウェル、フラ
ンクフルター、その他は、この国で（社会主義の名の下
に）最も図々しく活動しているように思われる。フラン
クフーターは、このグループの法的頭脳のほとんどを提
供している......。彼らは、この国のビジネス利益を強要し
、脅迫して私的な契約を結ばせ、憲法を無視して国のビ
ジネス利益を好きなようにすることを要求する力を持と
うとしている。ニューディールの弁護士たちは、市民が
憲法上の権利を契約することができると、躊躇なく裁判
に臨みます。これは、彼らが国家の境界を破壊した方法
である......」。

フランクフルトが、ルーズベルト政権の就職斡旋を事実上引
き受けていたことは、よく知られた事実である。フランクフ
ルターがルーズベルトに推薦した最も危険な社会主義者には
、悪名高いレックスフォード・タグウェルとニューヨークの
アル・スミス知事がいた。

フランクフルターとラスキーの親密な関係は、ロンドンやワ
シントンの社会主義界に大きな関心を呼び起こすことになっ
た。ラスキーは、ボストンやワシントンのフランクフルター
の家によく来ていた。同じ社会主義者として、二人は互いに
大きな影響を与え、憲法が課す三権分立を弱めるために、精
力的に活動した。二人の手紙には「親愛なるフェリックス」
「親愛なるハロルド」という題名がついていた。ロンドンの
フェビアン社会主義の中心にいたラスキーは、「親愛なるフ
ェリックス」に最新の社会主義思想を十分に伝え、それをフ
ランクフルターがルーズベルトに伝え、ルーズベルトはいつ
でも彼に門戸を開いていた。この二人の「枢密顧問官」は、
ルーズベルトの3期にわたる社会主義政策の中で、最も影響
力のある立役者となった。

国連条約の決定的な要因は、フランクフルター、ラスキー、
ケインズによって起草されたとはいえ、憲法上の権力を隔て
る壁からまた一つレンガが取り除かれたことを意味している

。1942年から1946年にかけての歴史家は、国連条約は行政から立法への大きな転換の長い流れの最初のものであり、この衝撃的な流れはクリントン大統領になってからも飛躍的に大きくなっていると論じている。ケインズは1934年にルーズベルトを訪ね、今ではすっかり否定されている「乗数」について説明した。連邦政府が福祉に使う1ドルは、小売店、肉屋、パン屋、農家、燭台屋に与えられる1ドルと仮定したのだが、実際にはそうではなかった。

> 「レーニンは確かに正しかった。通貨を腐敗させることほど、既存の社会基盤を転覆させる巧妙かつ確実な方法はない。このプロセスは、経済法則の他のすべての隠された力を破壊の側に巻き込み、100万人に1人も診断することができない方法でそれを行う...」と。ジョン・メイナード・ケインズ

ケインズは「乗数」説を唱えたとされているが、これは彼の弟子の一人であるR.F.カーンのもので、彼はキングスカレッジの学生時代にこの説を考案している。1934年夏、フェビアン社会党は「経済の天才」ケインズを米国に移すことを決めた。彼の著書『貨幣の一般理論』はルーズベルトも読んでいたが、理解できなかった。ルーズベルトは、二人を紹介したフランシス・パーキンスに、「私は彼の数字に関するちんぷんかんぷんな話は理解できなかった」と認めている。借金してでも不況から脱出しようというのがケインズ経済思想の根底にあり、イギリスの歴代社会党政権やアメリカの民主党政権に支持された理由でもあろう。

ケインズは、まるで未来予知が常に的中する神秘主義者のように、賞賛のまなざしを向けられた。しかし、真実は、目がくらんだ人たちが彼の主張を調べさえすれば、少なくとも85％は間違っていたのである。ケインズ氏は、服装、装い、話し方など、英国紳士のようなマナーを持っていた。その気になれば、どんな女性でも魅了して寝取ることができたと言われている。イートン校とケンブリッジ大学キングスカレッジでの教育が、男女を問わず魅力的なマナーを身につけたのかもしれない。

ケインズに、紙幣を無限に増殖させることができる錬金術師の秘密をR.F.カーンから得た。カーンに任せていたら、誰もそれを微塵も信用しなかっただろう。しかし、背が高く、ハンサムで、清潔感のあるケンブリッジ大学の学長が、芸術、料理、ワインに驚くほど造詣が深く、「乗数」の発見は大きなニュースとなったのである。それにもかかわらず、マーシャルやピグー教授に指導を受けたにもかかわらず、ケインズは12位、つまり少人数の経済学クラスの最下位にしかなれなかったのは不思議である。1911年、ケインズは『経済ジャーナル』の編集者となり、その1年後にはフェビアン協会の王立経済学会の幹事となった。ケインズを考えるとき、私はイギリス正規軍の軍曹の地に足の着いた、賢明で素朴な哲学を思い出さずにはいられない、これは繰り返しになるが。

"デタラメは脳を困惑させる"

これはまさにケインズ経済学の本質であり、お金は無限に増え続け、小さな努力で大きな報酬を約束するチェーンレターのようなものである。手紙の連鎖の果てに何が起こるのだろうかと思う人々に、ケインズは「我々は皆、いつか死ぬのだ」と答えた。今にして思えば信じられないことだが、実際にはちんぷんかんぷんなケインズの「経済システム」が、欧米諸国の国際銀行家や有力政治家に受け入れられてきたのである。

ケインズはノストラダムスのような存在だったのか、グレゴリー・ラスプーチンのような存在だったのか、それとも本当に自分の経済原則に誠実だったのだろうか。生まれつきの資質に加え、ケンブリッジ大学の教授で、自由企業制度への絶え間ない攻撃を得意とした父ネヴィル・ケインズも、ジョン・メイナード・ケインズを貴族院に席を置くほどの大富豪にした息子の暴走に貢献したということなのだろうか？

ケインズは、シドニー・ウェブにならって公務員としてキャリアをスタートさせた。しかし、かのバートランド・ラッセルは、ウェブのことを「植民地事務所の事務員」と呼んでいたが、ケインズには決して当てはめることはしなかった。お

そらく、ケインズは大学時代にラッセルの魅力的なサークルの一員であり、社会主義者が他のグループと同じように階級意識と俗物性を持っていることを証明したからであろう。

特に、フェビアン社会主義の創始者であるシドニーとベアトリス・ウェッブ夫妻によれば、「資本主義の道徳的ハッタリに対抗した人物」として、ジョージ・バーナード・ショーやフェビアン社会主義者との初期段階からケインズは高く評価されていたのであった。ケインズは自由党員でありながら、保守党からも労働党からも絶大な尊敬を集め、経済的に未来を見通すことができた。Fabian Newsに「真の神託の読み手」と書かれたように。ケインズが重要な役割を果たした国際通貨基金（IMF）の設立を推進したのも、「お告げを読む能力」があったからかもしれない。

他の多くの「一つの世界政府」（新世界秩序）機関と同様に、IMFは単に米国経済から資金を流出させ、優れた天然資源を担保に持つ国々に渡すための手段であった。IMFが自国の天然資源を乗っ取るだけでなく、国家主権を支配し、そして破壊することを、油断していた政府は知らなかったし、実際知る由もなかったのである。ローデシア、フィリピン、アンゴラ、ブラジルは、IMFを入れたらどうなるかという良い例です。

1919年、ケインズはマンデルハウス大佐、パーシング将軍、ウォルター・リップマンらの信頼を得ることに成功する。ケインズは、「ヨーロッパの資本主義は死んだ」と力強く宣言した。このような人脈から、彼はハウスと、後にはハリー・ホプキンスと、ある程度重要な地位を得ることになり、最初は国際問題研究所と呼ばれていたフェビアン協会の支部である外交問題評議会（CFR）の設立につながったのである。議会記録、下院、1932年10月12日、22120ページによると、ケインズは、マルクス主義の経済理論を不安定にし、普及させるために、「平和の経済的帰結」という本を米国に提出した。

ルーズベルトはケインズの考えを歓迎し、いわゆる「公共事業」-
実際には、ケインズが約束したような連邦政府のドルを「増殖」させない便利な仕事-
に40億ドルを議会から得る根拠となった。ケインズはヘンリー・キャントウェル・ウォレスと親しく、二人ともドルの金含有量を廃止して「管理通貨」にすることを支持していた。ケインズは、ハーバード大学でもフランクフルターやラスキーと頻繁に会い、強い印象を与えていた。フランクフルターが社会主義的なニューディールのための法律用語を提供した一方で、ケインズにいつものように経済的な基礎を提供し、その論理的結論に従えば、どの国の経済も破壊してしまうような完全なキメラである。

イギリス社会主義者」は、ファラオ神権時代の予言者のように、ルーズベルト大統領に神秘の網を張り巡らし、彼は死ぬまで彼らの支配下にあった。ニューディール時代の高僧といえば、ジョン・メイナード・ケインズを挙げるのが自然であろう。大票田にも「2と2は5をなす」と信じ込ませるなど、その英語運用能力は目を見張るものがあった。

ケインズがワシントンの舞台に登場したのは、1933年12月31日の『ニューヨーク・タイムズ』紙に掲載された全面広告がきっかけだった。それでも、マディソン・アベニューの宣伝は効果があり、おそらく1934年の訪米への道が開かれたのであろう。リップマンら米国社会党の大スターとの長い交友は、ケインズにすべての扉を開いた。

ルーズベルトは自分のしていることの意味を理解していなかったが、ケインズの助言により、英国政府の同様の動きと同様に、米国を金本位制から離脱させることを決定した。ケインズの「乗数」理論に、ケインズから「貨幣数量説という経済学上の重大な誤り」を気にするなと言われ、ルーズベルトが採用したものである。ニューディーラーたちは、世界一のエコノミストから、明日をも知れぬ無謀な財政出動に踏み切る許可を得たと喜んだ。

こうして、1936年に発表された「雇用の一般理論」によって、ケインズは「完全雇用は政府の責任であり、完全雇用が達成されない場合は福祉が引き継ぐべき」という信念のもとに、政府支出の継続を確保しようとしたのである。ケインズは赤字財政の主唱者であり、ルーズベルトはそれを喜んで受け入れた。にもかかわらず、ルーズベルトは支出によって不況を脱することができなかった。

一般のアメリカ人にしてみれば、頭の中が真っ白になるような話だった。専門家に任せろ」「複雑すぎて我々には無理だ」というのが、マスコミの大合唱である。そしてそれこそが、社会主義者たちが、決して機能しなかった偽の「乗数」に基づく赤字支出という大いなる詐欺から逃げ出した方法なのである。このファビウス派の社会主義的経済指導者が米国に与えた計り知れない損害は、まだ測定中である。"You know people by the company they keep" は、昔からよく言われている格言です。カリー、フランクフルター、リップマン、バルーク、ハウス、アチソン、ロストウ、パーキンス、フォーティス、ルーズベルトなど、その悪行は夜空の星のごとく多く、本書ではカバーしきれないほどである。

偉大な下院議員ルイス・T・マクファーデンは、自分が委員長を務めていた下院銀行委員会に連邦準備制度理事会議長のマリナー・エクルズを呼んで証言させた時、ケインズ経済学にほとんど耳を貸さなかった。

マクファーデンは、長年フェビアン社会主義に反対してきたが、フランクフルターとケインズについて、特にニューヨークの外国政策協会を通じての人脈を攻撃し、ポール・M・ウォーバーグがその創設者の一人であることを指摘した。また、ルーズベルトがフランシス・パーキンスの推薦で農務長官に任命したヘンリー・A・ウォラスが、ニューヨーク外交政策協会のフェビアン派スポンサーである扇動的なフリーダム・プランニング・グループの一員であることを、彼は正しく非難している。マクファーデン氏は、モーゼス・イスラエル・シーフ氏がこのグループであることを正しく認識し、「し

ばらくはゆっくりして、我々の計画がアメリカでどうなるかを見よう」というシーフ氏の忠告を引用していた。シーフはイギリスの小売チェーン「マークス＆スペンサー」を経営し、数億円の社会主義者であった。

シエフが言っていた「我々の」計画とは、ロンドンのフェビアン社会主義者が立案した、すべての土地と農業を政府の管理下に置くという計画で、レックスフォード・タグウェル教授がすでに提唱していたものであった。タグウェルは、スチュアート・チェイスとレイモンド・モーリーという「恐ろしいトリオ」の3人目で、悪名高く扇動的なランド社会科学学校の教師であった。3人ともヘンリー・ウォレスの腹心で、彼はタグウェルの協力を得て、1936年に発展し始めたばかりの農業界を、作物を耕し、家畜を屠殺する政策で破壊してしまったのだ。

彼は、ボルシェビキ革命を熱烈に支持し、「世界を作り直すのが楽しい」と語っていた。コロンビア大学で教育を受けたタグウェルは、フェビアン社会主義の理論を政府の実務に応用した最初の社会主義者であった。ルーズベルト政権が作ったニューディールのパイに、タグウェルは指を突っ込んでいたのだ。その代表的なものが、輸入品に対する関税の撤廃である。

このニューディール計画を、ルーズベルトは熱狂的に歓迎した。

> "このことを広い国土の視点で見れば、50年かかっても国策にする……。今こそ、過去の過ちを将来にわたって回避し、我々の社会（社会主義）的・経済的見解をネイションに伝えるための計画を立てるべき時である。"

この禁止令に喜んで従った一人がアーサー・シュレシンジャー・ジュニアで、その幅広い社会主義活動には、アメリカで最も重要な無政府主義、扇動的、破壊的社会主義組織の一つであるアメリカ民主行動（ADA）の初代全国会長アドレー・シンプソンの管理も含まれており、そのために宣伝材料の大半を執筆していたのだ。シュレジンジャーは、ジョン・F

・ケネディを社会主義者の候補として紹介する責任を負っていたが、これは並大抵のことではなかった。

貫通と孕ませ」のスターであるシュレジンジャーは、1950年代、リンドン・ジョンソンのADAの大義を秘密裏に破壊し推進する役割を担った。1960年の民主党大会でケネディがジョンソンを出馬表明した後、シュレジンジャーがADAの主要メンバーの出馬をいかに阻止したか、その全容は一冊の本ができるほどである。ADAの代表的な社会主義者であるデイヴィッド・ドゥビンスキーが、政治家としてずっと嫌っていたジョンソンをケネディの伴走者に選んだと知った時の困惑ぶりは想像に難くないだろう。

もし、シュレジンジャーが成功しなければ、ジョンソンはケネディの申し出を拒否していた可能性が高い。実は、ジョンソン氏は上院の多数党指導者の立場を好んでいたため、気持ちの問題であった。シュレシンジャーが、1950年代にジョンソンを抑圧された社会主義者に仕立て上げたことをダビンスキーに明かしてから、ダビンスキーはADAの支持を集めて指名をしたらしい。シュレジンガーは、ジョンソンの「トップ・キャビネット」（無名の顧問-私的アドバイザー）の一員ではなかったが、ジョンソン大統領の任期中もその活躍は続いた。アーサー・シュレシンジャーは、この国が抱える最も危険な見えざる敵の一人であった。

アッション学部長は、よく訓練された社会主義者の狡猾で詮索好きで扇動的な基準設定方法を体現していた。アチソンは、300人委員会の法律事務所Covington, Burling and Rublee の出身で、彼らは300人委員会の大手会計事務所Price, Waterhouse の弁護士を務めている。彼はまた、JPモルガン、アンドリュー・メロン、トミー・ラモント（血生臭い虐殺を行うボルシェビキ政権をアメリカが承認するよう働きかけた人物）、クーン・ローブ一家、フェリックス・フランクフルターの側近の一人であった。アッションは、典型的な社会主義者で、扇動的で、ウォール街にコネのある弁護士で、ルーズベルト大統領の下で財務次官と国務長官となった。

ディーン・アチソンを国務省に推薦したのはフランクフルターだった。社会主義のために祖国に対する反逆と反乱を行ったアチソンの最も公然たる行為の中には、白ロシア軍がボルシェビキ赤軍を破り、逃亡させていた時期に、ボルシェビキ政権に対するあらゆる援助を確保しようと執拗に闘ったことがあるが、これについては、私の著書「ごまかしによる外交」に詳しく記述されている。第二次世界大戦中、アチソンは、バルト三国を占領したスターリンに対して何の措置も取らないよう主張した。彼が国民党中国を裏切ったことはすでによく知られているので、ここで説明する必要はないだろう。朝鮮戦争で北朝鮮と中国を支援したことは、反逆者として公然たる行為であった。しかし、彼は逮捕され、反逆罪で起訴され、絞首刑になるどころか、最高の栄誉を手にしたのだ。

アチソン学部長の社会主義犯罪の仲間は、ディーン・ラスクとウォルト・ホイットマン・ロストウである。彼らは、将来の世界の社会主義指導者のための「フィニッシングスクール」であるオックスフォードのローズ奨学生として、社会主義を学んだのである。ラスクは、ケインズとは正反対の外見をしていた。丸顔で、ふくよかで、ハゲていて、ケネディ、ジョンソン政権の国務長官というよりは、ボルシェビキの下級幹部のような感じであった。しかし、その外見からは想像できないほど、悪辣な社会主義者であり、太平洋問題研究所（IPR）や、直接的には国務省の多くの機関を通じて、赤化中国とスターリンのためにたゆまぬ努力を続けていたのである。

満州の赤軍の集合場所である「私的聖域」を英国政府と結託して設定したのはラスクであった。ダグラス・マッカーサー元帥は、鴨緑江を渡ってアメリカ軍を攻撃する前に、中国軍が集結している聖域を攻撃することを禁じられた。マッカーサーが、参謀とアメリカ空軍のジョージ・E・ストラトマイヤー将軍の立案した、中国の戦闘能力を破壊して数十年遅らせるという計画を提示すると、ラスクはその合図でトルーマン大統領を急遽ワシントンのブレアハウスに呼び出して会談を行った。

1950年11月6日、中国軍は鴨緑江で急速に進軍していた。ストレイトマイヤーの飛行機は爆撃を受け、準備万端だった。しかし、ワシントンに戻ったラスクは、トルーマンにマッカーサーに赤軍を攻撃するよう命令することはできない、と告げた。私が見た資料によると、ラスクはこう言っている。

> "満州国側から中国側への攻撃を含む　　いかなる行動も"
> "彼らに相談することなく"
> "起こさないという約束を英国にした"

ラスクはまた、国連安全保障理事会の緊急会合を招集し、表向きは中国に軍隊の撤退を命じる国連決議を確保するよう要求していた。実際には、マッカーサーが計画していた重要な攻撃を遅らせる一方で、赤の中国軍に鴨緑江を渡る時間を与えるためのラスクの裏切り、背信的な策略であった。国を裏切ることに何の抵抗も感じない扇動的で裏切り者の男がいるとすれば、それは社会主義者のディーン・ラスクであった。

この扇動者トリオの3人目のパートナーは、かつてウォルト・ホイットマン・ロストウが言った言葉である。

> "歴史的に定義された国家の終焉を見ることは、アメリカの正当な国家目標である。"(ロストウ「世界の舞台におけるアメリカ」)

国務省情報局や空軍情報局から重大な安全保障上のリスクを指摘されながらも、ロストウは、アイゼンハワー、ケネディ、ジョンソンに門戸を開き、アメリカ社会主義者の代表として選挙によらない最も強力な地位にとどまり続けたのである。ロストーは、300人委員会からマサチューセッツ工科大学に配属され、そこから、アメリカに「国家の終焉」をもたらすと信じる戦略を練り、計画したのだった。

このとんでもない売国奴がワシントンでフリーハンドを持っていたことは、社会主義が単に困窮者、失業者、貧しい人々を助けるために作られた慈悲深い制度だと信じている人々を永遠に黙らせるだろう。1960年12月、ロストウはモスクワに行き、ソ連の外務次官であるワシリー・クズネツォフに会った。クズネツォフは、アチソンとラスクに、アメリカが自国

を標的とした攻撃能力を構築していることを訴えていた。

ロストーは、「心配するな、状況は改善される」と言った。そして、そうだった。当時の国防長官ロバート・ストレンジ・マクナマラの介入により、スカイボルト、プルート、X-20ダイナソア、ボマークAミサイル、ナイキ・ゼウス防衛システム、B-70核爆弾のほぼすべての生産が大幅に縮小、廃止されることになったのだ。ロシア側では、それに対応する削減はなかった。何よりも、マクナマラの裏切りによって、アメリカは54億ドルもの損害を被ったのだ。これ以上の反逆罪はなかなかないだろうし、反逆罪と社会主義者の扇動というリストでは、マクナマラはトップ10に入るだろうね。

ロストウは、1964年、ジョンソン大統領から国家安全保障会議のメンバーに任命された。ロストウの就任に際して、ジョンソンは、"彼はホワイトハウスで、大統領以外の最も重要な仕事をしている"と宣言し、この邪悪な扇動者を賞賛した。ロストウは、「いつかアメリカという国を終わらせる」という目標を持ち続けていたのである。

ロストーは、メコンデルタへの米軍派遣を強く働きかけた結果、ベトナムに地上軍を派遣することになった。しかし、統合参謀本部は、南ベトナムに地上軍を投入してはならない、必ず泥沼化し、最終的に撤退できなくなるからだ、と大統領に告げた。ワシントンの社会主義者の仲間たちと同じように、ロストウも自分の計画をあきらめず、軍隊の派遣を訴え続けた。

ロストウは、マクスウェル・テイラー将軍を使って、ジョン・ケネディに直接接近した。残念ながら、未熟なケネディはロストウの脚本を受け入れ、1960年1月、1万人のアメリカ兵がベトナムに送り込まれた。ウォルト・ホイットマン・ロストウの裏切りと裏切りによって、フェビアン社会主義の浸透と孕ませの手法が、この国の最高権力者に伝染したのである。

ロバート・ストレンジ・マクナマラ、ウォルト・ホイットマン・ロストウ、ディーン・ラスクが持っていた鍵を背中に両手錠をしたまま戦おうとしたベトナム戦争のような戦争は、かつてなかったのです。どの国の軍隊も、裏切り者として知られるロバート・ストレンジ・マクナマラが決めたルールで戦わなければならなかった。この男はとっくに反逆罪で裁かれ、絞首刑にされているはずだ。マクナマラの「交戦規定」では、兵士は囲まれ、撃たれてからでないと反応できない。

こんな裏切り行為があっただろうか。バリー・ゴールドウォーター上院議員は、マクナマラの交戦規則を「非論理的で不合理な制限の積み重ね」と呼び、爆撃機のパイロットがはっきりと見える戦略目標を攻撃するのを妨げていたとも述べている。その代わりに、爆撃機は何トンもの爆弾を、目にも見えない「サプライ・ラン」で降ろし、ほとんどの場合、何百マイルも離れた戦略目標にまったくダメージを与えないようにしなければならなかった。全く無駄な運動であり、お金の無駄遣いであることに衝撃を受けた。

国内では、メディアを支配する社会主義者たちが、世論を獲得するために激しい戦いを繰り広げている--
北ベトナムの共産主義政権の側で。アメリカ兵は「悪者」で、ベトコンは「悪者」ではないのです。私は、ロストウ、ラスク、マクナマラという米国の3人の敵が、反逆罪で何とか裁かれることを切に願い、祈る。吊るすのは勿体無い。

もし私が、憲法と偉大なアメリカ共和国のコンセプトを最も傷つけている社会主義者のスターについて意見を求められたら、じっくりと考えなければならないだろう。なぜなら、本当にたくさんの人々の中から選ぶことができるからだ。1909年にロンドンのフェビアン協会に入会したリップマンは、アメリカで最も古い社会主義者である。

1917年、リップマンはイギリスの秘密情報機関MI6に選ばれ、2週間ごとに大佐の家を訪れ、ウィルソンを再選させ、中立から遠ざける方法について助言した。これらの「意見」は、リップマンが役員を務める社会主義雑誌『ニュー・リパブ

リック』にしばしば掲載された。リップマンが、ウィルソンの戦争政策を決定し、戦後戦略を策定する非公式グループのリーダーであったことは、あまり知られていない。このグループは、シドニー・メゼス博士が主宰していた。

リップマンは、国際連盟を通じた新世界秩序の樹立を目指すウィルソンの「14のポイント」を推進するため、積極的に民間からの寄付を募る方針を打ち出した。リップマンは、来るべきパリ講和会議のために、150人の社会主義者の教授を確保し、宣伝と資金・資料の収集に当たらせた。その中には、悪名高い社会主義者、ノーマン・トーマス牧師も含まれていた。実際、こうした教授陣とリップマンの辣腕のおかげで、彼らの思想はウッドロウ・ウィルソンによって熱烈に表明され、彼は自分が国際社会主義の口添えをしていることを気にしていないようであった。

リップマンは「急進的な赤」のジョン・リードと密接な関係を持つようになり、彼のアメリカに対するボルシェビキの思想はトーンダウンせざるを得なくなり、やがてリードはモスクワのボルシェビキのもとに逃げ出したが、リップマンとともにハーバード社会主義クラブを設立するまではいかなかった。リードは、ホリー・ウッドによるボルシェビズムを賛美する非常に想像力に富んだ映画の題材となり、共産主義に長く仕えたリードがクレムリンの壁の近くに埋葬されることがいかに名誉であるかを強調した。

リップマンは、フェリックス・フランクフルターやルイス・ブランデイスと同じように、豊かな環境で育った。ハーバード大学でのキャリアは、当然ながら「輝かしい」と評されるが、リップマン自身が認めているように、1909年にフェビアン協会の会員になったことは、ハーバード大学で達成した何よりも重要な意味をもっていた。ですから、他の多くのケースと同様に、優れた社会主義者は作られるのではなく、生まれながらにしてそうであることは明らかです。ロンドンのフェビアンたちは、ハーバード大学でのリップマンの経歴を見て、ハロルド・ラスキに言わせれば「彼は偉大な社会主義者だった」のだ。

"彼は、米国をあらゆるレベルで浸透させるという我々の政策を実行するための理想的な候補者だった"

1932年から1939年まで、彼はアメリカの有力企業、法律事務所、銀行界への浸透に時間とエネルギーを注ぎました。リップマンは、新しい階級、「穏健派」共和党を作り、彼らはクリントンに決定的な奉仕をして、米国を一国政府の下での奴隷制度-新世界秩序-
新暗黒時代への社会主義の道へ導くことになる。

穏健派共和党員」という言葉は、上下両院で反逆や扇動を厭わない人々が、社会主義者、マルクス主義者、共産主義者というレッテルを貼られるのを避けるのに役立ったのだ。このようなマキャベリストのカメレオンの中でも、ロス、コーエン、カッセンバウム、チャフィー、ダンフォースといった上院議員は、1848年の共産党宣言が「犯罪法案」という形でアメリカの法律に盛り込まれることを可能にした人物である。

リップマンは、イギリス・サセックスにあるタヴィストック人間関係研究所で学んだ応用心理学を政治に取り入れた最初のアメリカ人である。彼の社会主義への揺るぎない支持は、J.P.モルガンの銀行家であり、モスクワの血に飢えたボルシェビキ虐殺者を承認し関係を確立するよう米国政府を説得するのに貢献したトーマス'トミー'ラモントとの親しい友情によって特徴づけられた。リップマンは、新聞連載のコラムで絶大な力を発揮し、主要な新聞や雑誌に取り上げられるようになった。

リップマンは、ケネディ、ジョンソン両大統領の親友となり、彼らを社会主義化した結果、社会主義者の書いた本から直接引用した「ニューフロンティア」や「偉大なる社会」という社会主義プログラムを採用し、民主党にほぼ全面的に採用されるに至った。リップマンは、フェビアン社会主義者の「急がば回れ」政策をアメリカで実践したと言われている。

「一般的に言えば、反動主義者を保守主義者に、保守主義者を自由主義者に、自由主義者を急進主義者に、急進主義者を社会主義者にすることが我々の目的だったので

す。つまり、全員をワンランク上にすることを心がけたのです。数人が完全に見えなくなるより、全体が少しでも動いたほうがいい」。(出典：Congressional Record 1962年10月12日)

社会主義の「漸進主義」の仕組みに関するこの非常に示唆に富む洞察は、アメリカの将来を考えるすべての人が学ぶべきものである。そして、もし止められなければ、最終的に我々の国を機能不全に陥れるこの忍び寄る脅威に対抗する方法を教える学校を作る必要があるのである。このような戦術の成功は、クリントン大統領の時代に見られる。クリントンの反対者を徐々に彼の政策の信奉者に変えていくことで、次々と大きな社会主義的法案が押し付けられたのである。

クリントンの社会主義的NAFTA、犯罪法案、そしてアメリカ国民に世界最大の増税を課す法案は、この忍び寄る麻痺がいかに機能するかを示す完璧な例であり、また、社会主義に全面的に賛成しながらも「穏健派共和党員」と称される裏切り者を共和党内に抱えることがいかに重要であるかを示す例である。タヴィストック人間関係研究所で学んだ政治への心理学的アプローチであるリップマン・メソッドによって、アメリカ国民は、ゆっくりと、しかし確実に、一歩ずつ、夢遊病者のように、アメリカの教育、経済、宗教、政治における最も過激で不愉快な変化を、つぶやくこともなく受け入れ、その恐ろしい変化に気づいていない様子で、そして今もなお受け入れられ続けているのです。

リップマンの社会心理学の応用は、ルーズベルトのニューディールによるアメリカの社会化の受容を大いに促進し、それは社会主義のニューフロンティアやケネディ、ジョンソンのグレートソサエティによって継続されたのです。リップマンは、社会主義の信奉者の中でも最も熟達した人物で、社会主義用語でいうところの「民主主義」が、実際には政府の規制によって国民の教育、経済、政治生活に社会主義がますます入り込んでくることを意味することを示唆することなく、可能な限り「民主主義」という言葉を使って紹介した。真の民主主義」、すなわち野放しの社会主義が、国民に意識される

ことなく導入されたのである。この政策は、クリントン政権で本格的に展開されている。クリントンが考えている「民主主義」が筋金入りの社会主義であることを、国民の大多数はまだ知らないのである。

1909年にハーバード大学に設立された大学間社会主義協会の会長に就任したリップマンは、将来社会主義に進むためのお金で買える最高の土台となり、後にベトナム戦争について意見を述べることになる社会主義雑誌『新共和国』を創刊する際にも大いに役立ったのである。リップマンら社会主義作家は、新聞記事を通じて、米国が朝鮮に勝とうとすれば、中国にぶつかって敗れるだろうと、米国民に訴えた。

なぜなら、中国には米国と戦争する能力は全くなく、もし2国間で戦争が起これば、中国は完膚なきまでに敗れるという事実を、ダグラス・マッカーサー将軍とストラトマイヤー将軍がトルーマンと国防省に伝えたからだ。中国が無敵だという嘘は、ベトナム戦争でも続いた。ヘンリー・キッシンジャーとディーン・ラスクは、ベトナム人が戦争を終わらせたいと宣言した後も、少なくともあと2年は戦争を継続させたのである。こうして、アメリカ軍が被った5万人の犠牲者は言うに及ばず、1日500万ドルもの国庫を消耗させるという社会主義者の目的が完全に実現されたのである。

ケネディ、ジョンソン、ニクソンの周りにいた政治顧問、ディーン・ラスクとロバート・マクナマラのタイプの顧問は、韓国とベトナムで米国を敗北の道に導き、今日の後任、クリントン大統領の周りにいるタイプの顧問は、将来の敵との戦争になれば、全く同じことを躊躇なくやるだろう。

リップマンがハーバード大学で出会ったアメリカ社会主義の未来のスターの一人が、ロバート・ストレンジ・マクナマラであった。ジョン・メイナード・ケインズがハーバード大学経済学部にフェビアンの教義を設置した社会主義的浸透法の産物であるマクナマラは、1940年から1943年までビジネススクールの経営学助教授として教壇に立った。その後、空軍に出向し、フォード・モーター社に出向した。フォード社での

在任期間がほぼ終了した後、新設された国防総省のトップに昇格した。

マクナマラは、アメリカの大学キャンパスを席巻していた新しい社会主義の福音に感銘を受けていた。アメリカの政治経済、つまり関税保護とバイメタル主義に基づく健全な貨幣というアメリカ経済システムの中で定義された試行錯誤の経済政策は、ジョン・メイナード・ケインズとハロルド・ラスキの経済的戯言によって急速に排除され、取って代わられようとしていたのだ。マクナマラほど、こうした反米社会主義の経済学・政治経済学の理論の実現に熱心な社会主義指導者はいなかった。アメリカの経済モデルを弾圧しようとする狂気の沙汰から生まれたのは、ケインズモデルがカール・マルクスの経済理論に危険なほど近いということだったが、この観察は、新聞、ラジオ、テレビで言及されることは決して許されないものであった。

それ以上にマクナマラは軍部の売却に熱心で、ジョンソン大統領に対して持っていた極悪非道な影響力を利用して、それを実現した。社会主義者のスター、ロバート・S・マクナマラが国防総省のホールを歩き回り、米国がソ連よりはるかに下になるまで次々と計画を中止していた時ほど、米国の安全保障にとって危険な時はなかった。マクナマラは、ジョンソン大統領に違法な大統領命令によって、核開発計画のためのプルトニウム生産を中止させることさえした。

大統領令は、王と女王しか発令できないという意味で、違法です。国家の歴史の早い時期であれば、マクナマラもジョンソンも反逆罪で裁かれ、有罪になったはずである。

1964年、スターリンを屈服させる闘いの重要な局面で、マクナマラはNATOの核戦闘計画を、あなたの許可もなく、NATOの同盟国にも相談することなく、キャンセルしてしまった。このソ連軍の快挙に、ソ連軍将兵はその幸運を信じられず、クレムリンで一晩中ウォッカを飲んで宴会をしたと言われている。フランスの右派指導者たちは、NATOから脱退し、フランス国家のために独立した核抑止力を確立したドゴール

の知恵を再確認しているのだ。フランスがNATOを脱退しなかった場合のように、米国に騙され、武装解除されることは決してないという約束を新たにしたのだ。

小さなアメリカ共産党と名目上存在しない社会党が、フェビアン社会主義のためにこれほどの大勝利を収めることができたのは不思議なことである。ボストン港にお茶を投げ入れた人たちの祖先はどうなったのか、社会主義の脅威をはっきりと認識していただけでなく、生涯にわたって徹底的にそれと戦ったアンドリュー・ジャクソンの子孫はどうなったのかと、未来の歴史家はきっと目をこすって驚くことだろう。

建国から社会主義者が権力を握るまでの間に、アメリカ国民に何が起こったのでしょうか？しかし、その答えは、このような混血が進み、本来の移住者とは似ても似つかぬものになってしまったことにある。社会主義者たちは、静かな革命の中で、国を端から端まで引き裂き、次第に国民を萎縮させ、1812年の戦争以来、その没落を待ち望んでいた勢力の格好の餌食となったのである。

スローガンやプログラムにおいて、常にイギリスのフェビアン協会にインスピレーションを求め、民主党は事実上、アメリカの社会主義／マルクス主義／共産主義の政党となった。例えば、ジョンソンの「貧困との戦い」は、もともと労働党のハロルド・ウィルソン首相が書いたものである。ハロルド・ウィルソンは、国際社会主義者への演説で、英米の社会主義者の意図は、国防のための資金を不幸の撲滅のための資金に転用することだと明言した。ウィルソンさんは、「軍縮は、地球から『欲しいもの』をなくすためのものだ」と言った。

アメリカ社会党の著名な社会主義者マイケル・ハリントンは、10年後にウィルソンのパンフを取り上げ、『もう一つのアメリカ-
アメリカの貧困』と題する本を制作した。ハリントンの本は、マスコミ、ラジオ、テレビで取り上げられ、すぐに成功を収めた。社会主義者は大好きです。ハリントンは、ハロルド

・ウィルソンの発言をさらに発展させ、アメリカの状況に当てはめただけだということには、誰も触れない。この本を手にしたジョン・F・ケネディは、ハリントンに「深く感銘を受けた」と書き送っている。

米国の上空にある社会主義の星々が、どんな侵略軍よりも大きな破壊力を発揮しているのだ。今日まで、最終的な票数にどれだけの不正と欺瞞が含まれているのかを知ることは不可能である。この分野では、民主党は共和党より頭一つ抜けている。

候補者の発言はほとんど意味がなく、重要なのは、誰が最も多くの有権者を惹きつけるかである、ということだ。共和党の候補者が民主党の候補者と対峙すると、まるでイギリス、イタリア、フランス、ドイツ、ポーランド、北欧の国々で立候補したかのように、国際的な報道が始まる。驚くべきことに、これらの国の社会主義的な報道機関は、ほぼ例外なく民主党候補の後ろに陣取るのである。

さらに悪いことに、選挙に伴う圧力や脅威が、公正な結果を事実上不可能にしている。民主党はこれが得意なんです。今日の選挙プロセスでは、登録し投票した有権者の数よりも、誰が最も重みを持ち、誰が最もうまく脅し、脅迫できるか、誰がバレずに最も多く米国民に嘘をつけるかが重要なのである。

そのために、マディソン・アベニュー系を大枚はたいて雇う。もし大統領が口を滑らせて間違ったことを言えば、フィクサーたちが介入して、正しく聞こえなかったのは自分たちだと有権者に保証してくれる。20世紀後半、政治の世界にはもはや正直さは存在しない。1964年の選挙後、ウォルター・リップマンが稀に見る率直さで説明したように。

> 「選挙戦の本番は、将来の道筋を描くことではなかったからだ。それは、世界恐慌と第二次世界大戦以降の世代で（社会主義者によって）定められた内政・外交政策の既成路線に対する反乱を打ち負かし、粉砕することだった。"

社会主義の大空には、過去から現在に至るまで、他にも多くの輝く星があり、「ノート」のセクションでは、彼らの名前に触れているが、我々が望むほどには十分ではない。20世紀末の現在、社会主義の天空で最も輝いている星は、クリントン大統領であろう。

多くの先達がそうであったように、クリントンもまた、浸透し、潜入し、大統領になるための土台を作るために、アメリカの政治シーンに突き落とされた。比較的小さな州の比較的小さな政治家が、フェビアン社会主義がこれまでに見出した最高の変革の担い手となるとは、ほとんど誰も想像していなかった。ここでは、クリントンに関する形式的な既知の内容は省き、代わりに、ほとんど繰り返す必要のない従来の情報を取り上げてみることにする。

その代わりに、クリントンをワシントンから追い出したい強力な支持者が大勢いるにもかかわらず、これまで秘密にされ、日の目を見なかった情報のいくつかを読者に提供しようと思う。

ロンドンではベトナム戦争に反対する社会主義運動のリーダーとして活動し、オックスフォード大学では社会主義のフィニッシング・スクールに在籍した時期があったが、アーカンソー州以外ではほとんど政治の経験はなかった。それでも、アーカンソー州を見事に支配し続けた。

この仕事には、友人のタイソンとスティーブンスという、この州で最も裕福な二人の男が手厚く協力してくれた。クリントンは、「キング」スティーブンスからジェイ・ロックフェラーとパメラ・ハリマンに昇進を勧められ、推薦されたのである。ハリマンとロックフェラーは、民主党として知られる米国社会党の指導者である。ハリマン夫人はクリントンに可能性を見出し、クリントンは将来の世界社会主義の指導者としてビルダーバーガーに派遣され、訓練を受けた。ハリマンとロックフェラーの期待に違わず、クリントンは素晴らしい活躍を見せ、帰国後、1992年の大統領選挙で民主党の候補者に指名された。

クリントンのタンスの肥やしも心配されたが、彼の少年のような美貌と機転の良さで、それを参考にした粗雑な試みは十分に克服されたと考えられている。そして、1993年1月20日、クリントンは第42代アメリカ合衆国大統領に就任したのである。クリントンは、その卓越した頭脳を見過ごし、その謙虚な出自にこだわる傾向があり、言うまでもなく、性犯罪の告発も表面化し始めた。

社会主義者たちは歓喜に沸いた。彼らの選択は、ホワイトハウスに到着した。今、社会主義プログラムは加速することができ、国は次の危機が訪れる前に、一つの危機から回復する時間がないだろう。国家権力を悪用した新しい時代が始まろうとしていた。社会主義者の大強盗が本格的に始まろうとしていた。社会党の階層は、クリントンが任期を全うするまでの4年間のスケジュールを決めていた。クリントンは1期限りの大統領だったが、彼が議会で推進することになるプログラムは、今後1000年以上にわたって米国に最も恐ろしい結果をもたらすことになる。

ウィリアム・クリントンの綿密な計画がいかに失敗しかけたかは、WIR（World In Review）レポート以外では明らかにされていない。こんな感じでしたね。クリントンは、女癖の悪さと数々の不倫で、夫に愛想を尽かしていたのである。フェミニスト」という最高の社会主義者であるクリントン夫人は、自分の家系をうまく隠していたが、ある時、一人でやっていこうと決心した。ヒラリー・クリントン（当時は「ロダム」の名はなかった）は、不誠実な夫を残して別居し、夫婦の悪行に頭を悩ませていた。

クリントンが、パメラ・ハリマンとジェイ・ロックフェラーに接近される少し前に、妻がいないことに気がついたのだ。夫婦関係に問題がある人は、大統領府にふさわしくないということだ。ハリマンは、ヒラリーのもとに駆けつけ、「夫のもとに戻れば、次の『ファーストレディー』として期待できる」と状況を説明した。ヒラリーは、これ以上浮気をしないのであれば、夫と和解することを約束する。この条件が受け

入れられると、レースが開始されます。あとは歴史です。

歴史でないのは、今日までアメリカ国民から隠されてきたウィリアム・ジェファーソン・クリントンの過去である。クリントンはアーカンソー州の小さな町ホープで生まれ、一家でホットスプリングスに移り住んだが、そこは売春宿など大都会の「開放的な」町であった。この「何でもあり」の雰囲気の中で育ったことが、クリントンの真実に対する問題の根源であるとも言われている。

元アーカンソー州上院議員のジム・ジョンソン判事によると、クリントンの義父の元パートナーであるノラ・ウェイの一人は、「クリントンは、既成メディアが作り上げたものとは全く違う」と言ったという。ウェイはいくつかの例を挙げている。

> "ビル・クリントンが真実を嫌うのは、この分野での彼の過去があまり良くないからではないのか
> "と思ってしまう。ローズ奨学生というのは嘘だったんだ。彼はその（コースを）修了していないのに、自分はローズ奨学生だと言っていた」。

この点、ウェイは偏見を持っているようだ。ローズ奨学生に選ばれてオックスフォードに行った人は、たとえコースを修了しなくても、ローズ奨学生を名乗ることが許されているのです。

クリントン氏には、妻による職権乱用、麻薬取引、インサイダー取引など、非常に深刻な疑惑が持たれている。この疑惑は、1970年代にクリントンと親交のあったラリー・ニコルズのものである。ニコルズの言葉を借りれば、「マーケティングの観点から、クリントンのために多くのプロジェクトを行った」のである。ニコルズはその後も、一度も調査されたことがないという疑惑を次々と口にした。そのほとんどは、アーカンソー州メナでの大規模なコカイン取引に関するもので、そのうちのいくつかは『The Nation』でも報道された。ニコルズは、アーカンソー開発金融公社（ADFA）が、メナのコカインによる多額の資金を洗

浄するための完全監査済みの金融機関であり、その資金は無名のフロリダ銀行を経由して流されたと主張しています。

また、ニコルズはローズ法律事務所とヒラリー・クリントンに対して、州法に違反して債券申請の手数料を受け取っているとして、重大な不正の疑いをかけている。ニコルズは、自分の主張を裏付けるような文書を盗み、コピーを作ったと主張している。また、メナの麻薬資金の一部は、民主党の有力政治家ダン・ロステンコウスキーが共同経営するシカゴの銀行を通じて洗浄されたと主張している。

ニコルズは、大統領の弟であるロジャー・クリントンがコカインを売って刑務所に入ったわけではなく、不特定の好意と引き換えに「渡していた」と主張している。ニコルズは次のように述べた。

> "彼（Dan Lasater - Roger Clintonと共に有罪判決を受けた）が有罪判決を受けると、彼とRogerは最低警備の刑務所に入った。ホリデーインと呼ばれるもの。最長で6〜8カ月はそこで過ごし、その後、出所したのだと思います。誰にも知られずに、ビル・クリントンは釈放の翌日、彼に（おそらくラサターに対して）完全恩赦を与えた……"

ニコルズは、クリントンとアーカンソー政権がメナからのコカイン密輸に決して対処しなかったと非難している。

> "アーカンソー州メナ
> "からは、大きな押収は1件もない。想像してごらん、操業開始から10年近く経つのに、コカインの出荷が1件もないんだよ」。

ニコルズはさらに、クリントンと一緒にワシントンへ行ったウェス・ハベル、ヒラリー・クリントン、アーカンソー州知事時代にクリントンの政財界の盟友だったスティーブンス家、タイソン家に対する一連の不正行為の疑惑を述べている。Tysonについて、Nicholsは次のように主張している。

> 「ドン・タイソンは、ビル・クリントンのすべてのキャンペーンに60万ドル、70万ドルを投資した。その対価は1

,000万ドル。アーカンソー州開発金融公社。しかも、一銭も払ってない。

ニコルズはまた、ハッベルに関連するパーキングメーターメーカー、パーキング・オン・メーター（POM）の不正を告発し、大手メディア各社に自分の話に興味を持ってもらおうとしたが、どこも総じて触れるのを拒んだという。それどころか、ニコルズは言葉や身体的な虐待の嵐を受け、事実上、自分の信用を失墜させられたと言うのだ。

ニコルズは、彼の仲間の一人である弁護士のゲーリー・ジョンソンがクアパウ・タワーのコンドミニアムに住んでいることを明言した。ジョンソンは、ジェニファー・フラワーズが隣に引っ越してくるずっと前から、自分の部屋の外に監視カメラを設置していたようだ。ジョンソンは、クリントンが鍵を持ってジェニファー・フラワーズのアパートに入るのを何度か目撃しているという。

とジョンソンは言った。

> "彼が自分の部屋に入るのを見た別にジェニファー・フラワーズのアパートを覗き見していたわけではないんです。ただ、カメラを持っていただけなんです。ジェニファー・フラワーズが引っ越してくる前にカメラを持ってたんだ。"

ニコルズはこう言った。

> "何を撮ったと思う？ビル・クリントンがジェニファー・フラワーズの部屋に何度も入る、鍵を持って。"

今のところ、ニコルズとジョンソンの話の裏付けは取れていないが、先にも述べたように、『The Nation』はメナとウェス・ヒューベルについて書き始め、いくつかの記事を書いた後、フォローをしなかった--これは彼らのジャーナリスト・スタイルとは全く異なるものである。

1992年10月、『The Nation』はこう述べている。

> 「レイバー・デイの週末にクリントンが講演したホット

スプリングスで、私はそのプロセスを目の当たりにした。銭湯や古いカジノが立ち並ぶ怪しげなこの街で、ビルは育ったのだ。希望という名の町」なんていう怖い話は忘れてください。慌ただしい雰囲気が印象に残ったのだろう。帰国集会で知事を紹介したヒラリーの言葉を信じるなら、ロマンチックな週末に知事が彼女をここに連れてきたとき、彼らが最初に言った言葉は、"見てください、この小さなビジネスたちを..."だったそうです。

同じ左翼雑誌に、1992年3月、次のような記事が掲載された（抜粋）。

「クリントンの友人に対する便宜供与という広い問題について、クリントンによってアーカンソー州開発金融局を解雇されたラリー・ニコルズ（フラワーズ氏の記事の元ネタ）は、ADEAからの融資を求める企業にとって、クリントン家とのつながりは事実上必須であると述べている。ADFAとは、1985年にクリントンが中心となって開発したもので、非課税債を売却して得た資金で企業に長期融資を行い、経済発展のために州内に資金を呼び込むというものである。"

「私たちがコピーしている債券の引き受け手の中で、スティーブンス社は際立っている。同社社長のジャクソン・スティーブンスとその息子ウォーレンは、クリントンの選挙運動のために10万ドル以上の資金集めを手伝った。1月には、スティーブンス氏が過半数を出資している銀行、ウォーテン・ナショナル社がクリントン氏に200万ドルの融資枠を与えた。もう一つ、社債問題でおなじみなのが、今は亡きラサター・アンド・カンパニーである。この会社を経営していたダン・ラサター氏は、クリントン氏とその弟のロジャー氏の長年の友人である。ロジャーもラサターもコカインで逮捕されたが、前者はより重い罪で逮捕された。"

「そして、ローズ法律事務所。ヒラリー・クリントンの法律事務所で、その名前は社債発行と融資契約書の両方に記されている。ヒラリー・クリントンは、スティーブンス社が所有する会社の代表として、訴訟に参加しまし

た。ローズのパートナーのウェス・ハベルは、AFDAの最初の融資先であるパーク・オン・メーター社（POM社）の代表を務めていた。ハッベルは、1980年代前半にPOMの書記を務めていた。AFDA事件でのハッベルのクライアントは、クリントンの友人として知られるPOM社の現会長セス・ウォードであった。Worthen Bankは、POMに時折先取特権を持っていた機関の一つです。"

"クリントンと麻薬政策も、合流が阻まれた分野だ。副官であるジョン・クローガーによると、クリントンは『麻薬問題の真の解決策は需要を減らすこと』だと考えているという。しかし、クリントンは「米国に入る麻薬を阻止する継続的な努力」も支持し、「特に小型機の入国を追跡して阻止するための軍事利用の拡大」を支持する。では、なぜ彼はメナ（アーカンソー州西部の都市・空港）まで麻薬の痕跡をたどらなかったのだろう？クリントンは、アーカンソー州が国際的な麻薬密売の拠点となっている事実を知らないとは言い切れない。1988年、彼の州検察官の一人であるチャールズ・ブラックが、このことを彼に知らせた。その前の5年間は、連邦政府の捜査がクリントン州警察によって行われていた。その調査の一環として、連邦大陪審が召集されたのです。その大陪審は結局解散させられ、陪審員は重要な証拠を見ることも、重要な証人の話を聞くことも、そして司法省の弁護士、オペレーション・グリーンバックが書いた29項目のマネーロンダリングの起訴状草案を見ることさえできなかったと、地元の新聞は報じている。"

「1989年、クリントンはアーカンソー州の市民から、州の大陪審を招集し、調査を続けるよう求める嘆願書を受け取った。現在、州司法長官を務めるウィンストン・ブライアント氏は、1990年、麻薬とメナの話題を選挙戦の争点にした。1年後、ブライアントはメナに関する州のファイルを、1000人の市民からの嘆願書とともに、イラン／コントラ関係の検察官ローレンス・ウォルシュに引き渡し、以来、ウォルシュは大量の情報を追求してきた（ウォルシュは隠蔽を続けただけだった）。）

その後、1991年8月12日、クリントンの刑事司法顧問は、メナでの犯罪活動の問題は、ブライアント、ウォルシュ、アーカンソー州議員のビル・アレキサンダーによって調査またはその他の処理が行われていることを知事が理解していると、関係者に手紙を出した。"とある。

「しかし、このような知識がありながら、クリントンは何もしなかった。州司法長官には調査を行う権限はないが、州検事にはある。このような調査のために、チャールズ・ブラックがクリントンに資金を配分するように求めたが、クリントンは無視した。連邦政府が調査を終了した後、州警察はこの事件から外された。今、ボールはクリントンのコートに戻っているが、彼は何もしないまま......」。

後日、『The Nation』は、ウェス・ハッベルとパーク・オン・メーターについて、次のように語っている。クリントンが個人的にAFDAを創設した経緯について、著者はこう続けた。

「1985年、ADFAはアーカンソー州ラッセルビルにあるパーキングメーター製造会社POM Inc.に最初の工業用ローンを提供した。POM社は、コントラが使用する化学・生物兵器の部品や、130機の輸送機の特殊装備の製造を秘密裏に請け負っていたとされ......。これらの飛行機は当時、メナから麻薬や武器を運んでいた。これらの取引におけるPOMの弁護士は、ヒラリー・クリントンが所属していた、そして今も所属しているローズ法律事務所の共同経営者でした。このように、クリントン国務長官は、議会でコントラへの軍事援助が禁止されていた当時、コントラのサプライチェーンにおける重要なリンクであったようだ"。

"今度は、元CIA契約職員のマイケル・リスコノシートです。"彼は1988年から1989年の間、メナで時々働いていたそうです。Risconosciutoは、Inslaw事件の証人として呼ばれた直後に逮捕された...彼は、10件の麻薬関連容疑で逮捕され、そのうち7件で有罪判決を受けた...」と。Risconosciuto氏によると、Menaは時代とともに進化した基地の

ネットワークの一部であったという......。メナは、他の拠点との関係で中心的な位置にあるため、非常に重要だったのです。メナは麻薬の主な投下地点であり、他の基地は流通地点として機能していた....。Risconosciutoの知る限りでは、メナ空港で麻薬が降ろされたことはない。ルイジアナ州の施設と同様、低空飛行の飛行機がパラシュートで麻薬容器を周辺の田園地帯に落としていた。"時にはオワチタ国有林に、時には私有地に。

「POM社は、単にパーキングメーターを作っていたのではない、とRisconosciuto氏は言う。1981年の創業当初から、C-130用のフェリードロップタンクも作っていた」と言うのだ。

POM社の経営陣は、左翼系の記者を同社の弁護士に紹介したようで、POM社とウェス・ハベル、ヒラリー・クリントンの法律事務所との訂正について、それ以上何も語られることはなかった。

左翼雑誌『The Nation』が、クリントンとジェニファー・フラワーズへの告発に関する別の記事を掲載したので、その抜粋をここに紹介する。

「ビル・クリントンの性生活に関する疑惑は、クリントンによってアーカンソー州開発金融公社（ADFA）のマーケティングディレクターを解雇されたラリー・ニコルズが起こした訴訟で初めて明るみになった。クリントンは、ニコルズが中米の反政府勢力に700回も無許可で電話をかけたために解雇され、訴訟は共和党のおとり捜査の一環であると主張している。その背景には、国家、特にアーカンソー州西部のメナにある空港が、コントラの訓練と補給に果たした役割や、米国と中米との間の麻薬のための武器の流れなどがあり、より複雑である。メナ事件を長年調査してきたアーカンソー大学フェイトビル校の学生団体が、F.O.I.A.の法律に基づいて、ニコルさんの電話記録をADFAに要求することに成功したのである。その組織のメンバーであるMark

Swaney氏は、問題の期間中に中米への通行料に関する電話はなかったと... 続きを読む"

「クリントン夫妻は、ダイナミックで思いやりがあり、なぜか恐ろしいほど結束が強いと言われています。二人はしばらく離れていて、大統領選の直前にやっと一緒になったというのが、二人を賞賛する人たちの括弧内の事実であるにもかかわらず、この説が有力である。二人を結びつけたのは、権力欲だったのか？慈悲深いクリントン夫妻とは対照的に、私たちはフラワーズをお調子者の女と揶揄するように誘われている......」。

社会主義者のメガホンである『ニュー・リパブリック』誌のシド・ブルメンタールによる、広報史上最も大げさなお世辞から、『ワシントンポスト』や『ニューヨークタイムズ』の無数の好意的記事、そして永遠の識者の大きな胸に、この言葉は伝わっている。

クリントンは健全で、思慮深く、現実的で、現代的で、白人で、男性的で、安全な人です。そして、12年の長きにわたって低迷してきた民主党のタイムサーバーたちにとって、彼は-
少なくともフラフーズ病に罹患するまでは-
勝利の可能性を匂わせる存在であった[14]"...

フィスク前特別検察官が近づこうとしなかった未知の領域が、新しく任命された特別検察官にはたくさんあるように思われる。そのためか、フィスクが調査から手を引いたことに対し、議会民主党が極度に神経質になった。真実が明らかになることを期待したい。今のところ、これはアメリカ政治史上最も成功した隠蔽工作と思われる。

---

[14] クリントンとフラワーズという若い女性との関係への言及。

第7章

社会主義による宗教の浸透・肥大化

「世界の偉大な文明は、副産物として偉大な宗教を生み出すのではなく、本当の意味で、偉大な宗教は偉大な文明を支える基盤なのです。クリストファー・ドーソン（歴史家）。

"キリスト教は現代に適した宗教ではない"エドワード・リンデマンキリスト教社会主義作家。

フェビアン社会主義があらゆる宗教の浸透を目指したのは事実だが、真の標的は常にキリスト教であった。フェビアン協会は当初、1ページのパンフレットをキリスト教宣教師が使う「トラクト」と呼び、フェビアン社会主義が組織的宗教を嫌っていることを意図的に誤解させるために、このような呼び方をした。宗教観に最も悪影響を与えたのは、宗教を単なる社会科学と見なしたビスマルクとマルクスに端を発する「ドイツ合理化」であろう。

アメリカでは、悪の社会主義者ジョン・D・ロックフェラーが、世俗的な説教師を潜り込ませて、教会を左遷するように仕向けた。彼の手下の一人、ポール・ブランシャードは、"プロテスタントとその他のアメリカ人による政教分離のための連合体
"という組織の結成に利用された。この教義は、これまでアメリカ国民に対して行われた嘘とデマの中で最も成功したものの一つである。憲法にはそのような権限はない。

アメリカで最初に「社会化」されたキリスト教会のひとつが、サウスボストンのグレース教会で、W.D.ブリス牧師が牧師を務めていた。シドニー・ウェッブの親友であったブリスは、フェビアン協会のために布教に励んだことは賞賛に値するが、彼の公言するキリスト教は、キリストの福音を教えることには及ばなかった。もう一人、キリスト教の宗教を堕落させたのが、ジョン・オーガスティン・ライアン神父（後の司教）で、その福音書は、イギリスの社会主義者ジョン・ホブソンが教えたものであった。ライアンは、全米カトリック福祉協議会という団体を結成し、フェビアン社会主義者が全米のカトリック教会に浸透させ、浸透させるために利用された。その後、ライアンは「ニューディールの神父」となり、ルーズベルトが「最も議論を呼んだニューディール法案に宗教の祝福を得る」ために利用されたのである。

しかし、アメリカにおける社会主義者の宗教活動の本当の中心は、ニューヨークのロックフェラー財団が資金援助した「キリスト教社会科学」教会、リバーサイド教会であった。このような観点から、特にアメリカキリスト教会連盟（FCCA）を支配していたダレス一族を通じて、国家の政治生活に食い込んでいったのである。FCCAは、ルーズベルトのニューディールを熱狂的に支持した最初の「宗教団体」の一つであった。

1935年、アメリカ海軍情報部は、FCCAを平和主義のリーダーとして指定した。

> "...この組織は、大規模な急進的平和主義組織であり、その指導部は、国防に反対するいかなる問題にも常に非常に積極的な、小さな急進的グループから成っています」。

Dies委員会は、専門家証人から宣誓証言を受け、次のように述べた。

> "どうやら、多くの会員にキリスト教を広めるのではなく、（FCCAは）巨大な政治マシーンと化し、過激な政治に関与しているようだ。そのリーダーシップは、最も過

激な組織の多くと関係があることを示している。"

1933年、アルバート・ビーブン牧師と44人の共同提案者は、ルーズベルトにアメリカの社会主義化を促す手紙を送った。ルーズベルトは、カービー・ペイジ牧師から、ボリシェヴィキを支持するように言われた。

> 「ロシアにおけるプロレタリアートの目的は、より良い生活を確立することであった……」。ロシアでスターリンに傾倒している若者ほど、キリストに傾倒している若者を見つけるのは難しい…」とカービーは言った。

FCCAのもう一人の中心人物ハリー・F・ウォード博士は、実は1925年にアメリカ自由人権協会（ACLU）が「全体主義者」を会員から排除していることを理由に辞職している。その前年、当時ACLUの会長であったウォードは、社会主義や共産主義を支持する発言をしたことがある。ウォードがニューヨークのユニオン神学校でキリスト教倫理学の教授をしていた時のことである。貫通と孕ませの戦術に優れているおかげです。ウォードは、将来のアメリカの教会指導者を3世代にわたって転覆させ、社会主義陣営に引き入れることができる。

ニーバー牧師も、ダイス委員会のヒアリングで呼ばれた専門家が名指しした著名な社会主義者の一人である。ニーバーは、応用キリスト教教授、ユニオン神学校学長を歴任し、アメリカのフェビアン社会主義者の中で、最も早くフェビアン協会の代表的作家であるグラハム・ウォラスの著書『A　New Deal』を普及させた一人であった。1938年、ニーバーは「進歩的な教育組織」を自称するフェビアン社会主義大学教授協会に入会した。今、私たちが知っているように、「進歩的」とは「社会主義者」の別名に過ぎないのです。ニーバーは、過激な政治に深く関与した超社会主義的な学生組織、産業民主化学生同盟（SLID）（後に産業民主化同盟となる）の書記としても確認されている。

その後、EDLRの多くの学生メンバーは、自分たちで社会主義政党を作ろうとするのではなく、民主党に入党した。これ

以降、民主党には社会主義者がはびこり、私の情報筋によれ
ば、今日、民主党の86%は筋金入りの社会主義者だという。
ニーバーは後にケネディ兄弟に大きな影響を与え、ロバート
はニーバーの著書『光の子、闇の子』（異教徒のカルト本）
を、もし自分が月に行くなら持っていく本の1つに挙げてい
る。

ニーバーは、ADA（American　　　　for　　　Democratic
Action）やLIDの社会主義者たちの間で、彼の「進歩的」政
治を広め、その影響力は広く行き渡った。ニーバーは政治家
としての生涯を通じて、「社会福音書」、後にマルクス主義
解放の神学として知られるものを説いた。アーサー・シュレ
シンジャー・ジュニアと親しくなり、「資本主義は病気であ
る」「暴力は見る人の目の中にある」と説いた。シュレジン
ジャーはその後、アメリカの社会主義化において非常に重要
な役割を果たし、宗教的社会主義が正しい（あるいは間違っ
た）手に渡れば、破壊的な武器となることを証明したのであ
る。ニーバーは、マルクス主義を公然と受け入れ（全く神に
反する信条であり、福音の教師であるはずの牧師としては奇
妙な信仰であったが）、次のように主張した。

　　　"現代社会の経済的現実に対する本質的に正しい理論と分
　　　析 "です。

このいわゆる「神学者」は、ロックフェラーによって「報道
の自由に関する委員会」に任命され、報道統制にも積極的で
あった。必然的に、ニーバーはデービッド・ロックフェラー
の指示で外交問題評議会（CFR）に任命されることになった
。このように、社会主義活動の宗教劇場では、フェビアン社
会主義が米国で非常に忙しく、社会全体に浸透し浸透させる
手段として宗教を利用することが非常に重要であるという教
訓をよく学んでいることがわかる。私たちは、ボルシェビキ
とその社会主義者たちがあらゆる宗教に反対していると信じ
込まされていた。実は、これは全く違うのです。社会主義者
・ボルシェビキの宗教に対する憎悪は、他のどの宗教よりも
キリスト教に向けられたものであった。

社会主義者が組織宗教の支配力を維持することができた方法の一つは、1921年に社会主義者の組織として設立され、一つの世界政府-
新世界秩序の到来に備えて最近完全に復活したFellowship of Faithsを通じたものである。社会主義の長年の目的である宗教の統制を目的とした組織であり、宗教は決して根絶できないことを悟ったのである。300人委員会の代表的な政治家であるバートランド・ラッセルは、宗教に対する社会主義の姿勢を次のように表現している。

　　　"コントロールできない"なら、"排除"するしかない。

しかし、宗教をなくすことは言うほど簡単ではないので、選ばれた方法は「コントロール」です。

これらの戦争はすべて、世界から宗教を取り除くことができなかった。また、「宗教はみな平等」という相対主義的な考え方に基づき、集中的に洗脳するなどの戦術も編み出さなければならなかった。キリスト教に対する戦争がますます激しくなっている証拠に、カーター大統領、クリントン大統領、司法長官ジャネット・リノの顧問であったロイド・カトラーなどの社会主義者による合衆国憲法への攻撃がある。社会主義者のカトラーは、すべての人の保護と礼拝や宗教の自由を減らすために、憲法を弱めようとしています。

テキサス州ウェイコで起きた衝撃的なアメリカ市民の虐殺事件は、社会主義者が信教の自由を抑圧するためにどこまでやるかを示す最近の例である。天安門事件で中国人留学生よりもキリスト教徒のアメリカ市民が多く殺害された事件はあまりにも有名であり、ここで語り尽くすことはできないが、いくつかの側面は明確にし、増幅させる必要がある。

まず考えるべきは、この点です。ブランチ・デイヴィディアン・クリスチャン教会の業務に干渉し妨害したように、連邦政府があらゆる教会の宗教的業務に干渉する権利があると憲法のどこに書いてあるのでしょうか？何が「カルト」で何がそうでないかを決める権利が連邦政府にあると憲法のどこに書いてあるのでしょうか？リノ司法長官には、連邦法執行機

関にその権限が与えられている場所を示してもらおう。実は、憲法にないのです。

第1条第8項第1-
18節で議会に委ねられた権限のどこにも、「カルト」を攻撃する権限は与えられていないのである。ウェイコでやったように、連邦機関がブランチ・ダビディアン教会に干渉し、武力で攻撃することを認めるには、合衆国憲法の改正が必要である。ウェイコで起こったことは、憲法とアメリカ国民に対する反逆罪と扇動である。キリスト教会で軍用車両を使って市民を攻撃するということは、市民を恐怖に陥れ、権利を剥奪する意図があったと考えざるを得ない。

アメリカ合衆国憲沄の権利章典の第1条には、こう書かれています。

> "連邦議会は、宗教の確立、その自由な行使の禁止、言論・報道の自由、平和的に集会し、不満の解消を求めて政府に請願する人民の権利に関する法律を制定してはならない "とある。

shall   "は   "will
"よりも強い言葉であることに注意してください。また、「宗教の確立に関する_ という言葉にも注目してください。設立」という言葉には、「設立する行為」、わかりやすく言えば「NEWLY   ESTABLISHED
ENTITY」をも意味するという理解が含まれています。この場合、新たに設立されたのはブランチ・デイヴィディアン教会である。このように、連邦政府はダビデ派の人々を暗殺するのではなく、保護することを法律で義務づけられていたのです。

連邦政府は、ブランチ・デイヴィディアン・クリスチャン・チャーチのメンバーによる宗教の自由な行使を禁止するという明確な意図を持って、ウェイコに入城しました。ブランチ・ダビディアン」のメンバーが平和的に会合することを禁止したのだ。連邦政府が言ったのは、「お前たちはカルトだ、お前たちの宗教は気に入らない、だからお前たちの教会を閉

鎖する」ということだった。

そのために、連邦政府は軍用車両を持ち込み、それを使って教会を攻撃し、ブランチ・ダビディアン会員を殺害した。1968年7月31日の議会記録のE7151ページで、ウィリアム・O. 判事はこう述べている。ダグラスはこう述べた。

> "...政府が善悪のけじめをつけ、憲法に忠実であることは不可能である。"すべての考えを捨て去る方がよい。

アメリカ政府はこの判決を無視し、宗教を単純化し、連邦政府を裁定者として、何が良いのか悪いのかに還元しようとした。連邦政府は、宗教は非常に複雑な問題であり、いかなる状況下でも干渉してはならないのに、単純な問題にしようとした。

米国憲法の修正条項第1条から第10条までは、連邦政府に対する制限を構成するものである。また、宗教に関する立法許可も憲法1条9項によって否定されている。連邦政府は絶対的な権限を持っているわけではありません。ダビデ派の人々は、憲法修正第10条で国家に与えられた権限により、警察の保護を受ける権利があった。ウェイコ保安官は、襲撃してくる連邦捜査官からテキサス州の市民を守る義務を果たすために、ブランチ・ダビディアン教会員の助けを求める声に応じなかった時点で、その義務を果たせなかったのだ。もし、保安官が自分の義務を果たしていれば、部下を連れて現場に行き、連邦捜査官を敷地内から排除し、管轄権のないテキサス州から退去させるはずだったのだが......。残念ながら、保安官は憲法を知らないためか、身の危険を感じたためか、憲法で定められている武装した危険な連邦捜査官を迎え撃つことはしなかった。

米国憲法では、「生命、自由、財産」を保護する責任は連邦政府ではなく、州にあるとされています。エマ・ゴールドマン事件で、それは永遠に決着がついた。(犯人はマッキンリー大統領殺害の罪で州裁判所で裁かれ、州によって処刑されたが、大統領殺害は昔も今も連邦犯罪である)。修正14条は批准されなかったが、警察保護に関する責任を州から連邦政

府に移そうとはしていない。つまり、ウェイコで起きたのは、宗教団体への無許可の攻撃であり、連邦捜査官による違法・非合法な攻撃からテキサス州民を守ることができなかった保安官の無残な失敗であったのだ。

その結果、テキサス州のダビディアン支部の市民は、法の正当な手続きなしに、生命、自由、財産を不法に悪意を持って奪われ、陪審裁判も拒否されました。一方、州の最高法執行官であるウェイコ保安官は、これらの攻撃を止めるために何もせず、傍観しているのです。ウェーコ保安官には職務怠慢の容疑がかけられる見込みです。第4条第1項の免責条項が著しく侵害されている。

> "各州の市民は、いくつかの州の市民のすべての特権と免除を受ける権利を有する。"

連邦政府は、合衆国憲法の下で、何が教会で何がカルトかを決める権限を持っていないのです。何がカルトで何が宗教かを決める連邦政府の力は、社会主義者が望むようにすべての宗教を破壊する力であり、それが彼らの最終目標なのです。憲法修正第1条はこの権限を与えておらず、議会に委任していない。その代わりに、メディアによって作られた世論があり、何日も何日も、ブランチ・ダビディアン教会が「カルト」であることを繰り返し、あたかもそれが連邦捜査官が教会の建物に突入するのに十分な法的根拠であるかのように言われたのです。

連邦政府が宗教問題に介入するのは、ウェイコが初めてではないし、今後もそうなることはないだろう。1882年2月16日の上院議会記録の11995-2209ページには、政府が一部のモルモンの投票を阻止しようとしたことが、恐ろしいほど書かれている。1197ページで、議論の一部を読みました。

> "...この権利（投票権）は、憲法が採択されるずっと以前から、アメリカの文明と法律に属していた。これは、武器を持つ権利のようなものであり、ここで言及されるかもしれない他の多くの権利と同様に、植民地時代にすべ

ての州で市民のために存在していた。これらの権利を保護すると称して、改正によって憲法に導入された条項も、元の文書にも、既存の権利の保証に過ぎず、権利自体を創り出すものではなかった。"。

モルモン教徒は、連邦政府によってブランチ・ダビディアン教会と同じように考えられていたのです。1882年、上院は5人の委員を任命し、モルモン教徒に対して裁判官と陪審員として働き、投票できないようにするという法案を通過させようとした。何はともあれ、これは買収禁止令に違反する行為である。1195-1209ページの1200ページで、Vest上院議員は次のように発言しています。

"…例えば、宗教の確立、報道の自由、平和的に集会し、不満の解消を求めて政府に請願する領民の権利について、議会が準州においていかなる法律も制定できないと、我々は考えている。また、議会は、国民が武器を持つ権利や陪審員による裁判を受ける権利を否定したり、刑事訴訟において自分に不利な証言をすることを強制したりすることはできません。これらの権限、およびここで列挙する必要のない国民の権利に関するその他の権限は、明示的かつ積極的な用語で、一般政府には否定されており、私有財産の権利は同等の注意を払って守られてきた"
.

憲法とその権利章典によって与えられる保護について、上記の事実を検討した後、私たちはウェイコの状況の恐ろしさを痛感する。ブランチ・ダビディアンたちは、憲法によって保証された保護を受けていないのだ。警察権による保護はウェイコ保安官によって放棄され、連邦政府はブランチ・デイヴィディアン教会のメンバーを攻撃し、無計画で野蛮な方法で彼らの命を奪い、彼らの財産を完全に破壊した。"平等に保護された私有財産に対する権利
"に背いたのである。モルモン教徒に投票させないという法案が否決された1882年から、どれだけ後退しているかがわかります。

なぜ、ダビデ派の人たちはあらゆる権利を奪われたのか？軍用機、ヘリコプター、戦車、ブルドーザー、そして最後は銃撃ですべてを破壊してしまったのです。もし、連邦政府の捜査官が銃を持って教会の敷地に入る前に、連邦政府が彼らに対して正当な告発をしていたとしたら、陪審員による裁判を受ける権利は尊重されたのでしょうか？

加害者たちは、ほとんど無頓着に、自分たちの使用人の野蛮な行為に責任を負うと言うだけである。残忍なウェイコ事件で私たちが見たものは、社会主義・共産主義の実践であった。デビッド・コレシュが説いた宗教は、メリー・ベーカー・エディのキリスト教科学やモルモン教が今日受け入れられている宗教であるように、いつの日か確立した宗教として受け入れられる可能性があったのです。これらの宗教は、当時は現在のような意味合いはなかったものの、初期のころは「カルト」と分類されていた可能性がある。しかし、連邦社会主義政府は、メリー・ベーカー・エディの時と同じように、コレッシュの時もそうなることを恐れて、その芽を摘むために介入してきたのである。

社会主義は宗教を支配しようと決意しており、そのことは、いわゆる「信仰共同体」ほど明らかなものはない。ボルシェビキは6千万人のロシア人の命を奪ったが、その大多数はキリスト教徒であった。彼らはキリスト教会を売春の館に変え、貴重な品々をはぎ取り、その戦利品をアルマン・ハマーなどの裏切り者の事務所を通して売りさばいたのだ。ローマ時代から現代に至るまで、キリスト教徒は迫害され、ウェイコで見たようなひどい虐殺が行われてきたのだ。

社会主義者たちは、宗教の信者や信仰者を殺すことによって宗教を破壊することはできないと悟り、宗教をコントロールしようとし始めたのである。彼らは、すべての宗教を支配するために、偽の一国政府「フェローシップ・オブ・フェイス」を結成した。宗教的なコントロールと同時に、私たちは共産主義は死んでいて、すぐに古臭くなると信じていることになっている。これでは、共産主義は絶対に変わらない。表面的にはそうでも、心の奥底ではほとんど変化がない。変わる

のは社会主義であり、それが力を得て、世界を完全に掌握したとき、地球上の人民の主人として共産主義を再び導入するのである。

このシナリオにおいて、教団連合はどのような位置づけにあるのでしょうか。どうすれば、期待されているように、また創設者が意図したように、政治的な出来事に深い影響を与えることができるのでしょうか。宗教の統一、すなわち宗教の「正常化」の任務は、戦争抵抗者連盟の幹部であり、わが共和国に対する武装革命の支持者である社会主義者ケドランタ・ダス・グプタに与えられた。1910年に構想されたフェローシップだが、最初の公式セッションは1933年にシカゴで開催された。その正体を暴いたのは、インドで親共産主義的な政治運動を展開したラビンドラート・タゴール卿である。

第1回FFセミナーの基調講演を行ったモンゴメリー・ブラウン主教は、次のように述べています。

> "神々が天から、資本家が地から追放されて初めて、完全な世界的信仰共同体が生まれる"。

フェローシップが設立当初から社会主義的な企業であったことは明らかである。ラビンドラート卿は、その著作や言葉の中で、ごく幼い子どもたちへの性教育の必要性を訴えていた。青少年の性教育というと、つい最近になって始まった呪いのようなものと思いがちだが、実はバアルの神官やエジプトのオシリスの神職までさかのぼる。

キリスト教の牧師や指導者が、宗教の正常化という考えを受け入れ、キリスト教を嫌う人たちと協力していることは、1980年代から1990年代にかけて同じことが起こっていなければ、驚くべきことであっただろう。1910年、フランシス・ヤングバンド卿が、東西の宗教の統合を実現すべきと強調し、世界宗教者会議が推進された。フランシス卿は、この考えの発案者であるダス・グプタが、この下劣な教義を広めようとする熱狂的な共産主義者であるとは言っていない。フランシス卿は、「正常化」された宗教の歴史を次のように語っている。

「ダス・グプタ氏は、このアイデアを25年間研究し、ア
メリカ人のチャールズ・F・ウェラー氏という心強い協
力者を見つけたのだ。アメリカでは、1893年に宗教議会
が開かれた。アメリカでは、1893年に宗教議会が開かれ
た。1904年、パリで「国際宗教史会議」の一連のセッシ
ョンが始まった。このほか、バーゼル、オックスフォー
ド、ライデンでもセッションが行われました。

(すべて宗教の「正常化」の中心であり、今日、解放の神学
というマルクス主義の教義を推進する者たちである）。

"1924年、ロンドンで「帝国（大英帝国）の生ける宗教者
会議」が開催された。1913年にシカゴで、1934年にはニ
ューヨークで、ハーバート・フーバーとジェーン・アダ
ムス女史の議長のもとに、世界宗教者友好会議が開催さ
れた。"

このような集会にアダムスが参加することは、宗教を口実に
した狂信的な社会主義が行われていることを示すものであっ
た。ミス・アダムスの話は、社会主義者の女性についての章
で語られている。キリスト教を他の宗教の潮流に沈めようと
いうのである。しかし、キリスト教は「標準化」されること
はなく、独自のものであり、それ自体で成り立っているので
す。その教えは資本主義の基礎であり、その後、バビロニア
リズムに取って代わられ、今日の資本主義は、元のシステム
として認識できないほど売春され堕落してしまったのである
。

キリスト教がなければ、世界は新しい暗黒時代に突入し、こ
れまでのどんなものよりもはるかに悪いものになるでしょう
。このことは、キリスト教を否定する者たちが、キリスト教
を破壊し、少なくとも支配し、希釈し、消し去り、無用にし
ようとする理由を説明するのに役立つはずである。教団はキ
リスト教を他の宗教と融合させようとし、その結果、独自の
アイデンティティを喪失させる原因となっている。政教分離
の教義」という考え方は、アメリカ政府の社会主義者の仕事
である。定義されるべきは、「国家におけるクリスチャンの
抑制」である。

宗教を「正常化」する事業に参加したのは、イギリス労働党の社会主義者キース・ハーディ、ニューヨークの左翼倫理文化協会の創設者フェリックス・アドラー、バートランド・ラッセル卿を代表する社会主義作家H・G・ウェルズなどであった。ウェルズは、パリのグランドオリエント九人姉妹ロッジを拠点とする秘密結社キボ・キフト・キンドレッド「クラルテ」のメンバーであり、このロッジは血生臭いフランス革命の主役であった。

当時最も革新的なコミュニストの一人であったモーゼス・ヘスは、ウェルズとともに「ソビエトロシア文化関係協会」を支援した。そのナイン・シスターズ・ロッジで、ウェルズはキリスト教を憎むような発言をしたのである。

> 「今後、新しい世界政府は、対立する宗教システムとの競争を許さないだろう。キリスト教が入り込む余地はないだろう。今や世界には、世界共同体の道徳的表現である一つの信仰しか存在してはならない。"

フェビアン協会の有力者だったアニー・ベサントが、キリスト教反対派のリストに名を連ねたのである。ベサントはブラヴァツキー夫人の精神的後継者であり、神智学協会の創設者であり、H.G.ウェルズの友人であった。資本・共産主義同盟のチャールズ・ウェルズ氏は、「大富豪」という言葉が本当に意味を持つ時代に、それなりの大富豪であった。

教団のアメリカ支部を組織する仕事は、ウェラー氏に任された。ウェラー氏は、世界シオニストの第一人者でウィルソン大統領の腹心だったサミュエル・ウンターマイヤー氏の祝福を受け、大統領執務室で発表されるとすぐに承認された。ニューヨーク・シオニストのサミュニル・ランドマン氏は、次のように言っている。

> "ウッドロウ・ウィルソン氏は
> 正当かつ十分な理由により"
> "非常に著名なシオニストの助言を
> 常に最も重要視している" "シオニスト?"

ランドマン氏のいう「正当かつ十分な理由」とは、ウィルソ

ンがペック夫人に宛てて書いたラブレターの束のことで、彼女はウンターマイヤーが息子を犯罪者から救い出す手助けを約束した見返りに、ピンクのリボンで縛った手紙の束をウンターマイヤーかバノーチに手渡したのである。ウィルソンは人妻との情事に熱中し、特にペックとのロマンスは長く、熱烈だった。バカなことに、ウィルソンはペック夫人に自分の情欲を文書で知らせてしまったのだ。この軽率な行動が、ウィルソンを脅して第一次世界大戦に参加させ、アメリカのキリスト教徒としての華をフランダースの野原に埋葬し、国を破滅に追いやったのである。その後、社会主義の「教会」戦線である隣人同盟によるウィルソンへの支援は、国際連盟の創設につながりかけた。

シオニスト全般に関する地方執行委員会の委員長であったブランデイス判事は、たまたま緊急平和連盟をはじめとする19の戦線の親社会主義者のメンバーであったラビ、スティーブン・ワイズに交代させられた。ブランデイスは、ロンドンのフェビアン協会のメンバーでもあった。古い「宗教的社会主義」の組織の多くは、時代や状況の変化に合わせて名前を変えながらも、現在も存在している。

社会改革新百科事典』に寄稿し、アメリカのフェビアン連盟の創設メンバーでもあった熱狂的な社会主義者から作家となったアプトン・シンクレアは、宗教同盟を強く支持した。シンクレアは、そのキャリアを通じて一貫してキリスト教に合格点を与えてきた。シンクレアもワイズもアダムスも、そして多くのフェローシップの支持者たちさえも、それがメーソンの影響を受けた運動であることを一般に公表していなかった。1926年までには、Fellowship of Faithsは世界革命の友として確立され、役員や委員会にはバラ十字教徒が多くなっていた。

1924年、チャールズ・ウェラーとダス・グプタが始めた「三光運動」は、アメリカやイギリスの各地で集会を開いた。1925年までに、325回の会合を開いた。ベニ・イスラエル派のM.S.マリク、パールシー派のA.D.ジラ、マホメット派のM.A.ダード、スピリチュアリズム（注：宗教として発表された

のはこれが初めて）派のアーサー・コノン・ドイル、アンガリカ・ダルマパラの仏教、アニー・ベザントの神智学などが三派運動の担い手としてあげられた。ここで重要なことは、これらの宗教はすべて、本質的に反キリスト教的であったし、今もそうであるということである。もう一つは、「Fellowship of Faiths」の文献が、イギリス、西ヨーロッパ、アメリカ中の共産主義者の本屋で売られていたことである。

1933年、ジェーン・アダムス女史の主催で、第1回世界宗教者会議がシカゴで開かれた。主な講演者の一人は、共産主義労働者救援会の全国会長で、その他50の共産主義フロント組織のメンバーであるモンゴメリー・ブラウン司教であった。冒頭の挨拶で、ブラウンはこう述べた。

> "地球上で唯一、人間の搾取に終止符を打つ勇気を持った人々がいる場所、それがロシアだ!ソ連は国際共産主義の先駆けであり、次第に腐敗しつつあるすべての資本主義国家を吸収していくだろう。この共産主義国家に反対したり妨害したりする政府、教会、機関があれば、それは無慈悲に打倒され破壊されなければならない。もし世界統一が達成されるならば、それは国際共産主義によって達成されなければならない。それは、「天から神を、地から資本家を追放せよ」というスローガンによってのみ達成されるのである。そうして初めて、完全な世界的な信仰の共同体ができるのです。"

ウェラーとブラウンは、ブラウン司教を非常に賞賛しており、ダス・グプタは次のように述べている。

> "私と同じように感じている人、ブラウン司教と同じ信念を持ちながら、それを口に出して認める勇気のない人が他にもいるはずです。司教のお気持ちに全面的に賛同することを申し上げたい。"

ブラウンは、『少年少女のためのマルクスの教え』という本をはじめ、子供向けの性についての小冊子17冊を書き、広く配布された。当局の調査の結果、「フェローシップ・オブ・フェイシス」の組織と会員に関わる者は、すべてフリーメイ

ソンでもあることが判明した。

フリーメーソンは、パリで開催された国際連盟会議での活動をカバーするためにフロント組織を作り、その組織を国際連盟連合と名づけた。パリ講和会議の審議で重要な役割を果たし、世界大戦の再発をほぼ確実なものにしたのである。フランシス・ヤングバンド卿の言葉です。

　　"国際連盟"の精神的な土台をしっかりさせるためです。

このような精神的な基盤がどのようなものであったかは、国際連合の構造を見れば一目瞭然であろう。国連とその宗教執行機関である世界教会協議会（WCC）の中で、宗教者規約の更新が行われているのである。

私たちアメリカや欧米諸国は、このリバイバルに目をつぶっているわけにはいかないのです。キリスト教が合衆国憲法の基礎であることを信じ、それに立脚するか、それとも滅びるかだ。寛容」と「理解」は、真実から目をそらすものではありません。それだけ、国の将来にとって深刻な事態になっているということです。キリスト教がイエス・キリストによって宣言された真の宗教であるか、あるいは全く実体がないかのどちらかである。寛容」や「理解」は、この重要な原則を曖昧にしてはならないのです。

キリスト教は完璧な経済システムを世界にもたらしたが、意図的に売買されたため、今日ではほとんど見分けがつかない。社会主義者、マルクス主義者、共産主義者は、自分たちのシステムが優れていると信じ込ませているが、彼らが支配した国、ロシア、イギリス、スウェーデンなどを見ると、大規模な荒廃と不幸を目の当たりにしている。社会主義者たちは、奴隷制につながる自分たちのシステムを押し付けようと必死に努力しています。宗教は、彼らが浸透している最も重要な分野の一つであり、それゆえに最も危険である。それは宗教上の問題だけでなく、不変の政治経済法則を含む神の法則に基づく共和国の存続の問題であり、人間の法則に基づく「民主主義」の問題でもないのです。世界の歴史上、純粋な民主主義国家はすべて失敗しているのだ。

特に、1932年の選挙で、教団は社会主義者の偶像であるルーズベルトの成功を見た社会主義者のチケットにブロックとして投票したことがわかったので、これらのことを結びつけることは重要です。特にニューヨークとシカゴで顕著であった。共産主義は死んだという大嘘が世界中に広まると、反キリスト教十字軍はさらに激化する。共産主義が下火になっているのは事実ですが、社会主義が横行しており、特にアメリカでは、教会が社会主義の変革の代理人によって深く浸透し、浸透しているのです。一つの世界政府-
新世界秩序を受け入れるためには、私たちはキリスト教を犠牲にしなければならないのです。

米国で最も深刻な革命が起こっている。ヴァイスハウプトのキリスト教会に対する革命は、同性愛やレズビアンの促進、「自由恋愛」（中絶）、国民の道徳基準の全般的低下など、獣姦の新たなレベルに達している。この革命の主役の一人が、国連の宗教部門である世界教会協議会（WCC）である。WCCの活動は、国家の政治、宗教、経済生活に大きな変化をもたらしました。WCCは、宗教が教会のドアに止まるものではないことを常に知っています。

WCCの前身である連邦教会協議会（FCC）は、特に教育や労使関係の分野で、民政への浸透と浸透を目指した。ルーズベルトによって政府の多くのポストに任命されたイギリスの社会主義者マーク・スターは、CCFによって工場を訪問し、フェビアン協会が出版した資本主義に対するマルクス主義的な暴論である「教会が労働について考えること」を配るために利用された。FCCは、創立者のシドニーとベアトリス・ウェッブが確立した方法に従って、急進的な社会主義路線で運営されており、第三インターナショナルへの加盟は、FCC/WCCが昔も今も反キリスト教であることを疑いなく示すものであった。

FCC/WCCは、その過去の歴史が明らかにするように、異教徒による異教徒のための運営であり、今日我々が見ているように、異教徒によるものであった。そのような異教徒の一人がウォルター・ラウシェンバックで、彼はシドニーとベアト

リス・ウェブを訪ね、彼らの思想と、彼がマルクス、マッツィーニ、エドワード・ベラミーなどを読んで学んだことをニューヨークの第2バプティスト教会に持ち込んだ。ラウシェンバッハは、キリストの福音の代わりに、マルクス、エンゲルス、ラスキン、そしてマッジーニのフリーメーソン社会主義による社会主義の福音を説いたのである。

FCC/WCCは2,000万人の会員数を謳っていたが、調査によると、昔も今も会員数はかなり少ない。FCCが受け、また現在のWCCが受けている資金援助については、ローラ・スペルマン基金、カーネギー基金、ロックフェラー兄弟基金など、多くの親共産主義の組織から受けていることが、調査の結果わかっている。

FCCは、責任なき「自由恋愛」（中絶）はもちろん、同性愛やレズビアンの惨禍が国家に降りかかる舞台を整えた。FCCは、昔も今も、同性愛やレズビアンを強く支持し、いわゆる「護憲」を強く支持している。同性愛は、合衆国憲法のどこにも「権利」として記載されていないので、禁止されているのです。同性愛者の権利」は、社会主義者の議員や一部の最高裁判事の想像の産物である。

この中で、WCCはアメリカ自由人権協会（ACLU）の支援を受け、憲法をねじ曲げ、圧迫して、同性愛というライフスタイルを選択した人たちに存在しない「権利」を作り出そうとしたのである。法律、裁判所、議会についての章で述べるように、このような存在しない「権利」の容認に反対して立ち上がる人は、すぐに問題に直面することになったのである。

フェローシップ・オブ・フェイスは、世界中から集まった社会主義に色濃く関わる宗教問題についての意見を集約するために結成された。バハイは、1844年にペルシャ（現在のイラン）で、「ラブ」または「ゲート」とも呼ばれるミルザ・アリー・ムハンマドによって始められました。ラブ」は残念なことに、タブリーズで治安部隊に殺されてしまった。バハイムの教えでは、ゾロアスター、ブッダ、孔子、イエス・キリストは、強大な世界的教師であるバハ・ウラ（神の栄光）の

到来への道を開いた指導者であり、その先駆者であるアブドゥル・バハは1921年に死去している。

バハイ運動はイランとオーストラリアで非常に盛んで、イギリスではそれほどでもない。フリーメイソンと神智学はほとんど区別がつかず、バハイ教に見られる要素もあるので、バハイ教がこれほど急速に広まったのは当然といえる。フリーメイソンであり、イギリス最高評議会副議長・グランドマスターであり、神智学の生みの親であるペトロヴァ・ブラヴァツキー夫人は、この三つの流れを収斂させたバハイ運動を大きく推進したのであった。

信者運動はどうなった？第一次世界大戦の直前には、世界シオニズムとほぼ融合し、その後、国際連盟の中で頭角を現した。そして、第二次世界大戦の直前に、イギリスのバハイ運動として登場し、イギリスではオックスフォード・グループとして結成され、モラル・リアマメントに引き継がれたのである。第二次世界大戦後、国際連合（UN）の結成に重要な役割を果たし、以下のような率直な社会主義組織を通じてアメリカ政治の中枢に入り込んでいった。

> 米国大学教授協会（American Association of University Professors

> アメリカ市民自由連盟（ACLU）

> アメリカン・フォー・デモクラティック・アクション(ADA)

> ハルハウス経済開発委員会（ラディカルフェミニズムの中心地)

> 全国婦人団体協議会

> 産業民主化同盟

> 社会民主党 アメリカ

> NATO政策研究所、政治翼であるローマクラブ

> チーニ財団

- ➢ ケンブリッジ・インスティテュート・オブ・ポリシー・スタディーズ

- ➢ 民主党の多数派を求める会

- ➢ ルシアス信託

- ➢ 新民主連合

- ➢ 戦争抵抗者運動 アスペン研究所

- ➢ スタンフォード大学の研究

- ➢ 全国婦人団体協議会

教団は「オリンピアン」プロジェクト（300人委員会）であり、1993年にシカゴで開かれた教団の「クラス会」で見たように、世界の富裕層や有力者がその目的を推進することが保証されています。アメリカ国民は、キリスト教の原則を壁にぶつけるか、世界革命を起こすかのどちらかを選ばなければならないだろう。これは、ゴルバチョフがローマ法王と会談した際に提案したものである。ゴルバチョフは、「宗教的理想の収斂」を提案し、それが本来の名称である「Fellowship of Faiths」の復活に向けた第一歩となった。

しかし、教皇ヨハネ・パウロ二世は、"使徒たちによってこの大陸にもたらされたキリスト教は、ベネディクト、キリル、メトシェラ、アダルベント、無数の聖人たちの働きによって各地に浸透し、まさにヨーロッパ文化の根源にある"と思い起こさせたのです。ローマ法王は、ヨーロッパに文明の利器をもたらした他の宗教についてではなく、キリスト教について話していたのだ。彼は、ヨーロッパの偉大な文化の発展は、カタルやアルビジェンヌのおかげだとは言わず、ヨーロッパに文明をもたらしたのはキリスト教だけである、と言った。

共産主義者、マルクス主義者、社会主義者がキリスト教に抱く憎悪の源は、キリスト教の統一的な力が、彼らの一元化された世界政府の足かせとなり、新世界秩序がつまずき、崩壊することを恐れているからである。したがって、キリスト教

を否定し、最終的には消滅させたいという社会主義者の願いは、緊急に必要な問題なのである。バートランド・ラッセル卿が、社会主義に対して、宗教を乗っ取るか破壊するかを命じたことは、社会主義の世界的なキャンペーンの基礎となっている。特にキリスト教の宗教に浸透し、ヴァイスハウプトのやり方で、内部からそれをかじる。

この戦術の最も成功したモデルが南アフリカにある。いわゆる教会指導者であるヘインズ牧師がオランダ改革派教会の内部に飽き足らず、いわゆる英国国教会の「主教」であるデズモンド・ツツ氏が英国国教会に正面から攻撃を開始したのである。国民を裏切ることを厭わない南アフリカ政府高官のフリーメイソンに助けられ、南アフリカは転覆し、ネルソン・マンデラを隠れ蓑にした元KGB大佐のジョー・スロボによる共産主義支配に服することを余儀なくされたのである。昔から言われている「贈り物を持ったギリシャ人に気をつけろ」というのは、「社会主義的な約束をした神父や聖職者に気をつけろ」と言い換えることができる。社会主義を実現するために宗教をうまく利用することは、ニカラグア、ペルー、フィリピン、ローデシア、南アフリカで十分に証明されている。次はアメリカです。

第8章

自由貿易によるアメリカ合衆国の破壊計画

自由貿易」ほど、共和国の内部に潜むトロイの木馬はない。他のところでも、たびたび触れています。このセクションでは、英国のフェビアン社会主義者とその国内での改宗者が長い間抱いていた夢である、米国を破壊するためのこの怪しげな計画の詳細に触れたいと思う。わが共和国の社会主義的破壊は、多くの前線で行われているが、いわゆる　"自由貿易"ほど、毒に満ち、扇動的で、密かで、裏切り的なものはない。

自由貿易」を信じる人は、脱洗脳され、社会主義のプロパガンダと洗脳から解放されなければならない。この国の始まり、第1条第8項第1節に立ち返ってみてください。

> "税金、関税、輸入品、物品を徴収すること。アメリカ合衆国は、債務を支払い、共同防衛と一般福祉に備えるが、すべての関税、輸入品、物品はアメリカ合衆国全土で一律でなにればならない。".

モリス総督は第8節を書き、関税が国のツケを払うことにつながるということを暗に示しているのが興味深い。そのための所得税の累進課税については言及されていない。

社会主義者たちに反逆的な計画を思いつき、未承認の合衆国憲法修正第16条を通して、憲法のこの部分を無効にして廃止しようとしたのだ。彼らは、憲法第1条第8項第1号が、イギリスが植民地の人々に「自由貿易」を与えないようにするためのものであることを知っていた。1700年代後半から1800年代前半の『議会年報』や『グローブ』を読むと、アメリカ独

立の主因のひとつが、アダム・スミスの「自由貿易」を植民地に押し付けようとするイギリス東インド会社（BEIC）の企てであることがすぐに分かる。

自由貿易」とは何か？それは、合衆国憲法に違反して、アメリカ国民から富を剥奪し、略奪することの婉曲表現である。昔のバカ騒ぎを現代によみがえらせたものだ!自由貿易」は、イギリス東インド会社（BEIC）がアメリカの植民地から富を奪うために使ったシェルゲームであり、その強盗戦術は立派な経済用語で偽装されていたが、それ自体は無意味なものであった。

建国の父たちは、植民地に放たれようとしている「自由貿易」戦争について警告する実体験の恩恵を受けていなかった。しかし、「自由貿易」が許されれば、若い国家を破壊することを知る洞察力と先見性は持っていたのである。このような理由から、ジョージ・ワシントン大統領は、「自由貿易」という大義名分がフランスにもたらし、「フランス革命」と呼ばれる恐ろしい破壊を目の当たりにした後、1789年に、若い共和国がイギリス政府の策略から自らを守ることが必要かつ適切であると宣言したのであった。

> "自由な国民は、特に軍需物資を他国から独立させるような製造を促進すべきである"-
> ジョージ・ワシントン、第1回合衆国議会（1789年）。

建国の父たちは、当初から貿易の保護が最も重要であると考え、事実上、それを最初の業務とした。主権と国民の福祉を真剣に守る国は、「自由貿易」を許さない。1911年、ジョセフ・チェンバレンが『自由貿易に反対する事例』の序文で述べたとおりである。

> 「自由貿易は組織の否定であり、確立された首尾一貫した政策の否定である。それは偶然の勝利であり、全体としての永続的な福祉を無視した目先の個人の利益の無秩序で利己的な競争である"。

アレクサンダー・ハミルトンをはじめとする建国の父たちは、国家が主権と独立を維持するためには国内市場を保護する

必要があると理解していた。このように、外部からの「世界貿易」とは無関係に、国内で爆発的に産業が発展したことが、そもそもアメリカを偉大にしたのである。ワシントンやハミルトンは、国内市場を世界に譲り渡すことは、国家主権を放棄することになると考えていた。

社会主義者たちは、独立国に対する保護貿易障壁を徐々に壊していくのではなく、取り除くことの重要性を知っており、そのためにウッドロウ・ウィルソンを選出する機会を待っていたのである。新大統領としてのウィルソンの最初の仕事は、ワシントンによって築かれ、リンカーン、ガーフィールド、マッキンリーによって拡大・維持されてきた関税障壁を打破するために積極的に行動することであった。

先に見たように、ウッドロウ・ウィルソン大統領を就任させたファビウス派の社会主義者の最初の仕事は、米国を比較的短期間に、つまりヨーロッパの大国の時代と比較して大国にした貿易障壁と保護関税を取り壊すことであった。NAFTとGATTは、ウィルソンとルーズベルトが残したものを引き継ぐものである。どちらの協定も米国憲法に違反しており、フェビアン協会とそのアメリカの従兄弟たちの仕業である。

北米自由貿易協定は、300人委員会のプロジェクトであり、サイラス・バンスと一つの世界政府と新世界秩序の科学者のチームが率いた1969年のローマクラブのポスト産業ゼロ成長政策文書で示された、アメリカの産業と農業に対する戦争の自然な延長である。ワシントン、リンカーン、ガーフィールド、マッキンリーによって築かれた貿易障壁を解体することは、フェビアン協会の長年の悲願であった。NAFTAは、米国市場を一方的な「自由貿易」に開放し、その過程で米国の中産階級に致命的な打撃を与えるための、彼らの大義名分なのだ。

NAFTAは、立法措置によって憲法を回避するという点で、フローレンス・ケリーのもう一つの勝利である。クーリー判事は憲法学の著書で35頁にこう述べている。

　　　"憲法そのものが条約や法律に屈することはない。時代と

ともに変化するものでも、状況の力に屈するものでもない」。

したがって、NAFTAもその他の条約も、憲法を変えることはできない。NAFTAは、憲法を迂回するための、ねじれた、嘘つきの、裏技に過ぎない。これは、GATTの正確な説明でもある。

自由貿易」による米国への最初の攻撃は、1769年にさかのぼる。アダム・スミスが米国の植民地から収入を引き出すためにタウンゼント法を考案したのである。NAFTA協定は、アメリカの労働者からより多くの収入を搾り取るか、あるいは労働者がそれを望まなければ、賃金や生活費が一般に低い海外に移転させるように設計されている。実は、NAFTAは1769年から1776年にかけての植民地主義者の闘いと共通するところが多い。悲劇的なことに、近年、何人かの大統領は、米国の産業を保護し、米国を世界最大の工業国にした通商政策から遠ざかっている。

グローバリズムはアメリカを偉大にするのに役立っていない。グローバリズムは、ウィルソン、ルーズベルト、ブッシュ、クリントンによって宣伝されたいわゆるグローバル経済が、最終的にアメリカ人の生活水準を第三世界の水準まで引き下げるという事実を覆い隠すための、マディソン街のメディアの洗脳者の合言葉である。社会主義を通じて、アメリカ人が再び1776年のアメリカ革命を戦い、NAFTAという詐欺の苦しみから国を解放し、GATTというさらに大きな詐欺が戦場で降伏するのを待っている、という典型的な事例がここにある。

1992年、ブッシュはNAFTAのボールを掴んで走り出した。カナダは、NAFTAがカナダ国民にどれだけ受け入れられるかを測る物差しとして使われた。その際、ブッシュはブライアン・マルローニー元首相に助けられた。NAFTAの目的は、両国の産業と農業の基盤を破壊し、それによって中産階級を追い詰めることである。300人委員会のポスト工業化計画は遅々として進んでいない。この状況は、バートランド・ラ

ッセルが何百万人もの「役に立たない食べる人」を殺すという願望を述べたことによく似ている。ラッセルは、黒死病を復活させ、世界から過剰人口をなくすという計画を立てた。

NAFTAは、国境を越えた政策の再編成と、教育機関を卒業したばかりの未来の米国産業界と商業界のリーダーたちの再教育の集大成である。NAFTAは、メッテルニヒ公が支配したウィーン会議（1814-
1815年）に例えることができる。メッテルニヒがヨーロッパ情勢に主導的な役割を果たしたことは記憶に新しい。マリー・ルイーズ大公女とナポレオンの結婚を担当し、少なくとも100年にわたるヨーロッパの政治・経済情勢を形成することになった。要するに、クリントンは米国を「自由貿易」に「嫁がせた」のであり、それはまた1000年以上にわたってこの国に多大な影響を与えることになるのだ。

ウィーン会議では、豪華なパーティーや華やかな催しが開かれ、自国の利益のために戦うのではなく、メッテルニヒに協力しようとする人々には、目もくらむような贈り物が用意された。同様の戦術は、NAFTAを下院と上院で押し通すためにも使われた。ウィーンでの密室で行われた意思決定の議論（4大国は決して小国の参加を許さなかった）のように、NAFTAに関するあらゆる合意、あらゆる主要な決定は、密室で、密かになされた。NAFTAは米国に深刻な悪影響を及ぼすが、その程度と深さはまだわかっていない。

NAFTAは北米の歴史におけるターニングポイントであり、アメリカとカナダの中産階級にとってのターニングポイントである。これがEC諸国と組み合わさると、貿易の完全支配を目指す社会主義戦略の第2段階が完成することになる。NAFTAはメキシコに1000億ドルの収入をもたらすが、米国経済には産業基盤の大きな衰退をもたらし、壊滅的な打撃を与えるだろう。NAFTAの完全実施後の最初の2年間で、10万人のアメリカ人の雇用が失われ、中産階級の生活水準がかつてないほど低下すると予想されています。メキシコからの製品や食品を通じて、汚染が米国に再輸出されることになります。

メキシコ産の食品には、米国農務省の規制で禁止されているあらゆる種類の有毒な毒物が含まれています。NAFTAのロビー活動に費やされた金額は、全部で1億5,000万ドル近くになる。NAFTAのロビー活動は米国史上最も集中的なもので、いわゆる協定に賛成するために下院に押し寄せた専門家や弁護士の正に軍隊が関与していた。

関税と貿易に関する一般協定（GATT）は、フェビアン社会主義の原則に基づき、米国が設計した制度である。この陰湿な協定ほど議員の理解が得られないものは、過去になかったと思う。何十人もの議員に連絡したが、例外なく、誰一人として説明をしてくれないし、私が探している事実を教えてくれない。GATTは、1948年3月24日にキューバで開催された「貿易と雇用に関する国際連合会議」で策定された。この会議に参加したエレガントな人々は、アダム・スミスの「自由貿易」を唱え、それが普通の人々にとって世界をより良い場所にすると信じていた。GATTというタイトルは後からついたが、この社会主義的詐欺の基礎は、1948年にキューバで築かれた。

キューバとの取引を下院と上院に提出したとき、それが可決されたのは、単に理解されなかったからだ。一般に、上下両院に提出された法案が理解されない場合、できるだけ早く成立させる。連邦準備法、国連条約、パナマ運河条約、NAFTAなどがそうであった。

NAFTAに賛成することで、下院は米国の主権をスイス・ジュネーブのワンワールド政府に移譲したのである。この扇動的な行為には前例があった。1948年、共和党が支配する下院と上院は、キューバでの国連会議の結果、貿易協定法を可決した。それまで共和党は、アメリカの産業と雇用の保護者としての立場を示していたが、民主党の立場と同様に虚偽であり、アダム・スミスの社会主義的「自由貿易」に賛成していることが判明した。イギリスのフェビアン社会主義者とアメリカの従兄弟たちによって、アメリカの産業と商業に対して大きな打撃が加えられた。貿易協定法が100%違憲でありながら成立したことは、フェビアン協会にとって甘美な満足の

原因であった。

1962年、ジョン・F・ケネディ大統領は、この売国行為を「アメリカの通商政策の真新しいアプローチ、大胆な新手段」と呼んだ。ケネディは、フェビアン社会主義者がアメリカ国民を導こうとしている方向性について、致命的な欠陥があると判断し、その年の初めにフロリダで開かれたAFL-CIOの大会で、労働組合指導者のジョージ・ミーニーに全面的に支持されていた。議会は、その違憲性に気づかないまま、ひたすら法案を可決した。

それは、議会に属する権限を大統領に与え、三権分立の間で移譲できない権限を与えているため、違憲であるとした。ケネディ政権は直ちに、さまざまな輸入品に対して50％もの大幅な関税引き下げを実施した。ブッシュとクリントンがNAFTAで行ったのと同じ違憲行為を我々は見たのだ。両大統領は違憲に立法府に関与した。また、賄賂の影響もあったかもしれない。これは国家反逆罪だ。

20世紀を迎えたアメリカは、古代以来、他のどの国にもない成功への道を歩み始めていた。しかし、アメリカにはスポイラーと呼ばれる社会主義者とその近縁の共産主義者が潜んでいたのである。米国は、保護主義、健全な貨幣という堅固な基盤の上に築かれ、工業基盤は急速に発展し、農業は機械化のおかげで、人口がどんなに増加しても、今後何世紀にもわたって国民を養うことができるようになっていました。

リンカーンが署名した貿易保護措置「1864年関税法」は、関税を47％以上引き上げた。1861年には、税関の収入はアメリカの総収入の95％を占めるようになった。リンカーンは、戦争を目の前にして、伝統的な関税保護を強化し、何としても守ろうと決意していた。関税保護に関する彼の行動は、何よりも、産業、農業、貿易における20年にわたる進歩への道を米国にもたらした。この進歩は、英国を驚かせ、米国を羨望の対象、そして憎悪の対象とさせた。リンカーン暗殺計画には、イギリスの首相ベンジャミン・ディズレーリが関与していたことは間違いなく、大統領が同国からの商品の関税引き

下げに断固として反対したため、イギリスでリンカーン暗殺が決定されたのである。

米国は死闘を繰り広げている。愛国心の大太鼓も、国旗の掲揚も、軍事パレードもないからわからないだろうし、おそらくすべての鍵は、マスコミのジャッカルたちが「自由貿易」をアメリカの宿敵としてではなく、利益として紹介していることだ。これは多くの前線での戦争であり、ほぼ全世界が米国に対して同盟を結んでいる。300人委員会が巧みに立案し、社会主義者に実行を委ねた計画のおかげで、我々は急速に敗れつつある戦争なのだ。リンカーンは貿易戦争の最初の犠牲者の一人であった。

1873年、ロンドン・シティの投資銀行家、金融業者がウォール街の盟友と手を組んで、まったくの人為的な原因でパニックを引き起こした。その結果、敵の思惑通り、長引く不況で農業は大きな打撃を受けた。1872年の反米行動は、保護主義を弱めるために行われたというのが、ほとんどの歴史家の見解である。不況の原因を保護主義に求めるイエロー・ジャーナリズムの道は開かれ、決して閉ざされることはなかったのだ。マスコミが流す下品な嘘によって、農民たちは自分たちの問題は「自由貿易」の流れを阻害する貿易障壁のせいだと思い込まされていた。

ロンドン・シティとウォール街のエージェントたちは、すでに充実していた報道機関に助けられ、世論の太鼓を叩き始めた。無知な大衆からの圧力に応え、1872年にアメリカの関税障壁に突破口が開かれた。幅広い輸入品目で10%、塩と石炭で50%の関税を引き下げた。経済学者なら誰でも知っているように、また適切に訓練された高校卒業生なら誰でも知っているように、ひとたびこのような事態に陥ると、投資家が工業プラント、農機具、工作機械などの実物資産への投資をやめるため、製造活動はすぐに衰退し始める。

しかし、侵略者は1900年代までに一部撃退され、被害は我が堡塁の破壊にとどまり、敵軍が後背地に進出する機会はなかったのである。その後、ウィルソンが現れ、反関税保護部隊

による最初の大規模な攻撃が行われ、我々の堡塁を破壊した
だけでなく、ペリシテ人を我々の陣地の真ん中に置いたので
ある。

ルーズベルト大統領がホワイトハウスに着任すると、関税保
護に対する2度目の攻撃が開始された。ウィルソンは、ルー
ズベルトに道を開き、最終目標にまっすぐつながる溝を作る
ことに成功したのだ。ウィルソンは多くの損害を与え、それ
はルーズベルトによって拡大されたが、フェビアン社会主義
者、ラムゼイ・マクドナルド、グンナル・ミルダール、ジェ
ーン・アダムス、ディーン・アチソン、チェスター・ボール
ズ、ウィリアム・C・ブリット、スチュアート・チェイス、
J・ケネス・ガルブライス、ジョン・メイナード・ケインズ
、ハロルド・ラスキー教授、ウォルター・リップマン、W・
アヴェリル・ハリマン、ジェイコブ・ジャビッツ上院議員、
フローレンス・ケリー、トランセス・パーキンスの趣味から
、多くの関税障壁は残されたままであった。

ジョージ・ブッシュは、CFRから大統領執務室に任命される
と、「一つの世界-
新世界秩序」のミッションにエネルギーと情熱を持って取り
組み、NAFTA協定を最優先事項の一つとした。しかし、ウ
ィルソン、ルーズベルト、ブッシュは、憲法の通知と同意の
プロセスを踏まずに、貿易問題に関する条約を独自に交渉す
る権利を持っていたのだろうか？明らかに違う。

そこで、この重要な問題について、憲法がどのようなことを
述べているのかを見てみよう。

> "...この憲法およびこれに従って制定される合衆国法律な
> らびに合衆国の権限の下に締結されたまたは締結される
> すべての条約は、この国の最高法規である..."。

この憲法と合衆国の法律」という言葉があるが、条約はあく
まで法律である。国の法律」とはマグナ・カルタのことで、
「すべての国の裁判官は、憲法または国の法律のいかなる反
対規定も害することなく、これに拘束されるものとする。

後段の   "supreme   "は   "supreme

257|

"ではなく、コモンローに属する言葉である。これを理解するためには、米国憲法とその歴史的背景を知る必要があり、それは議会年報、議会グローブ、議会記録からしか得られない。これらの文書を完全かつ正しく研究することは、条約とは何かを理解するための前提条件である。しかし、残念なことに、議員たちはこの素晴らしい文書を勉強して教養を身につけようとはしない。法学部の教授たちは、こうした情報の宝庫である憲法についてさらに知識がなく、その結果、現実とはかけ離れた憲法を教えることが多い。盲人が盲人を導くのである。

最高」という言葉は、フランス、イギリス、スペイン政府が、アメリカに割譲された領土に関する協定を反故にできないようにするために挿入された。これは、これらの国の将来の政府が協定を反故にすることを防ぐのに十分な方法であったが、残念ながら、多くのアメリカ人に条約が「最高法規」であると理解させることにもなった。条約が実施に移されただけの段階で、「至高」であることはありえないのです。子孫は親より偉大になれるか? 米国憲法は、いつでも、どんな状況下でも、常に最高権威である。法律は変更可能であり、間違って成立した可能性もあるため、決して「最高」ではないのです。子供は親より大きくはなれない。

ルース・ギンズバーグ判事が憲法の柔軟性について述べたにもかかわらず、合衆国憲法は柔軟ではなく、IMMUTABLE（不可侵）である。私たちは、どんな条約でも最初のルールは自衛であることを知っています。また、米国では例外なくすべての条約は通常の法律であり、いつでも繰り返すことができることも知っています。米国に深刻な損害を与えるような条約は、自衛のルールに違反しており、その資金を断つだけでも、取り消すことができるのです。国連、NAFTA、GATT、ABM、パナマ運河条約などの条約が無効かつ不公正であり、議会で撤回されるべきなのはこのためだ。実際、議会が社会主義者に支配されていなければ、それらは撤回されるはずだ。

読者は、建国の父たちが使った「聖書」であるヴァッテルの

『国際法』を手に取ってみてほしい。条約は、議会によって変更できる単なる法律であることをすぐに納得してもらえるはずだ。実は、条約というのは、要するに中身がないものだから、「不安定な法律」とも言える。トーマス・ジェファーソンは次のように述べています。

> "条約締結権を無制限に保持することは、憲法を構造的に白紙にすることである。"議会記録、下院、1900年2月26日。

さらに、米国憲法は、政府のある部門から別の部門への権力移譲を明確に禁止している。これは自由貿易戦争の間ずっとそうであったし、現在もそうである。立法権が行政に委ねられるのが遅く、気づかれないことも多いが、貿易戦争擁護派の力を弱めているのは、この点である。このような行為は違憲であり、アメリカ国民に対する扇動と反逆に相当する。

立法府にのみ属する権限の放棄は、ペイン・オルドリッチ関税法に始まり、奇形生物がアオギリの木のように育ち始めた。ペイン・オルドリッチ法は、第一の目的は達成できなかったが、第二の目的である立法権の行政府への移譲は十分成功したといえるだろう。憲法で禁止されている権限を大統領に与え、輸入関税率をコントロールできるようになったのである。下院は、保護すべき人々に致命的な打撃を与え、「自由貿易」によって、外国製品のダンピングや価格引き下げ政策に対応できない製造工場が閉鎖を余儀なくされ、労働者の雇用が奪われることを許したのです。

1909年のペイン・オルドリッチ関税法を「法律」として受け入れた人々が犯した反逆と反乱は、今日、NAFTAとGATTの協定に明らかである。米国憲法第1条第10項には、貿易に関する事項を下院に委ねることが明記されている。第10項では、貿易に関する事項についての下院の統制を強化する。下院の権限は、昔も今も移転できない!というくらいにシンプルです。すべての「法律」、すべての「行政命令」、貿易に関するすべての大統領の決定、すべての国際協定は無効であり、政府が我々国民の手に戻ると同時に帳簿から抹消されなけ

ればならない。大統領による通商権限の簒奪がもたらす甚大な被害は、これから見ていくことになるのだろう。

ペイン・オルドリッチ関税法は、フェビアン社会主義の典型的なやり方であり、常に嘘のファサードでその真意を隠している。以前から申し上げているように、アメリカ国民は世界で最も騙されやすい国民であり、ペイン・アルドリッチ関税法は、その嘘の集大成であった。この法律は、アメリカ国民の敵である「自由貿易家」とその同盟者であるロンドン・シティーのために大きな一歩を踏み出したのだ。

ペイン・オルドリッチ関税法は、表向きは行政府に権限を移譲したことになっているが、これは憲法改正なしにはありえないし、あってはならないことであった。それが実現しなかったので、1909年以降の貿易協定はすべて超法規的なものとなっている。ペリシテ人の手に渡らない最高裁判所があれば、そこに助けを求めることができたのですが、それができません。

ブランディスや   "フィクサー"フォータスの時代から、最高裁は社会主義者でいっぱいの裁判所となり、我々国民の嘆願を聞く耳を持たなくなった。ペイン・オルドリッチ関税法の成立により、アメリカは貿易戦争で深刻な後退を強いられ、そこから回復することはなかった。ペイン・オルドリッチの施策は、あの不誠実な政治団体の最高の伝統である社会主義の「漸進主義」であった。

このようなアメリカ国民への卑劣な攻撃は、私たちが比較的無邪気だった頃に行われました。私たちは、フェビアン社会主義やその手口についてほとんど知りませんでした。The Case Against Socialism: A Handbook for Conservative Speakers』という本は、社会主義が法律を成立させるために使う汚い手口を紹介したもので、クリントン大統領ほど社会主義の汚い手口はないだろう。

この偉大な国、アメリカの市民は、ウッドロウ・ウィルソンに始まる指導者たちによって、「三角貿易」がすべての国にとって有益であると信じ込まされてきたのである。彼らは、

これはアダム・スミスの考えであり、社会主義者のお気に入りの経済学者であるデビッド・リカルドが自由貿易の限界と意味を洗練させたのだと言うだろう。しかし、これはすべて煙と鏡のようなものです。自由貿易」の神話は、アメリカ国民の心に深く刻み込まれ、それが実際に有益であると信じられているのだ!大統領をはじめとする国の指導者たちは、国民をこの恐ろしい罠にはめるよう、大きく誤解している。

この戦争の損失は、すでに2つの世界大戦の合計をはるかに超えています。何百万人ものアメリカ人の生活がすでに台無しにされているのです。何百万人もの人々が、この容赦ない戦争によって打ちのめされ、絶望の中にいます。自由貿易」は、国家のインフラにとって核攻撃よりも大きな脅威である。

一部統計

1950年、300人委員会がエティエンヌ・ダビニョン伯爵をこの戦線に引き入れて以来、75万人のアメリカ人鉄鋼労働者が職を失った。

鉄鋼業の死は、鉄鋼製品に関連し、それに基づく高給で安定した産業界の雇用が100万から25万人失われることを意味したのである。これは、アメリカの鉄鋼労働者が優秀でなかったからではない。実際、一部の古い工場があったことを考えると、彼らは不公正な取引方法に対して非常によく立ち向かっていたのだ。しかし、外国政府が多額の補助金を出しているため、アメリカ製を下回る「自由な」輸入品には太刀打ちできない。外国の製鉄所の多くは、「マーシャル・プラン」の資金で建設されたほどです。1994年までに、合計4千万人のアメリカ人が、工場、繊維工場、生産現場への「自由貿易」攻撃により、職を失ったのである。

アメリカは産業大国となり、1880年代にはイギリスを抜いて世界一の産業国となった。これは、貿易障壁によって自国の産業が保護されていることに他なりません。南北戦争が勃発し、19世紀末に至るまでに、14万もの工場が重工業製品を生

産し、150万人ものアメリカ人が働いていたのである。

1950年代には、工業と農業によって、大規模で安定した高賃金のアメリカの中産階級が最高の生活水準を築き上げました。また、その製品の巨大な市場、つまり、終身雇用が保証された仕事に就く高給取りの中産階級が支える国内市場を作り上げ、その拡大・発展に寄与してきたのである。アメリカの繁栄と雇用の安定は、グローバルな貿易の結果ではありません。米国が繁栄し成長するためには、世界市場は必要なかったのだ。これは、ウィルソンが最初に、そしてルーズベルト、アイゼンハワー、ケネディ、ジョンソン、ブッシュ、クリントンが熱狂的にアメリカ国民に売りつけた偽りの約束であった。

こうした大統領や議会の裏切りや扇動のおかげで、輸入は増え続け、1994年の今日、私たちは安い労働力による輸入品の洪水から頭を守るのがやっとの状態である。来年（1995年）には、「自由貿易主義者」の猛攻によって、さらに何百万人ものアメリカ人の生活が破壊され、損失が急増することだろう。終わりが見えないのに、議員たちは後退を続け、何百万、何千万という人々の生活が破壊されたままです。この問題は、他のどの問題よりも、政府が国家の主権を守ることに真剣でないことを証明している。それは、どの政府にとっても第一の義務である。

この章では、英米の社会主義者の策謀、不正行為、裏切り、嘘、扇動によって米国に押し付けられた最も重要な通商条約、憲章、「協定」のうちのいくつかを検討することができるだろう。まず、いわゆる「貿易協定」から説明する。憲法は、政府のある部門から別の部門への権力移譲を禁じています。これは三権分立の原則と呼ばれ、神聖かつ不変のものである、あるいは建国の父たちによってそう書かれたものである。権限を委譲することは違法であり、反逆罪でさえある。しかし、ブッシュがメキシコやカナダと協議してNAFTA協定を締結することは合法であったと信じられるはずだ。同じように、クリントンがNAFTAや今回のGATTに干渉するのは当然だと、私たちは信じている。両方とも間違っている！ブッ

シュもクリントンも、下院の責任である貿易問題に口出しする権利はなかった。

それだけに、NAFTAやGATTは違法であり、憲法を守る代わりに自分たちの嗜好に合わない最高裁があれば、そう宣言されるはずだ。自由貿易」の将軍が米国を攻撃するために使う最も一般的な戦術の一つは、経済困難の原因を「貿易障壁」のせいにすることである。これは明らかに誤りです。ニューヨーク・タイムズ』や『ワシントン・ポスト』などの新聞を見ると、「自由貿易」がわが国に与えている深刻な害悪を、決して正確に描いていないことがわかった。扇動的なリベラル派は、ウィルソンがわが国の通商防衛に最初の攻撃を加えて以来、米国が組織的に水分を奪われたとは決して言いませんでした。

ヨーロッパを破滅から救ったはずの「マーシャル・プラン」は、実は「自由貿易 詐欺であった。戦争犯罪人ウィンストン・チャーチルに嫌気がさしたイギリス国民は、チャーチルの副首相でフェビアン社会主義のエリートだった労働党のクレメント・アトリーに、チャーチルの後継者として投票したのである。1890年代後半にアメリカの社会主義の「スパイ」として派遣されたラムゼイ・マクドナルドの後を継いだのが、アトリーであった。アトリーは、ハロルド・ラスキ教授やヒュー・ゲイツケルとともにフェビアンのスターリストに名を連ねていた。後者はロックフェラーのお気に入りで、ゲイツケルを選んで1934年にオーストリアに行き、ヒトラーが何をしているのかを見て回ったのだった。

チェンバレンが委員会の戦争計画に従わないという理由で更迭された時、アトリーは待機しており、チャーチルの後任として呼ばれた時、彼の番が来たのだ。この時、イギリスはローザンヌ会議で合意した第一次世界大戦の借金をまだアメリカに返済していなかった。しかし、このように巨額の未払い金があるにもかかわらず、イギリスは何十億ドルという借金を背負っていた。ルーズベルトは「あの愚かなドル表示は忘れよう」と宣言し、レンドリースに頼るよう促していたのである。

イギリスで労働党が政権を握ると、フェビアン協会のエリートたちは、主要産業の国有化や「ゆりかごから墓場まで」の社会サービスの提供など、念願の社会主義計画を直ちに実行に移したのである。もちろん、イギリス国庫は、大幅な増税をしなければ、フェビアン派が新たに課した巨額の財政負担をまかなうことはできなかった。そこで、アトリーと社会主義者のケインズは、米国に助けを求めた。アメリカの納税者に対する最初の砲撃は、37億5千万ドルの融資という形で行われ、ルーズベルトは迅速かつ快くこれを承諾した。

37億5000万ドルのアメリカの融資は、無制限の社会主義的支出と社会主義的移転プログラムを狂ったように追求する社会主義政府が負った負債の支払いに使われた。彼らはまだ現実を理解しておらず、労働党が義務を果たすのに十分な現金を持っていなかったとき、フェイビアンの頭脳集団が集まってマーシャル・プランを考え出したのである。

マーシャル・プランは、社会主義者のジョージ・マーシャル将軍によって、アメリカの社会主義の温床であるハーバード大学で発表されたのが適切だった。アメリカの納税者の負担は？5年間で170億ドルという途方もない額である。その多くは、ヨーロッパ諸国の国家補助産業への資金援助に使われ、その結果、安い外国製品を米国市場に投下できるようになり、長期的で高給な産業の雇用が何百万と失われることになった。

第二次世界大戦直後の数年間、外国製商品がアメリカ市場にあふれ、フランス、ポーランド、ハンガリー、イギリスがアメリカの労働者を犠牲にして国民所得を安定させるのを助けるために、ウッドロウ・ウィルソンにアメリカの貿易障壁の門を開けてもらう必要があったからだ！
これはフェビアン社会主義者の計画者たちが予期していた。

私たちのような政府が、自国民に対してこのようなひどいことをすることが可能なのでしょうか？可能であるばかりか、事実、わが国の政府は自国民を敵に回し、何百万人もの国民を仕事も希望もなく、食料を求めて列をなすように追いやっ

たのだ。私たちの労働力は乞食の列と化し、自分の仕事に何が起こったのか、なぜ以前の仕事で働く代わりにパンの列に並んだり、あるハローワークや別のハローワークで存在しない仕事を乞うことになったのか、必死で考えようとしているのだ。

建国の父たちは、きっと墓の中で回心していることでしょう。ジョージ3世が課した税金（紅茶に1ポンドあたり1円の税金など）をなくすために必死に戦った植民地の子孫たちが、どうして今になって、おとなしく税金を課され、関税収入による国民所得が枯渇するのを黙って見ていられるのかと、もし彼らが近くにいたとしたら、きっと不思議に思っていたことだろう。彼らはまた、170億ドルものリース債務を失ったことに恐怖を覚えるだろう。社会主義者が支配する議会は、仲間のイギリス社会主義者を救い、ワンワールド政府、新世界秩序、フェビアン、社会主義者の夢を維持するために、帳簿からそれを消し去ったのである。

先に、貿易の権限が会議所から行政府に移ったことによって、産業中心地が大きな打撃を受けたことを指摘した。いくつかの具体例を挙げることで、結論を補強することができます。しかし、その前に、リンカーン、ガーフィールド、マッキンリーの3人のアメリカ大統領は、いずれも関税と貿易障壁を断固として主張し、この国の「自由貿易」の敵に立ち向かうために暗殺されたことに特筆に値する。これはよく知られていることだが、あまり知られていないのは、全米屈指の名士であるラッセル・B・ロング上院議員が殺害されたことである。上院議員として最も優秀な人物の一人であったロングは、「自由貿易主義」に激しく反対していた。

フォード大統領は、輸入品の氾濫で痛めつけられた産業界の傷を癒そうとした。そのため、マスコミは彼を、国家を率いるどころか、自分の予算をコントロールすることもできないクズ、つまずき屋と描いた。自由貿易」の敵は、フォードがホワイトハウスにいた期間が短いことを確認した。特に、輸入品の増加の流れを止めるためにヒューイ・ロング上院議員の努力の結晶である1974年貿易法にフォードが署名した後、

その期間は短くなった。

上院財政委員会のロング委員長は、201条を通じた既存の関税保護を強化する方策を提案している。ロンの「免責条項」（第201条）により、輸入品によって損害を受けた企業は、もはや立証する必要がなくなった。しかし、それでも「事業に対する実質的な損害、または損害の脅威が輸入品によって引き起こされた」ことを証明しなければならない。1974年通商法第201条が施行される前は、証拠の提出が煩雑で時間と費用がかかるため、外国政府に大きく有利な手続きに従うくらいならと、多くの工場が閉鎖されました。恥とスキャンダル？しかし、このような信じられないような事態を招いたのは、外国の政府や政府群ではなく、私たち国会議員なのです。

ウィルソン大統領の時代から、貿易法に関する問題では、外国政府の方が自国の工場主や労働者よりも米国の法律に対して発言力があったという、忌まわしい事実がある。米国政府は、「グローバルトレード」の動きを見越して、貿易問題を監督する機関の名称を関税委員会から米国国際貿易委員会（ITC）に変更したほどである。この小さな一歩が、世界貿易の川にわが国の産業を売り渡すことになるのだが、誰もそれに反対しなかった。フォード大統領は1974年の通商法に署名したため、「反自由貿易主義者」と悪口を言われ、任期が短くなった。

実際には、201条は約束された救済をもたらすことはなかった。リベラルな民主党議員を装った社会主義者ばかりが集まった上院での審議が終わるころには、すでに不平等だった土俵が、地元メーカーに不利な急斜面に変わっていた。しかし、実際には、産業界が苦情を申し立てられるのは、損害を被ってからしばらく経ってからであり、しかも、ITCが問題のある輸入品に対して裁定を下さないかもしれないため、成功の保証はないことが判明したのである。さらに悪いことに、たとえITCが地元産業に有利な裁定を下しても、大統領が拒否権を発動する可能性がある。

一方、外国製品との不当な競争により、何百もの米国企業が閉鎖を余儀なくされている。

この国の大統領が、自国民の利益よりも外国の利益を優先させるとは信じがたいことだが、これまで何度もそうなってきたし、クリントン社会党が政権を握った今日もそうなっているのである。アメリカ合衆国憲法第11条第3項には、"彼（大統領）は、法律が忠実に執行されるように注意しなければならない...
"とあります。ウィルソンからクリントンまで、どの大統領も貿易を保護する法律の執行に注意を払っておらず、そのために弾劾されるべきであった。

反自由貿易」だと非難されたフォードは、輸入履物が明らかに問題であることを示した履物産業の防衛策を提案したが、撤回した。ジョンソン、フォード、カーター、レーガン、ブッシュの各政権時代には、1974年通商法に基づく何百もの陳情が却下され、自動車、靴、衣類、コンピュータ、テレビのメーカーや鉄鋼などの陳情も含まれていた。クリントンは、ウィルソンやルーズベルトよりもさらに悪い自国民の敵であることが証明されつつある。議会も大統領も、軍隊の背中を撃ってしまった。

靴業界はもちろんのこと、他の業界にも同様の事例が数多く存在する。リンカーンがホワイトハウスに来た当時、靴やブーツは全国に点在する家族経営の小さな家内工業で作られていた。しかし、陸軍との契約に応じられない小規模な生産者は、何千となく事業を継続し、非常にうまくいっていた。靴を輸入する必要がないことは明らかである。

自由貿易商」は、小さな町では唯一の雇用者であった靴産業に目をつけたのである。議会を通じて、輸入靴に対する貿易障壁が攻撃され始めたのである。地元メーカーが値上げをして「インフレ」を起こしたと非難された。これは全くの嘘でした。靴業界は、良い製品を非常に競争力のある価格で作っていたのだ。しかし、リンドン・ジョンソンがホワイトハウスに来た時、「自由貿易主義者」は現地の市場の20％を確保

していた。そこで、警戒した米国履物工業会は、ITCに即時救済を求める訴えを起こしたが、前述したとおりである。フォードは、彼らに休む暇を与えなかった。

カーター氏が登壇すると、アメリカ履物工業会からの嘆願書も届いた。もちろん、ここで間違っているのは、本来は議会に属する貿易問題について、大統領は決して発言権を持たないはずだということだ。しかし、すでに憲法を百発百中で破っているカーターを止めることはできなかった。カーター氏は自国民を助ける代わりに、台湾や韓国と取引をして、アメリカへの靴の輸出を制限するはずだったが、実際には状況を改善することはなかった。輸入品の履物市場は、米国市場の50%にまで高騰した。カーターは、何十万人ものアメリカ人の生活を守ることになると、耳が聞こえず、目も見えず、口もきけない。しかし、このカーターは、1979年7月15日にテレビで国民に向かって演説をした人物である。

> "脅威
> "は、普通に考えればほとんど見えないものです。自信の危機である。それは、私たちの国家意志の核心、魂、精神を揺さぶる危機なのです。この危機は、私たち自身の人生の意味に対する疑念の増大や、国家の目的の統一性の喪失に見ることができます。"

実際、「自由貿易」を奨励したことで、カーターは危機に陥ったのだ。

大統領府からこれほど偽善的なメッセージが発せられたことはないだろう。朝鮮戦争では、ダグラス・マッカーサー元帥はディーン・アチソンとハリー・トルーマンに裏切られた。自由貿易戦争では、ジミー・カーターとロバート・ストラウスに裏切られたため、靴の戦いに敗れたのである。

その後、「保守派」のレーガン大統領が登場し、韓国や台湾から大量の靴が輸入され、市場に溢れるのを何もしなかった。この2カ国は、アメリカ製の靴を一足も輸入したことがないのだ自由貿易
"はここまで。レーガンの研究不足もあって、1982年には靴

の輸入量が過去最高となり、市場の6割を占めるに至った。また、国家的に重要なことだが、これにより貿易赤字が25億ドルも拡大し、12万人以上の履物職人が失業することになった。支援産業は8万人の雇用を失い、合計20万人の労働者が屑鉄に投げ出された。

社会主義者のプロパガンダの常として、靴業界の窮状に目を向けた者は、常に悪者にされた。*ウォールストリート・ジャーナル紙、ニューヨーク・タイムズ紙、ワシントン・ポスト紙など*は、「インフレにしたいのだろう、なぜ地元の靴産業は競争力を持たないのだ」と反響した。もちろん、これはマスコミのジャッカルの機能である。政府の社会主義的決定者を守り、政治家の裏切り行為に注意を向ける者を「ファシスト」あるいはそれ以上に中傷するのだ。

実は、アメリカの靴産業は非常に競争が激しく、質の良い製品を生産していた。しかし、台湾や韓国の靴は、政府が何十億ドルもの補助金を出しているため、劣悪で補助金の多い製品である。これを「自由貿易」といいます。自由」なのは、外国のメーカーが補助金をもらって作った製品を無料でアメリカ市場に投下できることで、わが国のメーカーは法律や規制によって外国市場から排除されている--
この場合、アメリカの靴メーカーが台湾や韓国に売ることは望めなかったのだ。今日に至るまで、台湾や韓国ではアメリカ製の靴は売られていない。これを「自由貿易」といいます。

ITCは、韓国や台湾からの輸入品の大洪水によって米国の履物産業が回復不能な損害を被っていると判断し、5回にわたって控訴したが、レーガンは労働者や雇用主を溺れさせる潮流を止めるために何もすることを拒んだ。靴業界は無防備な状態になってしまった。議会に頼ることもできず、議会は主権を行政に移したからである。レーガンは、社会主義者の顧問に左右され、軍隊に背を向け、「自由貿易」の敵軍に圧倒させた。

靴業界の戦いは、現在進行中の貿易戦争で我が国民が失った

戦いの一つに過ぎず、GATTとNAFTAに振り回される日もそう遠くはないだろう。議会での「自由貿易」というトロイの木馬は、敵軍を喜ばせたことだろう。傷ついた軍隊は撤退するしかなく、何百万人もの人々の生活が破壊されたままとなる。そして、このような荒廃はすべて「世界貿易」の名の下に行われているのです。

1962年の通商拡大法と1993年のNAFTAを成立させた手法の類似性は指摘するまでもない。大統領の立法部門への干渉に加え、マディソン・アベニューのクレーマーたちの力を借りて、大規模な広報キャンペーンが行われた。ホワイトハウス、上院、商務省のハワード・ピーターソン氏によって、報道陣の弾圧が支持された。1993年のNAFTAでも、このパターンが繰り返された。NAFTAは、1980年のカーターの通貨管理法の裏切りに匹敵するものである。

NAFTAは、憲法上のテストに合格できない違法な「協定」である。1900年2月26日の下院議会記録2273-2297ページには、NAFTA、パナマ運河、GATTなどの「協定」に対する憲法上の立場が記されている。

> 「合衆国議会は、その立法権を憲法から得ており、それがその権威の尺度である。その規定に反する、またはそれによって与えられた権限の範囲内にない議会の行為は、違憲であり、したがって法律ではなく、何人に対しても拘束力を持たない...」とある。

憲法研究の第一人者であるクーリー判事はこう語っている。

> "憲法そのものが条約や法律に届することはない。時代とともに変化するものでも、状況の力に届するものでもない」。

NAFTAの時のように、議会が条約制定権を大統領に委ねる憲法上の権限はない。これは純粋な扇動である。貿易交渉は下院に属する。第1条第8項第3号は、"外国との通商、いくつかの州間およびインディアン部族との通商を規制する"である。明らかに、ブッシュもクリントンもNAFTAに干渉する憲法上の権利を持っていなかった。これは確かに反逆で

あり、扇動である。

議会記録、下院、1993年3月10日、1148-1151ページ、「外交政策か貿易か、選択は我々のもの」、[15]、「自由貿易」の弊害がむき出しになっている。ワシントン、リンカーン、ガーフィールド、マッキンリーによって築かれた賢明な貿易障壁を破壊するのに、社会主義者は47年かかった。フランス」革命の原因は「自由貿易」であった。イギリスの社会主義者たちはフランスに不況とパニックを引き起こし、ダントン、マラ、シェルバーン伯爵、ジェレミー・ベンサムといった反乱者、反逆者たちに門戸を開いたのである。

上記コングレスファイルの1151ページには、こう書かれています。

> 「1991年、アメリカの労働者の平均週給は1972年よりも20％低くなった。一方、繊維・衣料業界は60万人以上、鉄鋼・自動車業界は58万人の雇用を犠牲にした。所得と雇用の減少という観点から見ると、グローバル・リーダーシップの負担は、アメリカの低技能労働者に重くのしかかっている。労働集約的な製造業の仕事は、低コストの第三世界へと海外移転し、アメリカの低技能労働者のカーストが残された…」。

アメリカの中産階級の生活水準を第三国並みに引き下げるという社会主義者の目標は、約87％完了している。計画通りに進めば、クリントン政権は、アメリカ国民を後ろから刺す代償を払って、貿易戦争の仕上げを間もなく行うことになるのだ。何度も言うように、クリントン大統領はフェビアン社会主義の指令を遂行するために選ばれたのであり、「自由貿易」は彼に命じられた反逆的政策のひとつに過ぎない。

> 「新しい世界、そしてすべての国の利益になるような世

---

[15] "外交 "か "貿易 "か、選ぶのは私たちだ。

界の関係に向かって本当に進みたいのであれば、私たちは皆、国連がいかに必要かを感じています。ソ連と米国には、その建設、すなわちヨーロッパとアジア太平洋地域における新たな安全保障構造の構築に関与する理由が十二分にあるのだ。そして、真にグローバルな経済を構築し、新しい文明を創造することです。-
ミハイル・ゴルバチョフ、スタンフォード大学でのスピーチ（1990年）。

ソ連を「社会主義者」に置き換えてみれば、何も変わっていないことがよくわかる。

外国企業の加盟によって合衆国憲法を崩壊させるという社会主義の長期計画は、フェビアン社会主義者や国際社会主義者の著作の中で、かなりよく記録されている。我々は、社会主義者が、共産主義と社会主義の行動を通じて、世界独裁を確立することを期待していることを知っている。一方は公然かつ直接的な方法によって、他方はより巧妙で隠れた方法によって。国際通貨基金（IMF）の金融独裁によって勝利することを望んでいる。IMFは、通貨構造を破壊することによって、自由な国々を、短命だった国際連盟やその後継の国際連合、その他多くの周辺国際機関などの国際組織に参加させることによって、政府をコントロールすることができる。

それは、信用の停止、雇用の欠如、産業と農業の停滞、国際機関の法律を個々の国の法律に重ね合わせることによって犠牲になっている対象国の主権を破壊することである。この本では、独立した国民国家の生命線である社会主義的な過剰生産の例として、国連を取り上げるしかないのだ。

国連憲章がどのようにして生まれたかを考察することは、本書の範囲を超えているが、それが最初から最後まで社会主義的な事業であることを除けば、である。共産主義的な企業という見方もある。国連計画の起草者は、レオ・ロスヴォルスキー、モロトフという二人のソ連市民と、アメリカの社会主義市民アルガー・ヒスであることは事実だが、この憲章は社会主義であり、フェビアン協会とそのアメリカの従兄弟たちの大勝利であった。国連憲章は、1848年の共産党宣言に沿っ

たものです。

もし、国連の条約・協定・憲章が共産主義的な文書として提示されていたら、米国上院は受け入れなかっただろう。しかし、社会主義者たちは自分たちのゲームを知っているので、「平和を守る」ための組織として紹介されたのです。私は別のところで、世界政府の文書に「平和」という言葉がある場合、それが社会主義や共産主義に由来するものだと認識しなければならない、と述べた。これこそ国連憲章の本質である。共産主義・社会主義の組織である。しかも、国連は戦争を起こすのであって、平和を守るわけではない。

この憲章は、米国の上院議員の過半数が署名し、法律として成立しているが、米国はこの新世界秩序の機関である「一つの世界政府」の一員ではないし、一分たりともそうであったことはない。その理由は、いくつかあります。ヴァッテルの『国際法』は、建国の父たちの国際法の基礎となった総体と実質を提供した「聖書」であり、この場合にも適用され、有効である。ローマ法やギリシャ法にまでさかのぼり、それ自体、生涯の研究対象です。いわゆる上院議員や下院議員のうち、何人がこれらの事柄について知っているのだろうか。ヴァッテルが残した貴重な書物は、ロースクールのカリキュラムに含まれておらず、高校や大学の教科書にも載っていない。国務省はこの貴重な書物を全く知らない。だから、ヴァッテルの『国際法』を全く知らずに、この国の問題を整理しようとして、次々と混乱を起こしているのだ。アメリカ合衆国憲法は、あらゆる種類の条約、憲章および協定に優先し、議会または行政機関の行為によって取って代わられることはありません。

米国が国連に加盟するためには、米国憲法改正案が50州すべてで採択されなければならなかった。そうならなかった以上、私たちは国連に加盟していないし、加盟したこともない。このような修正案は、宣戦布告の権限を下院と上院から取り上げ、国際機関に委ねるものであった。湾岸戦争の時にブッシュ元大統領がそれをやろうとしたのだから、アメリカに対する反逆罪、宣誓を守らなかったということで弾劾されるべ

きであった。

注目すべき第二の点は、この問題についてきちんとした憲法
上の議論をするどころか、国連憲章の文書を読んだことのあ
る議員が5人もいないことである。このような憲法論議は少
なくとも2年はかかっただろう。それに対して、この怪物は1
945年に3日で採択されたのだこのような協定や法案などが上
院に提出され、上院議員がまともに議論しない場合、それは
恣意的な権力の行使を意味する。Page 287-297, Senate,
Congressional Record, 10 December 1898:

> 「米国は主権国家であり、主権と国籍は相関する言葉で
> ある。主権なくして国籍はありえず、国籍なくして主権
> はありえない。すべての事柄において、米国は国家とし
> て主権を有する。ただし、主権が州および国民に留保さ
> れている場合は例外である。

また、ポメロイから、（憲法について）27ページ。

> 「政治的主権のない国家はありえないし、国家のない政
> 治的主権のない国家もありえない。したがって、これら
> の考えを分離して提示することはできない...」と。

29 ページに続く：

> 「この国は、政治的な主権を持っています。最も純粋な
> 民主主義から最も絶対的な君主制まで、いかなる組織を
> もってしてもよいが、他の人類との関係および個々の構
> 成員との関係において考えると、地球上の他の同種の国
> 々の間で、不可欠かつ独立した主権社会として、自らに
> 法律を制定する程度には存在しなければならない。"

最高の歴史家であり憲法学者であるマルフォード博士は、国
家の主権について書いた本の112ページで、こう言っている
。

> "国家の主権、すなわち政治的主権の存在は、普遍的なあ
> る種の徴候や注記によって示される。これらは、独立、
> 権威、至高、統一、威厳です。国家の主権、すなわち政
> 治的主権は、独立を意味する。外部からのコントロール

に左右されることなく、自らの判断で行動する。権威を意味する。それを主張し、維持するために、自らの決意に内在する力を持っているのです。それは覇気を意味する。他の劣等国の存在を前提としない...」。

今世紀の偉大な憲法学者の一人である故サム・アービン上院議員は、繰り返しこう言っている。

"良心的"に国連に加盟することは不可能だったのです。

以上のような主権の条件を見れば、国連が国家ではなく、主権が全くないことは明らかである。それは、国家のために個々の法律を作るのではありません。自国の領土を持たず、統一感も威厳もない。外部からのコントロールの対象となる。

さらに、国連は主権を持たないので、国連条約を支持することはできない。建国の父たちが憲法を書くために用いたヴァッテルの「国際法」によれば、アメリカ合衆国は、主権を持たないいかなる個人、いかなる組織とも条約を結ぶことを禁じられている。国連に主権がないことは誰も異論がないだろうから、1945年に上院で可決された国連の「条約」は無効であり、超法規的である。法的手段としては、条約でもなければ憲章でもなく、白紙と同じように全く価値がない。

国連は、エセ法律の集合体によって維持されている外国機関であり、米国の法律より優先されることはありえない。国連の法律が米国の法律より優先されるという立場をとることは、反乱と反逆の行為である。ヴァッテルの『国際法』やウィートンの『国際法』を憲法と合わせて勉強すれば、その正確さは疑いようがない。国連を支持する議員、上院議員、政府関係者は、扇動罪で有罪になる。

1900年2月22日、下院議会記録、2063-2065ページに、次のような権威ある言葉がある。「条約は憲法に優越しない。駐仏アメリカ大使とマーシー国務長官（当時）の外交のやりとりの中で、改めて明言されている。

"憲法は条約に優先する"
"一方の条項が他方の条項に抵触する場合..."

ジョン・フォスター・ダレスは、イギリス王室の深い社会主義者の代理人であったが、国際連合に関するアメリカ上院の調査委員会に出席するよう強制されたとき、彼は滑りやすい社会主義者のように、「国際法」は国内法のようにアメリカでも適用できると示唆して、はったりで切り抜けようとした。国際法」の適用は国連の根幹であるが、米国に適用することはできない。

米国が国際連合に加盟していないという主張は、1879年2月14日の上院議会記録と1897年1月26日の上院議会記録1151-1159ページを読むことで補強されます。このような重要な資料は、どの法律書にも載っていない。ハーバード大学の極左マルクス主義の法学教授たちは、こうした重要な問題を学生たちに知らせようとしない。

米国上院が国連の「条約」である憲章協定を「批准」したという事実は、何の違いもないのです。議会は違憲の法律を通過させることはできないし、米国の法律を国連条約の服従に結びつけることは明らかに違憲である。憲法を他の機関または団体に従属させる議会（下院および上院）のいかなる行為も、法の力を持たず、効力を持たない。国連条約第25条だけを根拠に、アメリカがそのような協定を結べないことは明らかだ。

議会年報、議会グローブ、議会記録には主権に関する情報が満載である。この資料を詳細に調べると、その多くがヴァッテルの「国際法」から来ており、1945年の上院での投票が憲法改正につながり、さらに50州すべてで批准されない限り、米国がこれまで国際連合の一員でなかったし、これからもなれないことは明らかであろう。米国が国際連合に加盟していないことをさらに確認するために、1945年12月18日の議会記録12267-12287ページを参照されたい。

1945年の国連条約に関する憲法上の議論として成立したものは、1945年7月28日の上院議会記録8151-8174ページと1945年11月24日の上院議会記録10964-10974ページで確認することができます。国連の「討論会」

の記録を調べれば、国連条約を「批准」したアメリカの上院議員たちが示した憲法に対する驚くべき無知は、最も堅い懐疑論者でさえも納得できるだろう。

史上最高の憲法学者の一人であるクーリー判事はこう言った。

> 「合衆国議会は、その立法権を憲法から得ており、それがその権威の尺度である。そして、その規定に反する、あるいはそれによって与えられた権限の範囲内にない議会のいかなる行為も、違憲であり、したがって法の力を持たず、いかなる者に対しても拘束力を持たない。".

1945年の上院の国連加盟賛成票は、「したがって、法の力を持たず、誰に対しても義務を負わない」ものである。

1945年の国連合意の採決は恣意的な権力行使であり、3日間で上院を通過する前に憲法上の議論がなされていないため、無効である。

> "いかなる条約/協定も合衆国憲法を弱めたり脅かすことはできない。"
> "協定/条約は法律に過ぎず、他の法律と同様に撤廃することができる。"

したがって、不変の文書であるどころか、国連憲章/協定（わが国の立法者はこれを条約と呼ぶ勇気がなかった）は無効であり、何の影響もなく、誰をも拘束しないのです。軍隊は、外国の団体、機関、組織の法律に従うことを明確に禁じられており、軍隊の指導者は、米国市民を守るという宣誓を守る義務があるのです。そんなことはできないし、国連の法律にも従えない。

今日、海外にある一つの世界政府の国際機関の中で、IMFほど陰湿な悪の権化はない。IMFは国連の落とし子であり、どちらも300人委員会の延長であることを我々は忘れがちであるが、IMFは外交問題評議会（CFR）のように、その真の目的と意図についてますます大胆になってきている。キリスト教国であるロシアにボルシェビズムを押し付けたのと同じ邪

悪な力が、IMFと、いわゆる「世界経済」を乗っ取ろうとする計画の背後にあるのだ。

第9章

敗戦国

大多数のアメリカ国民は、この国が1946年以来戦争をしていることも、戦争に負けていることも知らないのです。第二次世界大戦後、サセックス大学のタヴィストック人間関係研究所とロンドンのタヴィストックセンターは、米国に目を向けた。社長はエリザベス2世で、彼女の従兄弟であるケント公爵も役員として名を連ねています。第二次世界大戦中にドイツに対して展開された古い手法が、今度はアメリカに対して展開されているのだ。タヴィストックは、世界で認められた「洗脳」の中心であり、要するに、1946年以来、アメリカ国民に対して大規模な洗脳工作を行い、現在も行っているのです。[16]

この企業の主な目的は、社会のあらゆるレベルで社会主義のアジェンダを支援することであり、その結果、一つの世界政府と新世界秩序の新しい暗黒時代への道を開くことにあるのです。タヴィストックは銀行、商業、教育、宗教で活動し、特に合衆国憲法を破ろうとする。これらの章では、アメリカを奴隷国家にするために計画されたプログラムのいくつかを検証する。ここでは、アメリカ国民と戦っている主な社会主義者の組織や団体を紹介する。

---

[16] *タヴィストック人間関係研究所：アメリカ合衆国の道徳的、精神的、文化的、政治的、経済的衰退を形作る』ジョン・コールマン、オムニア・ベリタス社、* www.omnia-veritas.com *を 参照。*

銀行と経済政策:

連邦準備制度理事会

> 「大統領、この国には世界で最も腐敗した組織のひとつ
> があるのです。連邦準備制度理事会と連邦準備銀行のこ
> とです。連邦準備制度理事会（州理事会）は、米国政府
> と国民から国家債務を支払うに十分な資金を詐取してい
> る...。この邪悪な制度は、アメリカ国民を貧しくし、破
> 滅させた...。これら12の民間の信用独占は、ヨーロッパ
> から来た銀行家たちによって、欺瞞的かつ不当にこの国
> に押し付けられたものであり、彼らはアメリカの制度を
> 弱めることによって、我々のもてなしに感謝した...。"19
> 32年6月10日（金）、下院銀行委員会委員長ルイス・T・
> マクファーデン下院議員による演説。

よく言われるように、社会主義者の最大の勝利は、連邦準備
銀行の銀行独占によってもたらされた。社会主義銀行家たち
は、ヨーロッパとイギリスからやってきて、この国の通貨シ
ステムのあらゆる面に狡猾に浸透し、浸透させることによっ
て、この国の人々を破滅させようとしたのである。これらの
社会主義者の変革の代理人は、国境内の裏切り者の全面的な
協力なしには何も成し遂げることができなかった。裏切り者
として注目されたのは、大統領である。ウッドロウ・ウィル
ソンは、ワシントン大統領が築き、リンカーン、マッキンリ
ー、ガーフィールドがそのままにしていた貿易障壁に穴を開
けた。1913年、ウィルソンは、関税によって失われた収入を
補うためにマルクス主義の累進所得税制度を導入し、1913年
の連邦準備法の可決によって、ヨーロッパの俗物銀行家を我
々の城塞に受け入れるための扉を開けたのである。

1913年の連邦準備法の可決によって、アメリカの銀行制度が
社会主義化されたことを認識している人はほとんどいない。
商業銀行（イギリス的な意味でのマーチャント・バンクはな
い）は、その年、社会主義者の強盗銀行が支配権を握ること
ができたので、働かされることになったのだ。この国にある
のは福祉銀行制度であり、ボルシェビキがロシアで設立した

銀行制度とほとんど同じである。連邦準備銀行は負債証券を作り、それは「お金」と呼ばれる。このお金は、取引によって連邦準備制度に戻るのではなく、人々から盗まれることによって戻ってきます。架空のお金が国民から直接盗まれる。連邦準備銀行が管理するお金は、正直なお金ではなく、常にインフレになる架空のお金です。

誰に責任を問えばいいのか？私たちのお金を盗んだのは誰なのか？世界最大の銀行システムの株主が誰であるかは誰も知らない。信じられるか？しかし、私たちはこの悪しき状況を毎年許し続けているのです。私たち国民は、「お金のことは複雑でよくわからないから、ほっといてくれ」と言われます。「専門家に任せればいい」と泥棒は言う。

社会主義者の連邦準備制度は、盗んだお金で何をするのでしょうか？そのひとつが、私たちに利息を払わせることです。制度上、国の借金と呼ばれているもので、30年債に変えてしまうのです。これらの社会主義者の銀行家は、富を生み出すことは何もせず、アメリカ人の物質を食べて生きる寄生虫である。これらの寄生虫は、何もないところからお金を作り、それを商業銀行に高利貸しする「権利」を持っており、国民の信用でそれを行っているのである。

これは強制労働です。市民の個人的な信用は、市民のものであって、連邦準備銀行のものではありません。連邦準備制度に市民の個人的な信用を収奪する権利を与えたとされることで、アメリカ合衆国政府はこの寄生虫組織が、憲法で保証された国民の権利である5^{ème} "生命、自由、財産"を侵害することを認めているのである。

さらに、連邦準備制度理事会は憲法を破壊した。憲法の一部分への攻撃は、憲法全体への攻撃であることを忘れてはならない。憲法の一部分が破壊されれば、憲法のすべての部分が冒涜される。我々国民によって議会に委ねられた権限：
第5条第8項
"貨幣を鋳造し、その価値および外国の貨幣の価値を規制し、度量衡の基準を定めること".この条文は、国民から議会に

委ねられた17の列挙された権限にある。この権限を民間の銀行機関に移譲する権利を議会が与えたことは、どこにもない。

しかし、それこそが1913年に議会が行ったことなのだ。この法案が審議入りしたのは、クリスマス休暇のわずか数日前であった。3段組58ページ、細密な印刷物30ページで構成されていた。数日間の審議では、誰も読めないどころか、理解することもできなかった。こうして連邦準備法は議会で可決され、恣意的な権力行為となった。これは、十分な審議が行われずに法律となった法案をそう呼ぶのである。

1913年の連邦準備法の違憲性を証明するために、何百冊もの優れた本が書かれているので、この本でそれを再検討する意味はないだろう。この歴史上最大の詐欺行為にもかかわらず、連邦準備銀行は、その歴史がまだ秘密であるかのように、しっかりと残っていることは言うまでもない。なぜそうなのでしょうか。おそらく、恐怖心があるからでしょう。この巨大な社会主義的創造に少しでも異議を唱えようとした人々は、残酷にも殺害されてきた。下院と上院の議員は、連邦準備制度が20^{ème}世紀の強盗であることを知っているが、議会から追い出されたり、もっと悪くなることを恐れて、事態をかき乱すことは何もしないのである。

連邦準備銀行は、ロスチャイルドの社会主義機関であるイングランド銀行をモデルにしており、南北戦争後、米国に取り付くことができたが、その間、両戦争当事者に資金を供給していた。ジェファーソンとハミルトンが若いアメリカの国のために開発した通貨制度は、金1オンスに対して銀16オンスのバイメタル主義であった。それは、第1条第8節第5項に記載された我々の憲法上の通貨制度であり、ヨーロッパの中央銀行の娼婦がそれを破壊することができるまで、この国に計り知れない繁栄をもたらした。1872年に貨幣を無効化し、1872年のパニックを引き起こしたが、これはすべて社会主義者の計画によるものだった。

社会主義者たちは、通貨システムの価値がゼロになるまで切り下げ、社会主義的（ケインズ的）貨幣を印刷して、優良企業や不動産を買い占めた。大学の経済学の授業で、極左のマルクス教授たちは、議会が通貨制度を運営していると教えているが、そうではない。議会はその責任を放棄して、アメリカに商業福祉銀行制度を作るために、シャイロックに似た国際銀行家たちの手に渡しているのである。ロスチャイルド家とその社会主義者の仲間である国際的なシャイロック銀行は、アメリカ国民を永遠に借金漬けにした。この拘束を解くのに適切なリーダーを見つけない限り、だ。

シャイロックの国際銀行家たちは、連邦準備制度理事会が出現するずっと以前から、この国の富を非常に貪欲に見なし、それを支配するまで押し進めようと決意していたのである。国際的な銀行家であるシャイロックは、アンドリュー・ジャクソン大統領の時代に、アメリカ国民を手足で拘束するために、国立銀行が南北戦争の負債を支払わないようにした。イギリスのシークレットサービスが、アメリカの南北戦争を煽り、告発したことはよく知られているが、これは「ペテン師銀行家の国際戦争」と呼ばれるべきものだった。イギリスのシークレットサービスは、アメリカ南部に諜報員を配置し、生活のあらゆる面に浸透、浸透させていたのである。

ジャクソン大統領が中央銀行を閉鎖した時、イギリスのシークレットサービスは準備万端であった。1862年の銀行法は、アメリカ国民を永遠の貧困に陥れようとする長期計画の一部であり、ロスチャイルドの「策略」であった。議会と愛国的な最高裁がロスチャイルドの悪党を撃退したが、その猶予は短かった。

トロイの木馬ウィルソンのおかげで、彼らは1913年に乗っ取り、この国を金融の奴隷状態に陥れ、それが今日のわれわれの状態である。教育についての章で述べたように、社会主義者は教育を利用して、アメリカ国民に連邦準備銀行について嘘をつきました。これが、今でも容認されている理由の一つです。アメリカ国民に対するその重大な行き過ぎた犯罪は、このテーマに関する何百冊もの優れた書籍に詳しく述べられ

ているが、知られていない。

しかし、これらの本は、教科書業界の社会主義的支配に支配された一定レベルの教育を受けていない人には手に入らない。そのため、あらゆる年齢層の何百万人ものアメリカ人がテレビに慰めを求めているのである。ラリー・キングが、社会主義者の連邦準備制度の悪について、率直でオープンなスピーチをすれば、そしてラジオやテレビの人気トークショーの司会者が同じことをすれば、国民が連邦準備制度を停止させるために何かをするほど興奮するかもしれません。

アメリカ国民は、議会の第一の義務は、アメリカのために健全な通貨制度を提供し維持することであることを学ぶだろう。国民は、私たちが誠実なドルを一枚も流通させていないことを知ることになる。イギリスの東インド会社とイングランド銀行がアダム・スミスと共謀して、植民地から金と銀をすべて排除し、武力戦争に先立つ経済戦争で植民地主義者を打ち負かすことを学ぶのである。

アメリカ国民は、連邦準備制度理事会と連邦準備銀行が合憲であるためには、憲法修正案を作成し、50州すべてで批准しなければならないことを知ることになる。

なぜ、このようなことが行われないのか？なぜ、連邦準備制度を所有する民間人が、私たちから巨額の金をだまし取ることをまだ許しているのでしょうか？「連邦準備制度を廃止させるほど議会に圧力をかけるかもしれない。アメリカ国民は、ラリー・キング・ショーやフィル・ドナヒュー・ショーで、連邦準備銀行は所得税を払っておらず、監査を受けたこともなく、我々国民から財務省から受け取った1000ドルに対してわずか1.95ドルしか払っていないことを知ることができるだろう。「なんてお得なんだ！」と怒りの声を上げるかもしれません。

国民が目覚め、怒り狂えば、議会も動き出し、この拝金主義の獣を閉鎖に追い込むことができるかもしれない。アメリカ国民は、アンドリュー・ジャクソンがシャイロックの中央銀

行[17]
を閉鎖してから南北戦争が始まるまでが最大の繁栄期であったことを知ることになる。連邦準備銀行がこの国の商業銀行を社会主義化したこと、シェイクスピアの「ベニスの商人」に描かれたシステムに基づいて銀行が機能していることを知るだろう。

ルーズベルト大統領は、アメリカの貧困層と中産階級の友人であるとアメリカ国民に語っていたが、彼は初日から国際的なシャイロック銀行とフェビアン社会主義の代理人であったのだ。彼は、社会主義政策に失敗して破産したイギリスの社会主義政府を支えるために巨額の融資を手配し、その一方で自国の国民は食料調達のために行列していた。1929年には、同じ外国人投資家が株式市場の暴落を操作し、株価を何十億ドルも下落させた。連邦準備銀行は、ニューヨーク連邦準備銀行を通じて暴落を画策した。1930年6月16日の議会記録、下院の10949-1050ページには、次のように書かれています。

> "最近では、連邦準備制度理事会が、ヨーロッパの信用のためにアメリカの産業を一連の操作の犠牲にして、株式市場の崩壊と現在の産業不況を引き起こした。このような操作は、1929年2月、イングランド銀行総裁の訪日と連邦準備制度理事会理事長との会談から始まった。この会談のテーマは、（国を破産させた社会主義者の計画によって動揺した）英国の財政状況とポンドの下落に対する懸念であった。
>
> イギリスとフランスは、アメリカの株式市場に30億ドルを投資しており、アメリカの証券を解体することで、アメリカへの金の逃避を止めるのが目的であった。1929年3月、連邦準備制度理事会（ニューヨーク支店）が投資家

17
シェイクスピアの『ヴェニスの商人』に登場する使用人を繰り返し言及し、「商人」という言葉は、実は有名な劇中のユダヤ人を指しているのである。ンデ。

を脅かすようなことを公言し、小さなパニックを引き起こしたのが最初の試みである。1929年8月からの第二の努力は、アメリカの銀行家によるイギリスとフランスの投資家の売り込みと空売り、そして1929年10月のパニックによってなされた..."。

連邦準備銀行は、1929年の暴落とその後の恐慌に責任があった。

1994年の今日、社会主義者アラン・グリーンスパンが議長を務める連邦準備制度理事会は、弱体化したアメリカ経済の息の根を止めている。グリーンスパンのロンドンの親玉が、たとえ5000万人の雇用が失われるとしても、インフレ率を1.5%に維持するようにと指示したからだ。今日、世界銀行、国際決済銀行への加盟、そして国際通貨基金（IMF）の命令に従うことによって我々の主権を妥協しようとする姿勢は、将来の悪い兆候であり、300人委員会が新しい世界大戦の準備をしていることを示しています。

憲法には、世界銀行やIMFのようないわゆる国際銀行に米国政府が資金を提供する権限を与えるものはどこにもない。この権力を見つけるには、第1条第8項第1〜18節を探さなければならないが、そこにないのだから探しても無駄であろう。外国の銀行への融資を認める憲法上の権限はないのだから、そのような行為は違法である。

ジョージ・ブッシュ大統領は、英国の社会主義者に導かれて、NAFTAとGATTの貿易法案を押し通した。この法案は米国の主権を剥奪し、工業と農業の雇用を破壊し、何百万人もの米国人を失業させるものだ。"世界貿易"は、フェビアン社会主義が1910年以来目指してきた古い目標であり、アメリカの有利な貿易上の立場を崩し、ブルーカラーやホワイトカラーのアメリカ人の生活水準を第三世界諸国の水準にまで引き下げようとするものである。

しかし、ブッシュは時間切れで、駅伝のバトンはクリントン大統領に渡され、クリントンは132人の「共和党の進歩的（社会主義的）議員」の助けを借りて、NAFTA「条約」を押

し通すことに成功したのである。1993年、NAFTAの成立と関税貿易一般協定（GATT）の締結により、フェビアン社会主義者の夢である「世界貿易」は大きく前進し、アメリカ独自の中産階級に良い生活水準と雇用を提供できる立場は終焉した。

NAFTAとGATTの条約を合法化するには、米国憲法の改正が必要だ。第一に、憲法には、ブッシュ大統領とクリントン大統領が、もっぱら立法府の中にあるこれらの条約の詳細に関与することによって、100%違憲な行動をとることを認める規定や権力はないのだ。政府の3部門が互いに権限を委譲することは、憲法で禁止されている。

> 「我々は、大統領、議会、裁判所など、合衆国政府のいかなる部門も、憲法で定められていないいかなる権力も持たないという命題に同意している」。

憲法には、アメリカの主権を放棄する規定はない。しかし、トロイの木馬のような敵が、国際社会主義政策の一環として、一元的な政府と新世界秩序を提供するNAFTAやGATTと直接交渉したときに、それを行ったのである。

海外からの援助

フェビアン社会主義者の「聖なる牛」は、社会主義の行き過ぎた資金調達のために他人の金（OPM）を得ることであった。私たちは、労働党を通じたイギリス国民の社会化の失敗を救済するために、ジョン・メイナード・ケインズが考案した70億ドルの融資について知っています。我々はまた、アメリカ国民が年間200億ドル近くを費やすイベントである、外国支援歳出法案を通して他の外国に資金を提供する社会主義者の計画についても知っている。ここでは、世界で最も価値のない国のいくつかに対して父のクリスマスを演じ、その失敗した社会主義政策を支持し続けているのだ。上下両院は、法案を通過させる前に、その合憲性をチェックする素振りさえない。もし、彼らがきちんと仕事をしていれば、海外援助法案が下院や上院の議場に届くことはないだろう。これはア

メリカ国民に対する犯罪であり、セディクション（扇動）とも言える。

海外援助には二つの目的がある。アメリカを不安定にすることと、アメリカの納税者の強制力によって資金を供給された国の天然資源を300の委員会が支配することを助けることである。もちろん、イスラエルやエジプトのように天然資源を持たない国もあるが、その場合、対外援助は地政学的な配慮になるが、それでも、不本意な隷属、奴隷であることに変わりはない。海外援助が本格的に始まったのは、ルーズベルト大統領がボルシェビキ・ロシアに約110億ドル、イギリス労働党政権に70億ドルを拠出したときからである。

この驚くべきお年玉について、合衆国憲法は何らかの権力帰属を規定しているのだろうか？

答えは「NO」であり、対外援助を合法化するには憲法改正が必要だが、対外援助は奴隷制（非自発的隷属）を禁止する条項に違反するので、そのような改正案を適切に作成できるかは疑問である。はっきり言って、海外援助は反逆であり、扇動である。下院と上院の議員はそれを知っているし、大統領もそれを知っている。しかし、それでもアメリカの労働者から毎年何十億ドルも盗まれることは止まらない。海外援助は窃盗だ。海外援助は非自発的な隷属である。海外援助は社会主義的な行為である。

ちゅうかんそう

マルクス主義者／フェビアン社会主義者／共産主義者とそのアメリカの従兄弟たちが最も嫌う人々の中で、長い間社会主義の悩みの種であったアメリカ特有の中産階級を超えるものはないだろう。アメリカを今日のような強国にしたのは、中産階級の存在である。貿易戦争は、いわゆる「グローバル経済」に擬人化された中産階級に向けられたものであり、現在もそうである。ウィルソン、ルーズベルト、そしてカーター、ブッシュ、クリントンの各大統領が、中産階級を発展させ保護するための貿易障壁を取り壊そうとした犯罪的に退廃し

た努力は、本書の別の箇所で語られている。この章でやりたいことは、1994年半ばの中間層の状況について考察することである。

中産階級は、1913年まできちんとよく運営されていたわが連合共和国にとって、20世紀最大の社会的勝利である。健全な金融政策、貿易障壁、保護主義から生まれた中産階級は、アメリカに革命をもたらそうというカール・マルクスの希望がすべて打ち砕かれたことに対する防波堤となった。アンドリュー・ジャクソンが中央銀行を禁止してから南北戦争までの間に本格的に始まった中産階級の拡大は、両大戦を経て、現在に至っている。しかし、1946年以降、何かが狂ってしまった。1946年以来、タヴィストック研究所がアメリカの中産階級に対して行ってきた戦争について、別のところで説明した。この戦争は、私たちが手ひどく負けている。

ローマクラブのポスト工業化計画「ゼロ成長」では、将来安泰な高賃金の工業職で働くブルーカラー労働者の平等が最初のターゲットとされ、産業基盤の破壊が図られたのである。ブルーカラー労働者は、ホワイトカラー労働者と同等の所得を享受しており、彼らは共に、ヨーロッパの社会主義諸国の「労働者階級」ではない、強大な中産階級を形成していた。これは、社会主義者たちが、アメリカを破滅させるという彼らの計画にとって、大きな障害となる政治的事実として認識されていた。そのため、中産階級を支えてきた産業は切り捨てられなければならなかった。そして、NAFTAとGATTが解体という汚い仕事をしながら、今もなお、産業は部分的に切り刻まれているのだ。

私がいつも強調しているのは、社会主義者は決してあきらめないということです。一度決めた目標は、恐ろしいほどの執念で追い求める。私は、中産階級の経済力と政治力の衰退を、ローマクラブのポスト工業化ゼロ成長計画が実施された後の1970年代初頭にまで遡及した。1973年、雇用と所得の見通しが崩れ、中産階級の基盤が深刻な崩壊の兆しを見せ始めた。1993年には初めてホワイトカラーの雇用喪失がブルーカラーの雇用喪失を上回った。1970年代から、特に1980年にかけ

て、統計局は中産階級の所得が崩壊していると報告している。

貿易障壁の破壊、増税、職場への絶え間ない攻撃を通じて社会主義が成し遂げたことは、アメリカに新しい階級、ワーキングプアを出現させることである。かつてのブルーカラーやホワイトカラーの何百万人もの労働者が、中産階級、産業雇用、保護貿易というかつての強固な基盤の隙間から文字通り落下してしまった。中産階級は結局、人口の約23％にあたる6000万人以上のアメリカ人、正確にはワーキングプアと呼ばれる、生活必需品をまかなうには収入が不足している人々である（それでも我々は外国人に200億ドルの「海外援助」をする余裕があるのだが）。

貿易戦争で中産階級に最も大きな打撃を与えたのは、1973年の意図的に計画されたアラブ・イスラエル紛争と原発戦争とが結びついた、いわゆる石油不足であった。社会主義者たちは、最も安価で、安全で、汚染の少ないエネルギーである原子力を停止させ、石油、それも輸入石油で我々の産業の中心を動かすようにした。もしこの国の原子力発電計画が、社会主義者に支配された「グリーン」ショック部隊によって完全に破壊されていなかったら、この国はもはや、経済全般と特に国際収支に大きな打撃を与える石油を輸入する必要がなかっただろう。さらに、原子力発電所を閉鎖することで、社会主義者たちは年間約100万人の雇用をなくしている。

アラブ・イスラエル戦争や原子力発電所の喪失を契機にした原油価格の高騰は、生産性を低下させ、その結果、賃金が大幅に低下し、賃金低下により消費が抑制され、経済に影響を及ぼしたのです。1960年以降、1973年のアラブ・イスラエル戦争まで、家族所得の中央値はほぼ年率3％で増加していることがわかる。キッシンジャーが「戦争は当初考えられていたよりもはるかに大きな影響をアメリカ経済に与えた」と言ったのは、このことを意味しているのは間違いないだろう。

1974年以降、ブルーカラー、ホワイトカラーの実質賃金は20％低下している。1993年には、それまでブルーカラーの正社

員だった人が、パートタイム労働者を受け入れざるを得なくなり、その数は前年のほぼ倍になっている。同様に、安定した産業関連の仕事に従事するホワイトカラーも、「一時的な永住者」となるケースが増え続けている。旧ブルーカラー派遣社員は約9%、同ホワイトカラー派遣社員は約10%となっています。中産階級を支えてきた基盤にヒビが入り、沈み込んだだけでなく、完全に崩壊し始めたのだ。

政府統計では平均失業率は6.4%から7%としか認めていないが、実質的には20%に近い。国防契約の縮小に伴い、NAFTAとGATTが労働市場に与える影響を考慮すると、推定3,500万人の雇用喪失が現実のものとなっているのである。ノースカロライナの繊維産業は、GATTが完全実施された2年目には200万人の雇用を失うと予想されている。

政策研究所のアーヴィン・ブルーストン氏によると、中流家庭を支える唯一の賃金源である安定した産業関連職を調査したところ、1978年から1982年にかけて毎年90万人、つまり5年間で500万人近くの質の高いブルーカラーの仕事が失われていることがわかったという。1982年から1994年までをカバーする同様の統計は他にないが、仮に同じ90万人という数字をとれば、（もっと多いことは分かっているが）12年間で、二度と戻ってこないこれらの失われた仕事の数は、1000万人の長期高給産業雇用に相当すると考えるのが妥当であろう。ローマクラブとタヴィストック研究所がアメリカの職場を攻撃したおかげで、質の高い仕事が永久に失われてしまったのだ。

クリントン大統領は、アメリカ国民に対する貿易戦争の代償を払うことになるが、その代償には任期が1期分含まれている。クリントンはグローバル経済を選択したが、それは必然的にアメリカでの雇用不安を意味する。GATTによる最後の貿易障壁の撤廃は、失業率上昇の原因としての消費減少という大渦巻きに我々の経済を追い込んだ。クリントンは、ケーキを食べながらではダメだということを痛感している。世界経済＋赤字削減＝雇用の大幅な喪失。クリントンの社会主義政権があと4年も続くと、一時的で低賃金の仕事が増え、長

期的で高賃金の古い産業界の仕事を押し流すことになり、国が耐えられるわけがないのだ。

中産階級は消えつつあるが、その声はまだ聞くことができ、そのメッセージは「世界経済も赤字削減もくそくらえ」でなければならない。私たちは、高給で安定した、長期的な仕事を求めています。"

米国がグローバル経済への統合を余儀なくされたのはごく最近のことだが、そのダメージははっきりと表れている。強力で安定した何百もの企業が、熟練したスタッフの大量解雇を余儀なくされているのだ。

1994年の今日あるのは--
これはアラブ・イスラエル戦争以降に発展したものだが--
ウォール街・ラスベガス経済である。マクドナルドの株価は高いが、ハンバーガーは高給で長期の産業用仕事には代えられない。ウォール街でマクドナルドの株価が好調な一方で、米国は高収入の仕事が絶滅危惧種になりつつある経済で満足できるのだろうか？ ロサンゼルス・タイムズ』の記事によると、1989年にはアメリカ人の仕事の4分の1がパートタイムで、1972年の数字から恐ろしく増えたが、1993年には3分の1になり、アメリカ人の仕事の3分の1がパートタイムになったという。要するに、どの工業国も、高給の工業用雇用の減少を食い止めることはできず、破滅の淵に落ち込むしかないのだ。

米国はタヴィストック研究所が率いる社会主義勢力との戦いに敗れつつある。今後2年間で、私たちは「グローバル経済」が課す競争の劇的な激化に直面する。そこでは、何百万人もの半識字者を抱える国々が、奴隷並みの賃金で商品を生産することを学ぶことになるのだ。その時、米国の労働力はどうするのか。これは、ウッドロウ・ウィルソンが実施した政策の論理的な結果であり、アメリカの国内市場を破壊するために考案された政策であることを思い出してほしい。熟練したブルーカラーの労働者たちは、まもなく完全失業という恐怖に取りつかれ、生活水準の低下を食い止めるために、ある

いは単に食卓にパンを並べるために、どんな仕事にもしがみ
つくようになるだろう。

クリントンは、中産階級との約束を掲げて選挙戦を戦った。
彼の「金持ちは金鉱を、労働者は木を」という演説を覚えて
いる失業者がどれだけいるだろうか。ロックフェラーとパメ
ラ・ハリマンに会わされ、「あなたは間違ったメッセージを
伝えている」とはっきり言われる前のことである。DEFICIT
is   the   message   to   be
delivered（赤字は伝えるべきメッセージ）」。その後、クリ
ントンは突然、赤字削減という社会主義者の福音を説き始め
、言うまでもなく、それは何百万人もの雇用を犠牲にしなけ
ればできないことだった。

そして、クリントンは社会主義者が得意とするもう一つのこ
とをした。政府がすべてを再形成すると約束したのだ。しか
し、不安は募るばかりである。クリントンは、赤字を減らす
ことが完全雇用よりも良いことだと労働者を説得することが
できなかった。最近の世論調査では、45%対26%のアメリカ
人が、赤字よりも失業の方が大きな問題だと考えていること
がわかった。クリントンも「回復している」と言ったが、そ
れは現実と一致していない。回復とは、不本意で低賃金のア
ルバイトをする人が減ることを意味するが、通常の傾向とは
逆に、今回はその割合が増加しているのだ。1993年には、低
賃金の派遣社員が650万人以上いた。

昨年、クリントン政権が200万人の雇用を創出したという評
判については、その50%がレストラン、ヘルスケア、バー、
ホテル（ベルボーイ、ドアマン、ドアキーパー）の仕事であ
ることに注目すべきだろう。ウッドロウ・ウィルソンが始め
たアメリカ国内市場の「グローバル化」（破壊と読む）の動
きは、クリントンによって本格的に動き出した。この破壊的
なプログラムの劇的な結果は、次のように測定することがで
きます。

- 自動車分野では、1960年から1986年の間に輸入量が4
  .1%から68%に増加した。

- 衣料品の輸入は1960年の1.8%から1986年には50%に増加した。

- 工作機械の輸入は、1960年の3.2%から1986年には50%に増加した。

- 工作機械は、工業国の実体経済を表す最も重要な指標である。

- エレクトロニクス製品の輸入は、1960年の5.6%から1986年には68%に増加した。

フェビアン社会主義者たちは、「グローバル経済」という偽りの約束で、世界が知る限り最大の工業国である米国を完全に弱体化させた。この数字に含まれる悲劇は、何百万という安定した長期的で高給な仕事が、フェビアン社会主義の夢である一つの世界政府、つまり新世界秩序の独裁の祭壇の上で犠牲になり、永遠に失われてしまったということだ。アメリカの労働者は、ウィルソン、ルーズベルト、ケネディ、ジョンソン、ブッシュ、クリントンの各大統領に騙されてきた。彼らは連帯してアメリカに対する大逆罪を犯したのだ。歴代大統領によるこの反逆的な政策の結果、1973年から1986年の間に国内投資は官民ともに半減し、何百万という長期的で高給な雇用が失われた。

1994年半ばの現在、両党の候補者が提示する哀れなスローガンを別にすれば、中産階級の危機は解決されていないし、解決されてもいない。これは、政治家が意識していないわけではありません。それどころか、彼らは毎日、自分たちが理解できない問題に対する怒りを募らせている有権者の声を聞いている。その怒りは、自分たちに重大な影響を及ぼす問題をコントロールできないワシントン政府の能力に対して、ほとんど忍耐力を残さない。政治家は危機の解決策を見つけるために何もしない。なぜなら、利用できる解決策はローマクラブの独裁的なポスト工業化ゼロ成長プランに反するからである。中流階級の災害に国民的な関心を集めようとする努力は、始める前に息の根を止められてしまうだろう。

中産階級の危機に匹敵するような危機は、他にはない。アメリカは死につつある。状況を変えられる人がそれを望まなかったり、恐れたりしているので、患者が末期になるまで状況は悪化し続け、その時点はもうすぐ、おそらく3年以内に到達することになるでしょう。しかし、この変化は、内戦によってもたらされた大規模な変化と比較して、本当に重要なものであるにもかかわらず、注目されることはない。前回の選挙は投票率の状況を反映したもので、人々は投票しても結果が出ないことに嫌気がさしていたのです。米国の危機的状況は変わらないのに、なぜ時間と手間を掛けて投票するのか？アメリカの未来に自信が持てない。それは、意味のある雇用や雇用がまったくないことが、人間の精神に与える影響だ。

1930年代以降、権力者はますます権力を掌握し続けた。アメリカ共産党は「民主党」とも呼ばれ、社会主義者のルーズベルト大統領によって、憲法を社会主義者の意図に合うようにねじ曲げられ、絞られる道具に過ぎないと考える判事で最高裁を埋め尽くしたのである。憲法10条が彼らのサッカーボールとなり、それを蹴散らすことができるようになったのです。私は、この「詰め所」ができてからの最高裁の主な判決を分析し、裁判所が、権力者が欲しいものを奪うことを一度も止めたことがないことを発見した。

州の権利はルーズベルト・ラッシュによって足元から踏みにじられ、今日に至っている。ルーズベルト政権以降、政府は、アコーディオン奏者が正しい曲を演奏するように、憲法を拡大・縮小していった。最高裁が行ったこと、そして今も行っていることは、私たち国民に与えられた権利と権限を、連邦政府に有利になるように再配分することである。このため、私たちは中産階級の死と合衆国憲法の破壊に直面しているのである。

必要なのは、国を立て直す、中産階級を救う緊急プログラムである。そのようなプログラムには、ウィルソン政権以来、米国民に嘘をつき、欺いてきた民主党の完全敗北が必要だ。社会主義を全面的に廃止し、違憲の偽りの「政教分離」を廃止し、最高裁判所を一掃し（この過程で閉鎖できる）、連邦

準備制度を停止し、国債をなくす教育プログラムである。

ウォーレン・G・ハーディングがホワイトハウスに選出された時、アメリカは現在と同じように混沌としていた。信用は過剰に膨張し、連邦準備制度は乱暴な通貨操作を行い、インフレを引き起こし、それに伴うビジネスの失敗を招いた。商品価格は外圧で人為的に下げられ、失業者が続出していた。連邦準備制度によって作られた国の借金は急増した。私たちはまだドイツと戦争中であり、その国からさらに「賠償金」を強要するための策略である。ウィルソンの税金は過去最高です。

ハーディングは就任早々、アメリカの問題リストを作成し、その解決のために議会に2年間の会期を強要した。ハーディングは、国際銀行家のシャイロックとそのウォール街の仲間を相手にした。彼は、先のイエス・キリストが言ったように、「わたしはあなたがたを神殿から追い出す」と言ったのだ。ハーディングは、シャイロック銀行家に対して、外国との交際、戦争、国家債務をなくすと言った。

ハーディングは信用収縮を緩和し、地方産業を保護するために新しい関税税を制定した。政府職員を必要最低限に減らし、予算を立てる。東欧から押し寄せるアナーキストの大群から国境を守り、労働市場を保護するために移民を制限しているのです。ハーディングは、新しい税制を導入して毎年何億ドルもの所得税を削減し、ドイツと平和条約を結び、国際連盟にテントをたたんでわが国から去るように告げたのです。

しかし、ハーディングは、我が陣営から完全に無秩序に追い出したペリシテ人に対する輝かしい勝利を享受することはできなかった。

1923年6月20日、アラスカへ政務出張中に体調を崩し、死亡した。死因は腎不全であり、何らかの方法で強力な毒が投与されたことは明らかである。私たちは、ウォーレン・ハーディングのような、限りない勇気を持った人物を必要としているのです。私たちは、邪悪な社会主義者の巨大な支配からアメリカを救ったであろうプログラムを回復する「新しいウォ

ーレン・ハーディング」を探し、見つけなければならないのです。

赤字削減が王様」という不条理な考え方は、視野に入れる必要がある。明日から赤字がゼロになったとしても、中流階級の危機は緩和されない。クリントンの500億ドルの公共投資計画も忘れ去られてしまった。ウォール街が我々の産業を食い物にするのを止めなければならない。ワシントンによって築かれ、リンカーン、ガーフィールド、マッキンリーによって維持されてきた貿易障壁は、復元されなければならない。自由貿易」と呼ばれる無制限、無税の輸入品の経済への影響について、国民を啓蒙する努力が必要である。そして、この国を動かしている外国勢力と直接対決することになるのです。

クリントンの「brave new world」は中身がない。アメリカ製品に海外市場はない、これまでもそうだった。グローバル経済」によって変わったことは、防衛が破られ、堤防に開いた穴から輸入品が流れ込んできたことだけである。これが中流階級の危機の根本原因である。アメリカの製造業は、安定したブルーカラーやホワイトカラーの雇用を確保し、地域の需要の高まりに応えてきたが、ウィルソンが「競争を恐れるな！」と宣言したことで、その立場は揺るぎなくなった。"1913年、米国には完全雇用の閉鎖市場があり、経済は成長し、長期的な繁栄が続いていた。税関収入によって政府の請求書が支払われ、社会主義者がウィルソンに我々の生活水準を守る堤防を取り壊させるまで、1913年だった。

そうすることで、購買力を高め、製品に有効な需要を生み出し、完全雇用と長期的な雇用の安定を実現したのです。ウィルソンからクリントンまでの社会主義（民主党）大統領がアメリカの労働者に提供したのは、何らかの低賃金の仕事と引き換えに、中国、日本、イギリスにいくつかの製品を売るというわずかなチャンスだけだ。そうすれば、特にNAFTAとGATTの実施によって、少しずつ、生活水準が着実に下がることを受け入れ、どんな仕事であっても、その機会を与えて

くれることに感謝するようになるだろう。これを「自由貿易」といいます。それは、アメリカの中産階級の未来です。

グローバル経済における自由貿易」の正味の効果は、アメリカを偉大にした階級であるアメリカの中産階級（オフィスワーカー、ブルーカラー、ホワイトカラー）が消滅することであろう。フォーチュン500社は、この13年間で500万人以上の中産階級の労働者を解雇した。中産階級の荒廃の度合いが明らかになったとき、将来の指導者が警戒すべき反応を示す可能性はある。その時、その国のリーダーにとって唯一の選択肢は、「自由貿易」の流れを止めること、つまり厳しい貿易障壁に戻ることである。民主党を牛耳る社会主義者にとっては屈辱的な敗北となるだろうが、アメリカがロシアのようにならないためには受け入れざるを得ないだろう。

アメリカの悲劇を要約すると、グローバル社会とは、アメリカに中流階級が存在しない社会ということになる。「自由貿易」は、すでに中産階級の生活水準を1969年当時とは比較にならないほど低下させた。アメリカの中流階級は、「自由貿易」や「グローバル経済」によって作られたものではない。中産階級は、貿易障壁と、地元で生産された商品の保護された安全な市場によって作られたのです。貿易障壁がインフレを生んだのではありません。ウッドロウ・ウィルソン以来、歴代の大統領はアメリカ国民に嘘をつき、このあからさまな嘘を真実として受け入れてもらうことに成功してきた。

社会主義は大失敗です。普通の人々の生活を豊かにするという敬虔な決まり文句はさておき、社会主義の唯一の目的は常に人々を奴隷にし、徐々に一つの世界政府という新しい暗黒時代-新世界秩序-
をもたらすことであった。イギリス政府の完全な支配下にあった時でさえ、そして社会主義プログラムを支援するためにアメリカからイギリスの国庫に支払われた何十億ドルもの「外国援助」にもかかわらず、社会主義はとんでもない失敗であることが証明されたのである。

スウェーデンはフェビアン路線を選択した国の一つです。私

たちはすでに、アメリカの教育解体に大きな役割を果たした社会主義的理想主義者、グンナル・ミルダールとその妻に会っている。50年以上にわたって、ストックホルムは世界中の社会主義者の誇りであった。ミルダールは長年スウェーデン内閣の大臣を務め、スウェーデンに社会主義を導入する上で主導的な役割を果たし、スウェーデンの指導者たちは社会主義の効果を証明できたと満足していた。

1930年代以降、スウェーデンは社会主義の代名詞となった。政党を問わず、すべての政治家が社会主義者であることを確信していた。フランス、イギリス、インド、イタリアの社会主義者たちが、ストックホルムに集まり、「奇跡」を研究した。スウェーデンの社会主義国家の基盤は、福祉計画であった。しかし、誇り高きスウェーデンの社会主義は、1994年の今日、どのような状況にあるのだろうか。まあ、正確には立っているというより、ピサの塔のように、月を追うごとに資本主義に傾いているのだが。

スウェーデンの政治家たちは、有権者が利他的な投票をしているわけではないこと、理想的な社会主義の時代は終わり、あとは埋葬するだけであることを学びつつあるのです。南アフリカの政治に露骨に干渉し、アメリカのベトナム参戦に反対するデモを行ったスウェーデンの社会主義者は、すべてが地獄に落ちたこの国で、彼らの社会主義的語彙が時代遅れであることに気付いている。スウェーデンの社会主義者たちは、国際社会主義について議論するために席についたが、客が銀食器を持ったまま帰ってしまったことに気づいた。スウェーデンは、社会主義の嘘と偽りの約束の犠牲になってしまった。現在、国は経済的に混乱し、スウェーデンが回復するには、それが許されるとしても50年はかかると言われています。イギリスはとっくに社会主義に滅ぼされてる。今度はアメリカの番だ。米国は、米国民主共産社会党が投与した社会主義者の毒の致命的な過剰摂取に耐えられるか？時間が経てばわかることだが、アメリカのブルーカラー、ホワイトカラー、オフィスワーカーの中産階級には、もはや時間というものがない。

ウィルソン、ルーズベルト、ケネディ、ジョンソン、カーター、ブッシュ、クリントン各大統領のすべてのプログラムには、明確ではないが、米国の社会化が社会主義が目指す大きな目標であることが暗示されている。これは、新しい所有形態、生産のコントロール-
つまり、工業工場を破壊する選択は彼らのものである-
を通じて達成される。社会主義者が、米国、そして世界の他の地域を、一国政府、完全奴隷制の新しい暗黒時代の新世界秩序へと、これまで以上に急速にそして確実に動かそうという計画を進めるためには、不可欠なことである。

社会主義者が自分たちを、普通の人々の生活を改善することだけに関心を持つ、温和で友好的な組織であると描いてきた、まったく誤ったイメージは正しくない……。社会主義にはもう一つ残忍で凶悪な顔がある。歴史が明らかにしているように、米国を社会主義化するために必要であれば、殺すこともためらわないだろう。

アイゼンハワー大統領が、ルーズベルトがヒューイ・ロングを始末したように、なぜジョー・マッカーシーを始末しないのかわからない」というアーサー・シュレジンガーの言葉ほど、社会主義の悪辣な面を表現しているものはない。ヒューイ・ロングの「罪」は、彼がアメリカとその国民を心から愛していたことであり、まさにルーズベルトがアメリカにしようとしていることを完全に理解した最初のアメリカの政治家であった。ヒューイ・ロングは、社会主義者のターゲットとして当然のように見ていた中産階級のために、あらゆる機会を通じて社会主義への反対を訴えた。

アメリカの社会主義・マルクス主義・共産主義者たちは、ロング氏を「ファシストの脅威の擬人化、アメリカのヒトラーやムッソリーニになる可能性が最も高い人物」と呼び、強い憎しみを表明している。アメリカ国民は、自分たちの苦境を代弁してくれる人を熱望し、ロングには1日に10万通もの手紙が届くと言われていた。ルーズベルトは、ヒューイ・ロングの名前を聞いて激怒し、ロングが自分の後を継いで次の大統領になることを恐れた。

社会主義者のプロパガンダの吹雪がヒューイ・ロングに降り注いだ。これほどまでに、一個人に向けられた憎悪のキャンペーンは前代未聞であり、恐ろしく、印象的であった。ルーズベルトは、ヒューイ・ロングがルーズベルトが押し付けようとしている社会主義的プログラムに関する新しい真実を明らかにするたびに、てんかんを起こしそうな状態に陥った。ヒューイ・ロングがルーズベルトのフェビアン英国社会主義「協定」を攻撃し、国民に呼びかける。"このような独裁政治に反抗し、専制政治に反抗する"ルーズベルトは脱税を理由にロングを弾劾しようとしたが、ロングは無罪放免になった。

ルーズベルト陣営には、「ヒューイ・ロングを暗殺する」という選択肢しか残されていなかった。深い懸念の原因は、州民権を主張するロングの動きであった。彼は、いわゆる「連邦政府の金」を拒否し、ルイジアナ州の熱狂的な聴衆に、「連邦政府を訴え、すべての連邦機関とその事務所をルイジアナ州の州境から追い出す差し止め命令を得る」と語ったのだ。これは、連邦政府が日々恐れている行動である。連邦政府が州を席巻し、合衆国憲法修正第1条10項の範囲内で運営されるまで、その機能を縮小させ、その翼を切り、その機関をコロンビア特別区に限定することができる行動なのである。

「連邦政府がルイジアナ州債の発行を妨害していることを知ったとき、ロング氏は「そんな独裁政治には反対だ、暴政には反対だ」と叫んだ。1935年、ルーズベルトが木に止まった猫のように神経質になっていた頃、ロングは友人のアレン知事を訪ねてバトンルージュに行った。知事室を出たところで、男に撃たれる。加害者は、ルーズベルトの親友であるカール・ワイス博士で、ロングの護衛に撃たれて、手遅れでワイスは死んでしまった。

ヒューイ・ロングは病院に運ばれたが、生死の境をさまよっていた。瀕死の状態のロングには、あらゆる階層のアメリカ人が自分のリーダーシップを必要としている姿が見えていた。彼は神に叫んだ。「ああ、主よ、彼らは私を必要としています。お願い、死なせないで。神様、私はやることがたくさ

んあるんです。"しかし、ロンは社会主義者の刺客に倒れ、死んでしまう。リンカーン、ガーフィールド、マッキンリー、みんなアメリカを社会主義者の弊害から守ろうとし、命がけで守った。L.T.議員のようにマクファーデン、ウィリアム・ボーラ上院議員、トーマス・D・シャール上院議員、ケネディ大統領、社会主義を放棄した後。

社会主義は、共産主義よりもはるかに危険である。なぜなら、その固有の邪悪な遅さは、米国の人々に劇的で望ましくない変化を押し付けるからである。この激しく危険な脅威を克服する方法はただ一つ、国民全体が自分たちが直面していることを認識し、肩を並べて社会主義を拒否するところまで教育されることである。これはできることであり、やらなければならないことです。"数の力
"がある。私たちの愛国者は、私たちの社会主義者よりも多いのです。必要なのは、ウッドロウ・ウィルソン以来、すべての大統領が私たちの首に結びつけるのを助けてきた悪質な専制政治に断固として立ち向かうリーダーシップと教養ある国民である。社会主義者が私たちを殺すことはできない！立ち上がって、大同団結を発揮してペリシテ人を打ち負かそうではありませんか。私たちは、憲法で定められた権限を有しています。

エピローグ

アメリカ人も世界も、共産主義のハンマーを待っていた。しかし、社会主義が共和制国家にとってより大きな危険をもたらすことに気づかなかった。冷戦時代、社会主義を恐れたのは誰だったのか。そう語る作家、評論家、予想屋は片手で数えられるほどであった。誰も社会主義を心配する必要はないと思っていたのです。

共産主義者たちは、私たちの目をモスクワに向けさせながら、国内で最も深刻な被害が発生しているという、すばらしいトリックを仕掛けてきたのである。私は、25年間にわたり、わが国の将来の幸福に対する最大の危機は、モスクワではなくワシントンにあると主張してきた。レーガン元大統領が言及した「悪の帝国」は、モスクワではなく、ワシントンとそれを支配する社会主義者のカマリラである。

20世紀末の出来事が、この言葉の正しさを裏付けている。1994年には、1980年に共産主義・社会主義を受け入れた民主党に助けられた社会主義者が国政の舵取りをしており、上下両院の民主党議員の87％以上が社会主義者色を示しているため、投票箱を通して国家の進路を変えようとする国民の試みはどこにも行き届かない。

アメリカを含む世界の「余剰」人口は、実験室で作られた突然変異のウイルスによってすでに何十万人もが殺されている。ローマクラブの大量虐殺計画「グローバル2000」によれば、このプロセスは、暴徒がその使命を果たしたときに加速されることになる。シエラレオネで始まったラッサ熱とビスナメディアの変異ウイルスの実験が、1994年8月にハーバード大学の研究室で完了する。エイズよりも致死率の高い新種の

ウイルスが発売されようとしている。

新型インフルエンザウイルスはすでに発表され、致命的な効果を発揮しています。この変異型インフルエンザウイルスは、第一次世界大戦末期にモロッコでフランス軍に実験された「スペイン風邪」のウイルスよりも100%効果があると言われている。ラッサ熱のウイルスと同様に、「スペイン風邪」のウイルスも制御不能となり、1919年までに世界を席巻し、第一次世界大戦の両軍の合計犠牲者よりも多くの人を殺した。誰もそれを止めることはできなかった。米国では、その損失は甚大であった。アメリカの主要都市では、7人に1人が「スペイン風邪」によって死亡した。朝から体調を崩し、発熱や倦怠感に悩まされる人が続出した。一日か二日で何百万人も死んだ。

新型の変異型インフルエンザウイルスがいつ発生するかは誰にもわからない。1995年、あるいは1996年の夏頃でしょうか。誰も知らない。最初に出現したアフリカのザイールにちなんで「エボラ・ザイール」というのが正しい名前のエボラも控えている。エボラは止めることができない。無慈悲な殺し屋であり、素早く作用し、犠牲者は恐ろしく変形し、体のあらゆる穴から出血することになる。最近、米国でエボラ・ザイールが出現したが、メディアや疾病管理センターではほとんど触れられていない。米陸軍医学研究所では、このエボラ出血熱をはじめ、非常に危険な細菌を使った研究実験が行われています。

この恐ろしい殺人ウイルスを解き放つ目的は何なのだろうか？その理由は人口抑制である。バートランド・ラッセル卿、ロバート・S・マクナマラ、H・G・ウェルズの発言を読むと、新しい殺人ウイルスは、まさにこれらの人物が言ったとおりのものであることがわかる。300人委員会と社会主義者のカマリラの目には、地球上に望ましくない人々があまりにも多く映っているように映る。

しかし、それがすべてではありません。世界規模で計画された大量虐殺の本当の理由は、不安定な環境を作り出すことに

ある。国家を不安定にさせ、人々の心を恐怖に陥れる。戦争はこの計画の一部であり、1994年、戦争はいたるところで起こっている。この世に平和はない。旧ソ連では小さな戦争が勃発し、旧ユーゴスラビアでは、もともとイギリスの社会主義者によって人為的に作られた派閥の間で戦争が続いている。南アフリカは、かつての平和の地には戻れないだろう。インドとパキスタンもそう遠くはない。これは、何年も何年もかけて綿密に練られた社会主義的な計画の結果です。

1945年当時と比べ、現在では100カ国も増えている。その多くは、宗教的・文化的な差異を伴う部族・民族間の緩やかな同盟関係の上に成り立っている。彼らは、不安定化のプロセスを待つために作られ、棚上げされたので、生き残ることはできないだろう。米国は、知的な長期社会主義計画によって、同様の分裂へと突き進んでいる。1994年、アメリカは人種、民族、宗教の違いによって引き裂かれる覚悟でいる。アメリカは「神の手の下にある国」でなくなって久しい。どんな国でも文化の違い、特に言語と宗教が重要な役割を果たす場合は、生き残ることはできません。

私たちが毎年7月4日になると隠そうとするこの現実を利用するために、社会主義者たちはクリントン大統領を通じて前進しているのです。これからの10年は、爆発的に部門が増える時代です。アメリカは、収入、ライフスタイル、政治的見解、人種、地理によって分けられるだろう。社会主義者たちがウッドロウ・ウィルソン大統領を就任させて以来、建設を進めてきた巨大な壁がほぼ完成したのだ。この壁によって、アメリカは「持てる者」と「持たざる者」に分断され、中産階級は後者のカテゴリーに入ることになるだろう。アメリカは他の第三国と同じようになる。美しい都市は、社会サービスや警察の保護の不足によって台無しになるだろう。意図的に歳入を減らしている地方政府や州政府は、サービスや保護にかかる費用の上昇に対応できないからだ。

犯罪は郊外に広がる。かつて安全だった郊外は、犯罪が多発する郊外になる。これは、大都市を解体し、人口集団を分散させるという社会主義者の計画の一部である。たとえ安全な

地域であっても、10年以上後には、おそらく現在のアメリカの大都市中心部と同様に、犯罪が多発し、ギャングが蔓延することになるだろう。

中絶は中産階級の出生率を抑制することを目的としているので、非嫡出子率は中絶によって抑制されることはないだろう。社会主義者の中絶やコロンタイ夫人の自由恋愛は、常に中産階級の力が強くなりすぎるのを防ぐためのものだったのです。ワーキングプアの間で非嫡出子がどんどん増えていく。現在、母親が世話をできない、あるいは世話をするつもりがない、父親のいない非嫡出子が人口爆発的に増えています。これはフェビアン社会主義の行動であり、常に隠されてきたフェビアン社会主義の暗黒と悪の側面である。

アメリカに出現する新しい下層階級は、何百万人もの失業者や無職の人々で構成される。つまり、生き残るために犯罪に走るしかない、巨大な浮動層と不安定な人々である。郊外はこの下層階級とストリートギャングで溢れかえるだろう。警察は彼らを止めることができない。そして、しばらくの間、彼らは社会主義を不安定にする仕事をするために自由を与えられるだろう。

あなたが今住んでいる美しい郊外は、おそらく2010年にはゲットーになり、メンバーは剣で生きている何千ものギャングが住んでいることでしょう。このような凶悪な若者の活動地域が広がるにつれ、「メイベリーへ行く」ことがより一般的になっていくだろう。

大多数のアメリカ人は、これから起こることに対して全く準備ができていない。彼らは、決して守られることのない社会主義者の約束にだまされているのだ。アメリカが「ダンケルク」に直面するにつれ、国民はますます政府に、そもそも社会主義が生み出した問題、クリントン大統領もその後継者も解決する見込みのない問題を、単にアメリカをDESTABILIZEするために必要とみなされるから解決するよう求めているのである。

民主党の公約は、鳴り響くシンバルに過ぎず、辛く苦しい時

代が待っている。教育、訓練、仕事がないため、産業界の雇用主は排除されるか、外国に移転させられる。失業者の群れは、社会主義者が約束した生活を求めて、街をさまようことになる。彼らが仕事を終え、アメリカが不安定になったとき、「余剰人口」はミュータントのウイルス性疾患によって、我々の想像を超える速さで一掃されるだろう。

これは社会主義者が予測したことだが、バートランド・ラッセルやH.G.ウェルズの約束に注目した者はほとんどいなかった。アメリカ人は野球やフットボールに関心がある。将来の歴史家が、大衆政治心理が人々に認識されず、抵抗されたことに驚嘆するほどである。「というのが、後世の歴史家の厳しい評価であろう。

この国の荒廃を食い止めるために、何かできることはないだろうか。必要なのは、保守派の超富裕層（たくさんいる）の目を覚まさせ、議会年報、議会グローブ、議会記録を読むだけで合衆国憲法を学ぶことができる財団を支援させることだと私は思う。これらの文書には、憲法に関する最良の情報だけでなく、社会主義とその一国政府-
新世界秩序、奴隷制の新しい暗黒時代-
の計画に関する多くの情報が含まれています。

この情報をもとに、何百万人もの市民が、違憲の法案を可決した議員に異議を申し立てることができるのです。例えば、1億人の情報通の市民がある犯罪法案の違憲性に異議を唱え、その法案の規定は100％違憲であるから従わないと周知すれば、その法案は下院も上院も通過することはなかったでしょう。これこそが、愛国心の唯一の表現方法なのです。それは可能だし、そうしなければならない。

時間が遅い。アメリカを第三国のレベルにまで落とそうとする社会主義者の計画に対して、「ここはアメリカだ、ここでは起こりえない」と答える人たちに、私は「IT IS ALREADY HAPPENING」と言いたいです。ほんの数年前、比較的小さな州の無名の知事が、有権者の56％が反対票を投じたにもかかわらず、アメリカ大統領になるとは誰が想像したでしょう

か？これは、米国に不人気で望ましくない変化を強いる、「社会主義の発動」である。

社会主義の遺産；ケーススタディ

1994年9月30日金曜日、午前9時40分、60歳の建築家リチャード・ブランチャードは、サンフランシスコのテンダーロイン地区のはずれで赤信号で停止した後、首を撃たれた。白昼、ブランチャードが車の中で信号が変わるのを待っていると、16歳のチンピラ2人が近づいてきて銃を向け、金を要求してきた。その時、信号が変わり、ブランシャールは逃げようとした。首を撃たれた彼は、全身が麻痺し、病院で生命維持装置につながれている。

法律上、16歳の凶悪犯の名前も写真も公表できない。*San Francisco Examiner*誌の報道によると、ブランチャードの友人アラン・ウォフジーはこう語っている。

> "サンフランシスコの誰かが、通常の勤務時間中に赤信号で止まっても安全ではない
> "ということです。人生から無邪気さを奪ってしまうのです。命が奪われるかもしれないのだから、日常の普通の仕事をするにも用心しなければならないという考え方は、もはや文明的な行動には限界があることを意味します。もうひとつ、この悲劇は、この人が手がすべてだったということだ。理由もなく、ある男が素晴らしい建築家から下半身不随になったのだ。"

この悪夢に対する警察の対応は

> "窓を開け、車のドアをロックしてください。もし誰かがあなたに銃を向けたら、彼らの望むものを与えてください。時計や財布のために命を落とすのはもったいない。"

これは社会主義が残した遺産です。

> "警察が守ってくれないから犯罪者に屈する"
> "100％違憲の社会主義的な法律で武装解除され、もはや

自分の身を守ることができない"

社会主義者のアート・アグノスとダイアナ・ファインスタイン（ともに元サンフランシスコ市長）が去った後、サンフランシスコは彼らが作り上げた社会主義の悪夢と化したのだ。もしブランチャードさんが、銃を車内に携帯する憲法上の権利を行使することが許されていたなら、それを知っていた暴漢たちは、彼や、銃を携帯している市民に近づくことを、おそらくよく考えたことだろう。

しかし、ファインスタイン氏のような社会主義者の違憲行為のおかげで、カリフォルニア州や他の多くの州の市民は武装解除され、武装した犯罪者を前にして「自分の立場を守れ」と言われるようになったのだ。紅茶に1ポンドあたり1円の税金をかけることを拒んだ植民地時代の人々は、現代のアメリカや、国家が市民を守ることに完全に失敗していることを公式に認めたこのようなことをどう思うだろうか？

ブランチャードの悲劇的な物語は、全米で毎月何千回も繰り返されている。必要なのは憲法への回帰であり、すべての銃刀法とブランチャードを撃ったような犯罪者を保護するソフト社会主義の法律を一掃することである。すべての国民は、武器を保持し、所持する権利を持っています。もし、市民がこの権利を大規模に行使し、すべての人に知られるようになれば、犯罪率は急落するだろう。凶悪犯が銃を構えて運転手に近づく勇気はないだろう。

社会主義の潮流は、その行く手にあるすべてのものを押し流している。この高波に素早く立ち向かい、撃退しなければ、米国は古代ギリシャやローマのように滅亡する運命にある。警察からは、犯罪の波に対応するための人手不足と資金不足が指摘されています。しかし、同じ口で、クリントンは違憲のいわゆる「犯罪に強い」法案を強行採決している。この法案は、大部分が社会主義者の移転プログラムで、警察への援助はほとんどない。

ワシントンD.C.は全米一の銃規制都市で、市長は最近、黒人ギャングの暴力に対処するために州兵を送り込むよう大統領

に要請した。しかし、クリントンはこれを拒否し、予算を使って公園警察とシークレットサービスを街頭パトロールに充てることを許可した。その結果、ギャングによる発砲事件が50%減少するという劇的な成果が得られました。

その後、資金が尽き、シークレットサービスとパークポリスがワシントンDCの街から排除され、銃撃や暴力が再開されたのです。ホワイトハウスの報道官は、ABCテレビに「このプログラムを継続するための資金がないのです」と語った。なぜダメなのか？100%違憲である海外援助に200億ドルも出す余裕があり、連邦政府が警察保護を管轄する唯一の場所であるワシントンDCの重要な犯罪防止プログラムに資金を提供できないとはどういうことだろうか。これは社会主義の遺産であり、恐怖と非行による奴隷制への道である。

典拠と注釈

"フォーリン・アフェアーズ
"です。CFRジャーナル』1974年4月号ガードナー、R.

"An interview with Edward Bellamy" Frances E. Willard, 1889."ボストン・ベラミー・クラブ
"です。エドワード・ベラミー、1888年

"イギリスの政治生活におけるフェビアニズム　　　　　1919-1931"。ジョン・ストレイチー

1938年3月「左翼新聞」も参照。

"ランド研究所スクールオブスタディーズ紀要　　　1952-1953
"です。アプトン・シンクレア"ジョン・ライアンの経済思想
"パトリック・ギアティ博士

"社会主義者と共産主義者のコラボレーション"。ジグムント・ザレンバ、1964年。"利益経済における汚職".マーク・スター

"米国諮問委員会"マーク・スター"アメリカン・フォー・デモクラティック・アクション"(ADA)

"社会主義への反論：保守的なスピーカーのためのハンドブック"Rt.A.J.バルフォア氏、1909年。

1930年の『フェビアンニュース』には、ルーズベルトやニューヨークのアル・スミス知事の仲間としてレックスフォード・タグウェルの名前があり、1934年の『フーズ・フー』にも再び登場している。タッグウェルは、「A　　　　　　　　New Deal」の著者であるスチュアート・チェイスとも関係が深かった。タッグウェルは、コロンビア大学の経済学部に勤務し

ていた。

"フェビアン協会 "です。ウィリアム・クラーク、1894年。

"ニューフロンティア "です。ヘンリー・ウォレス

"ニューディール"スチュアート・チェイス、1932年

"フィリップ・ドゥルー、管理者"エドワード・マンデル・ハウス、1912年。

"グレート・ソサエティ "です。グラハム・ウォレス

"ベヴァリッジ計画"ウィリアム・ベヴァリッジアメリカの社会保障の「計画」になった。

"社会主義、ユートピア、科学的"。フェデリック・エンゲルス、1892年

"バーナード・ショウ"アーバイン・セントジョン社、1956年

"最高裁判所と一般市民フェリックス・フランクフルター、1930年。

リップマン-自由民主主義の哲学」。Clinton　RossiterとJames Lare。

"ジョン・デューイとデイヴィッド・ドゥビンスキー"写真で見る伝記、1952年

"ヒューゴ・ブラック" アラバマ時代Hamilton and Van Der Veer, 1972.

"シオニズムの歴史"ウォルター・ラッカー

"豊かな社会
"の実現に向けてジョン・ガルブレイス、1958年

"社会の柱 "であるA.G.ガーディナー、1914年。

"ランド社会科学大学院紀要"1921-1935.

"The Other America: Poverty in the United States"（もうひとつのアメリカ：アメリカの貧困）。マイケル・ハリントン（1962年

"社会主義の歴史"。モリス・ヒルキット社、1910年

"ホームズ-ラスキー書簡
"です。ホームズ判事とハロルド・ラスキ氏の書簡。ウルフ、1953年より。

"ハウス大佐の私文書" C. シーモア、1962年

"The Economic Consequences of Peace"（平和の経済的帰結）。ジョン・メイナード・ケインズ、1925年。

"経済学の一般理論
"です。ジョン・メイナード・ケインズ、1930年。

"危機と憲法、1931年とその後".ハロルド・J・ラスキー、1932年。

"フェリックス・フランクフルターの日記
"より。ジョセフ・P・ラッシュ、1975年。

ハロルド・ラスキ：自伝的回想録」。キングスレー・マーティン、1953年"社会派スノッブの思い出"。エリザベス・ブランダイス、1948年

"国民生活計画 "です。プレストニア・マーティン、1932年

"フェリックス・フランクフルターの追憶"。フィリップ・ハーラン、1960年

"合衆国憲法 "の解説書。ジョセフ・ストーリー、1883年

エバーソン、教育委員会に対してこれは、宗教条項付き学校裁判の逆転劇における最初の社会主義者の勝利である。裁判では、エバソンの主張を裏付ける判例はなかった。ジェファーソンが述べたいわゆる「分離の壁」を裏付けるものは何もなく、憲法の一部でもない。憲法修正第1条は、国家と宗教を分離するためのものではなく、エバーソン事件で突然合憲

とされたものです。ジェファーソンが発した単なる言葉の綾が、しかもバージニア州に限っての話なのに、どうして突然法律になってしまったのだろう。どのような憲法上の義務によって、どのような前例によって行われたのか。答えは、どちらも「NONE」です。

分離壁」は、フランクフルトにとって、キリスト教、特にカトリック教会に対する偏見を行使するための口実であった。繰り返しになりますが、この神話的な「教会と国家の間の分離の壁」については、憲法上の規定はありません。この点で、フランクフーターは、反カトリックのハロルド・J・ラスキーとオリバー・ウェンデル・ホームズ判事から大きな影響を受けており、二人とも硬化した社会主義者だった。ラスキーは、「世俗的で義務的でない教育は、まったく教育ではない」と考えていた……。カトリック教会はリンボに閉じ込めるべき…そして何より聖アウグスティヌスに…カトリック教会が真実を語れないから…ローマカトリック教会と和解することは不可能なのです。彼女は、人間の精神にあるすべてのまっとうなものに対する永遠の敵の一人である。しかも、ブラックは、カトリック教会を激しく非難するフリーメーソンのスコティッシュ・ライトの出版物の熱心な読者であった。しかし、私たちは、ブラック判事がエバーソンを支持する裁定を下すにあたって、極めて個人的な偏見を示さなかったと信じなければならないのだ。

"Selected Correspondence 1846-1895".カール・マルクスとフレデリク・エンゲルス。

"エドワード・ベラミー"アーサー・モーガン、1944年。

"フェビアン クォータリー"です。1948.フェビアン・ソサエティ

"An American Dilemma"グンナル・ミルダール、1944年。

"フェビアンリサーチ "です。フェビアン・ソサエティ

"Reflections on an end of an era"ラインホールド・ニーバー博士、1934年。

"フェビアン協会
"の歴史。エドワード・R・ピーズ、1916年。

"私の知っているルーズベルト
"です。フランシス・パーキンス、1946年

"フェビアン協会、過去と現在"。G.D.H. Cole, 1952.

"ソビエト社会のダイナミズム"。

"ワールドアリーナ
"の中のアメリカウォルト・W・ロストウ、1960年。

"Labour in Britain and the World" Dennis Healey, January 1964.

"ルーズベルト
"の時代アーサー・シュレシンジャー、1957年

"1992年7月4日"エドワード・ベラミー、1982年7月。

"テキサスのハウスさん"A.D.H.スミス、1940年。

"小学校の新しいパターン"。フェビアン・ソサエティ、1964年9月

"来るべきアメリカ革命"ジョージ・コール、1934年

"H.G.ウェルズと世界国家"。ウォーレンW. ワーグナー、1920年

"階級社会における教育1962年11月、エドワード・ベイズィー。

"イギリスの社会主義"シドニー・ウェッブ、1893年

"資本主義文明の頽廃"ビアトリスとシドニー・ウェッブ"1923年

"アーネスト・ベヴィン"ウィリアム・フランシス、1952年

"社会保障
"です。フェビアン協会、1943年（ベヴァリッジ・プランの翻案）。

"新しい自由 "をウッドロウ・ウィルソン、1913年

"革命による復興"(ラベット、モス、ラスキーの3人の考え方と思われる）1933年。

"教育委員会
"が小学校でできること。フェビアン協会、1943年

"The American Fabians" ADA Periodicals, 1895-1898.

"フランクフルトのルーズベルト"1917年12月セオドア・ルーズベルトからの手紙、米国議会図書館。

"富 "対 "富 "だ。ヘンリー・デマレスト・ロイド、1953年。

「軍国主義の必要性-
われわれの時代の社会主義」、1929年。ロジャー・ボールドウィンによるアメリカでの革命を提唱する声明文が掲載されています。

福祉国家における自由」リーマン議員の演説で、「建国者たちが福祉国家を設立した」と間違った主張をしている。1950年発行。

"Rexford   Tugwell"   1934-
1935年のランド校報に引用されています。

"アメリカ市民自由連盟（ACLU）"1920年1月に結成され、当時は「自由民権局」と呼ばれていた。そのアイデアの多くは、フィリップ・ノーラン著の『国のない男』から引用された。ロバート・モス・ラベットの発言：「アメリカは嫌いだ！米国を滅ぼすためなら、世界中が爆発しても構わない」というのは、ノーランが著書の中で述べた心情に近い。1919年6月号の『フリーダム』には、ACLUの結成について、創設者のジョン・ネヴィン・セイル牧師などの名前が挙げられている。

その他のACLU資料 "Freedom Through Dissent", 30 June 1962.また、ACLUの創設メンバーであるロジャーズ・ボールドウィン、レイドラーの「軍国主義の必要性」、「現代の社会主義」なども紹介されている。

"ウォルター・ロイター"自動車労働組合会長。産業民主化同

盟と密接に連携。教育四十年』より。LID、1945年。また、Congressional Record House, 16 October 1962 pages 22124-22125 を参照。Louisville Courier Journalもご参照ください。"スウェーデン：中道" マーキーズ・チャイルド

"The Southern Farmer", Aubrey Williams (1964年下院非米国活動委員会報告書。)

"ウッドロウ・ウノルソン"新しい自由」アーサー・リンク、1956年かっの資料。ミネアポリス「トリビューン」の編集者アルバート・ショー。ショウは「レビュー・オブ・レヴュー」も書いている。'The Year 2000: A Critical Biography of Edward Bellamy" by Sylvia Bowman, 1958."International Government" Brentanos New York, 1916年発行。ニューヨーク州上院査問委員会 1920年この委員会はランド校を扇動的な活動をしていないか調査した。MI6はウィルソンに、フェビアン社会主義の軌道に乗った破壊分子に関する陸軍情報局のファイルを破棄するよう命じ、ウィルソンはこの命令を実行に移した。トーマス・ジョンソン著「Our Secret War」で報告されている。"An American Chronicle" レイ・スタナード・ベイカー、1945年。"Record of the Sixth Congress" pages 1522-23, 1919.第 87 回連邦議会司法小委員会公聴会（1961 年 1 月 9 日〜2 月 8 日）。"安全への道'アーサー・ウィラート、1952年"Fabian News" 1969年10月号。"伝記用ノート"です。1930年7月16日。また、「新共和国」。ライマン・パウエル師著「社会不安」1919年（パウエルはウィルソンの旧友）。

"ウィルソン氏 "の戦争ジョン・ドス・パソス、1962年。

"ニュー・ステーツマン "誌、レナード・ウルフの記事（1915年）。

「フローレンス・ケリー」（本名ウェシュネヴェツキー）ケリーの物語は、ジョセフィン・ゴールドマーク著「せっかち

な十字軍、フローレンス・ケリーの生涯」（1953年）に書かれている。サーベイ誌、ポール・ケロッグ、編集者。"The Nation, Freda Kirchway, The Roosevelt I Knew, Kelley, 1946年.ケリーは「社会改革者の中の改革者」であり、1921年から1922年にかけて産業民主化連盟（LID）の理事、全国消費者連盟の全国書記、フェビアン社会主義者の無数のフロント組織であった。

ジェイコブ・ジャビッツ上院議員ロンドンのフェビアン協会と密接な関係にあった彼は、ドロシー・アーチボルト夫人から祝電を受け取った。福祉国家における自由」シンポジウムでは、ジャビットと彼の社会主義への取り組みに拍手が送られた。ジャビットはADAの社会主義的な提案に票を入れ、94％というほぼ満点を獲得した。1952年「民主主義に関する円卓会議-
アメリカの道徳的覚醒を必要とする」に参加。マーク・スター、ウォルター・ロイター、シドニー・フックなど、ジャビットと一緒に仕事をした人たちもいる。

"大統領の憲法上の権限"。アメリカ合衆国憲法第2条に記載されています。1927年2月27日議会記録。

"一般欠損金充当法案 "です。

「議会記録、下院、1884年6月26日、336ページ、その付録".
教育が社会主義の猛攻撃を和らげる手段である理由がここにある。

"精神   "と
"信仰A.パウエル・デイヴィス、ウィリアム・0・ダグラス判事編。ヒューゴ・ブラック判事を支持したユニテリアン教会のデイヴィスは、1942年に『アメリカの運命（A Faith for America）』、1946年に『悔いなき自由主義者の信仰（The Faith of an Unrepentant Liberal）』も書いています。デイヴィスがダグラスとブラックの両判事に与えた影響は、両判事が参加した最高裁判決において、社会主義的な問題を好意的にとらえたことに見ることができる。

"Brave　　　　　　　　　　New　　　　　　　　　　World"
ジュリアン・ハックスレーこの作品でハクスリーは、鉄の拳で支配する大規模な全体主義社会主義国家を作ることを訴えている。

"共産主義　　　　　　　　　　　　　　　　　　　　"と
"家族コロンテイさん親による子供の管理、結婚や家庭生活における女性の役割に対する憤りや反発を表現している。

"ブレイブ・ニュー・ファミリー"
ローラ・ロジャースハクスリーの「ブレイブ・ニュー・ワールド」のタイトルに似ていてビックリ。ロジャーズは、社会主義者が長い間訴えてきた、子供を管理し、親の支配から外すという戦略を、ソビエトの強硬派委員グレゴリウス・ジノヴィエフの妻、ジノヴィエフ夫人が提案した線に沿って述べている。

"議会記録、上院S16610-
S16614"社会主義がいかに憲法を弱体化させようとしているかを示している。

"連邦議会議事録　　　　　上院　　　　1882年2月16日　　　　　1195-
1209ページ"上院委員会がモルモン教徒にどのように対処し、それがいかに「罪刑法定主義」に反するか。

"心の自由
"です。チャールズ・モーガンいわゆる「サイコポリティクス」に関して。

"1848年の共産党宣言"カール・マルクス

"議会記録、上院、1924年5月31日。"　　　　　　　"ページ9962-
9977"アメリカの共産主義者がどのように自分たちのプログラムを社会主義として偽装しているかを説明し、程度の差しかないことを説明する。

既に公開済み

OMNIA VERITAS LTD をプレゼントします。

ローマクラブ
新世界秩序のシンクタンク

ジョン コールマン

20世紀に起こった数々の悲劇的、爆発的な出来事は、それ自体で起こったのではなく、確立されたパターンの中で計画されたものであった...

これらの偉大なイベントの企画者、制作者は誰なのか？

OMNIA VERITAS LTD をプレゼントします。

陰謀者たちの階層
300人委員会の歴史

ジョン コールマン

この神と人間に対する公然の陰謀は、ほとんどの人間を奴隷にすることを含んでいる...。

OMNIA VERITAS LTD をプレゼントします。

嘘による外交
英米両政府の裏切りに関する記述

ジョン コールマン

国連創設の歴史は、欺瞞の外交の典型的な事例である。

OMNIA VERITAS® OMNIA VERITAS LTD をプレゼントします。

ジョンコールマン

アメリカとの麻薬戦争

ジョン コールマン

麻薬密売が根絶できないのは、その経営者が世界で最も儲かる市場を奪われることを許さないからだ……」。

この忌まわしい商売の真の推進者は、この世界の「エリート」たちである。

OMNIA VERITAS® OMNIA VERITAS LTD をプレゼントします。

ジョンコールマン

石油戦争

ジョン コールマン

石油産業の歴史的な記述は、「外交」の紆余曲折を経て、私たちに迫ってくる。

各国が欲しがる資源を独占するための戦い

OMNIA VERITAS® OMNIA VERITAS LTD をプレゼントします。

ジョンコールマン

陰謀の彼方へ
見えない世界政府の正体を暴く

ジョン コールマン

歴史的な大事件はすべて、完全な思慮分別に囲まれた人間によって密かに計画されている。

高度に組織化された集団は、常に市民に対して優位に立つことができる。

OMNIA VERITAS® OMNIA VERITAS LTD をプレゼントします。

ジョン コールマン

フリーメイソンのすべて

フリーメイソンのすべて

ジョン コールマン

21世紀になって、フリーメイソンは秘密結社というより、「秘密の社会」になってしまった。

フリーメイソンとは何かを解説した一冊

OMNIA VERITAS® OMNIA VERITAS LTD をプレゼントします。

ジョン コールマン

ロスチャイルド家

ロスチャイルド家

ジョン コールマン

歴史的な出来事は、しばしば「隠された手」によって引き起こされる....。

OMNIA VERITAS® OMNIA VERITAS LTD をプレゼントします。

ジョン コールマン

タヴィストック人間関係研究所

**タヴィストック
人間関係研究所**

アメリカ合衆国の道徳、精神、文化、政治、経済の衰退を形成する

ジョン コールマン

タヴィストックがいなければ、第一次世界大戦も第二次世界大戦もなかったでしょう。

タヴィストック人間関係研究所の秘密